本书为国家社科基金项目"实现农民住房抵押权的法律障碍及破解研究"（17BFX198）研究成果

农民住房抵押权
实现问题研究

史卫民◎著

RESEARCH ON
THE REALIZATION OF
FARMERS' HOUSING MORTGAGE

经济管理出版社
ECONOMY & MANAGEMENT PUBLISHING HOUSE

图书在版编目（CIP）数据

农民住房抵押权实现问题研究/史卫民著 . —北京：经济管理出版社，2021. 1
ISBN 978 - 7 - 5096 - 7676 - 9

Ⅰ . ①农…　Ⅱ . ①史…　Ⅲ . ①农村住宅—抵押权—研究—中国　Ⅳ . ①D923. 3

中国版本图书馆 CIP 数据核字（2021）第 010048 号

组稿编辑：王　洋
责任编辑：王　洋
责任印制：黄章平
责任校对：张晓燕

出版发行：经济管理出版社
　　　　　（北京市海淀区北蜂窝 8 号中雅大厦 A 座 11 层　100038）
网　　　址：www. E - mp. com. cn
电　　　话：(010) 51915602
印　　　刷：唐山昊达印刷有限公司
经　　　销：新华书店
开　　　本：720mm×1000mm/16
印　　　张：17. 5
字　　　数：294 千字
版　　　次：2021 年 1 月第 1 版　　2021 年 1 月第 1 次印刷
书　　　号：ISBN 978 - 7 - 5096 - 7676 - 9
定　　　价：88. 00 元

前　言

党的十八届三中全会后国家开始推行农民住房抵押试点工作，而现行法律法规政策的相关规定对将来农民住房抵押权到期实现造成许多障碍，这些障碍的解决关系到农民抵押贷款工作能否顺利进行和持续发展。因此，深入研究和系统分析农民住房抵押权实现问题对深化农村土地和宅基地制度改革显得尤为迫切，而且对促进农民财产性收入增长，加快城乡融合发展具有重要的理论意义和实践价值。

本书通过对农民住房抵押权设立的法理分析和实现的一般考察，提出了阻碍和影响农民住房抵押权实现中的受让人范围狭窄、房地一体的限制、居住权利保障与债权实现冲突、产权交易市场不健全四大问题。通过对其多层次多角度深入系统的论证和分析，提出了完全放开受让人范围，构建房地分离模式下法定租赁权制度，平衡协调居住权利保障与债权风险防范，健全农村产权交易市场平台建设的具体完善建议。得出了农民住房抵押设立的正当性，受让人范围完全放开的可行性，房地分离下法定租赁权制度的适用性，居住权利保障与债权风险防范冲突的协调性，农村产权交易市场对抵押权实现的重要性等主要研究结论。

本书主体共分为六大部分：

（1）农民住房抵押权设立的法理基础与重要意义。在界定农民住房概念和分析现行农民住房抵押权相关规定及政策演变基础上，从理论、制度、实践层面论证了农民住房抵押权设立具有坚实的法理基础。抵押主体中抵押人既可以为自己债务也可以为第三人债务设抵押，现阶段抵押权人应限制为涉农银行。农民住房只要有宅基地使用权证和房屋所有权证就可以进行抵押，同时给农村集体经济组织备案。农民住房抵押设立对实现城乡共同富裕目标，实现农民住房财产权益，拓宽银行抵押担保范围都具有重要的理论意义和现实意义。

（2）农民住房抵押权实现的一般考察与问题提出。通过论述农民住房抵押权实现的条件、程序和方式，提出了阻碍和影响农民住房抵押权实现中的受让人范围狭窄、房地一体的限制、居住权利保障与债权实现冲突、产权交易市场不健全四大问题。

（3）农民住房抵押权实现中受让人范围的限制与扩展。在分析现行对受让人范围限制规定和缺陷的基础上，认为随着宅基地保障功能的逐步减弱和城乡双向自由流动的日益加快，受让人范围完全放开具有必要性与可行性。并建议彻底放开受让人范围，加快农房确权登记进度，改革城乡房屋管理体制，最终实现城乡房屋的一体化管理。

（4）农民住房抵押权实现中"房地分离"的制度构建。通过对土地与房屋关系、日本及我国台湾地区"房地分离"的考察，主张农房抵押权实现时应采取"房地分离"模式，将房地分离模式下"法定租赁权"制度当成现阶段农房抵押担保中宅基地权益实现的具体方式和途径。法定租赁权关系中出租人应是宅基地使用权人，承租人为房屋受让人。租赁费用占房价的10%～15%并应在村集体和宅基地使用权人之间按照2∶8的比例分配，严格管理缴纳给村集体的租赁费用。受让人对受让房屋拥有所有权、转让权和拆迁补偿权。并对法定租赁权的登记、用途限制、消灭进行了设计。在宅基地"三权分置"改革下，建议仍然采用"宅基地所有权—宅基地使用权—宅基地法定租赁权"的结构进行构建。

（5）农民居住权利保障与债权人风险防范的冲突与平衡。农民住房抵押权实现时应遵循居住权利高于债权的法律价值，并通过确定生活必需房屋标准，采取房屋置换保障居住，强制管理执行租金收益等七方面保障抵押人的基本居住权利。抵押权人主要存在法律、信用、操作和市场风险，建议从完善抵押法规制度，细化抵押操作规程，创新风险分担机制，加强市场平台建设等方面完善。在现阶段开展农民住房抵押应以安全与效率为标准，先追求安全稳定，再追求经济效率。

（6）农民住房抵押权实现中农村产权交易市场的构建与运行。农村产权交易市场具有服务平台属性、市场主导作用、农业农村特色、地域特征显著的性质，承担着信息传递、价格发现、交易中介、服务三农的功能。现阶段农村产权交易市场设立应坚持公益性、便利交易、因地制宜、稳步推进的原则，以县域为主，整合各种平台，拓展交易范围。运行中要健全组织架构，统一交易程序，完善服务内容。监管中要明确监管职能，建立退出机制，强化行业自律，最终构建公开、公正、规范运行的交易平台。

目　录

第一章 绪论

一、研究背景和意义

（一）研究背景

农民住房财产权抵押贷款是促进农民财产性收入增长，实现农民住房财产权益的重要途径；也是解决农民融资难，推动农村金融改革创新的重要举措。一直以来，城市居民的房屋在抵押担保转让方面几乎没有任何的障碍，而农民住房由于现行法律法规禁止宅基地抵押、禁止城市居民购买农民住房以及"房地一体"的制度设计，使农民住房抵押面临着理论与实践的双重困境。农民住房是农民财产构成中占比最大的一项财产，在尽快实现农民财产性收入增长、大力发展现代农业、稳步推进城乡一体化建设的背景下，农村创业的条件越来越低，农村经商的环境越来越好，而缺少资金和融资困难却成为农民投资创业、发展农村经济的最大障碍。禁止农民住房抵押担保转让使农民房屋的财产价值无法真正体现出来，如果允许农民住房用来抵押融资，则将推进农民住房向信贷资源转变，拓宽广大农民的融资渠道，对增加农民的财产性收入，实现农民住房的财产权益，解决农村劳动力创业和就业问题，搞活农村经济都具有不可估量和不可替代的推动作用。

党的十八届三中全会提出："慎重稳妥开展农民住房财产权的抵押担保转让试点，探索增加农民财产性收入的渠道。"这为实现农民住房的商品化提供了政策依据，是农民房屋和宅基地制度改革的重大突破。2015年8月24日国务院发布的《关于开展农村承包土地的经营权和农民住房财产权抵押贷款试点的指导意见》（以下简称《两权抵押指导意见》）中提出："按照依法有序、自主自愿、稳妥推进、风险可控的原则积极开展试点工作，并特别强调建立抵押物处置机制，做好风险防控。"2015年11月2日中央颁布的《深化农村改革综合性实施方案》中提出："明确农民住房财产权的内涵，探索宅基地使用权的有偿使用和退出机制，探索农民住房财产权抵押担保转让的有效方式和途径。"2016年3月15日中国人民银行等六部门发布了《农民住房财产权抵押贷款试点暂行办法》（以下简称《农房抵押暂行办法》），这些意见和办法构成了国家层面开展农民住房财产权抵押贷款的顶层设计。同时特别提到：（1）抵押物处置时，受让人原则上应限制在相关法律法规和国务院规定的范围内；（2）农民住房财产权抵押物处置应与商品住房制定差别化规定，探索宅基地权益的实现方式和途径；（3）抵押权实现时，在保障农民基本居住权的前提下，通过多种方式处置抵押物，确保承贷银行能顺利实现抵押权。由此可见，农民住房抵押的赋权与设立明确之后的关键在于如何确保其得以顺利实施，而根据现行法律法规抵押权实现仍存在重重障碍，如果不排除这些障碍，不仅会导致农民住房抵押权虚置，也会使农民通过住房抵押实现财产性收入增长的愿望落空。因此，尽快研究和突破农民住房抵押权实现的法律障碍就显得尤为迫切，对实现农民财产性收入增长，创新农村金融发展，加快城乡一体化进程都具有重要的理论意义和实践价值。

法学研究必须关注和回应国家重大关切，要承担起倡导法治话语、贡献法律智慧、参与法治构建的重任，为农村土地和房屋制度深化改革中的热点难点问题献计献策。慎重稳妥进行农民住房财产权抵押试点需要科学的理论指导，需要将政策依据逐步上升为法律法规。现在农民住房抵押已在全国人大授权的59个县（市、区）进行试点，但农民住房抵押权实现时作为抵押物的房屋能够卖给谁？城市居民不能买，农民可以无偿申请宅基地建房，内部流转的结果将是抵押住房无法流转出去；如果可以抛弃目前的"房地一体"原则对农民住房转让采用"房地分离"模式，法定租赁权的制度如何具体设计？农民住房抵押权实现时一方面是抵押人的基本居住权利需要保障，另一方面是抵押权人的债权实现也需要保障，这一对矛盾和冲突如何解决和协调？而农村产权交易市场的不完善也影响和制约着农民住房的正常转让。这些困境与障碍相互联系，环环相扣，制约着农民住房财产权抵押贷款业务的开展和顺利推行。在此背景下重点选择农民住房抵押贷款实现中的障碍和困难为突破口，从理论、制度、操作层面提出解决问题的对策与方案，为顺利推行农民住房财产权抵押制度贡献力量。

（二）研究意义

学术研究必须是带着问题出发，通过对存在问题的整理、归纳、分析，要为解决这一问题找到可行的方案或方法。研究和讨论一个问题特别是现实问题是否有价值和意义，应重点考虑三个方面的条件：一是真实性，二是重要性，三是解决性。从真实性方面看，主要是看所要研究的问题是否真正存在，如果只是一个虚假的、表面现象的问题，那就没有研究的必要；从重要性方面看，主要是看所要研究的问题是不是社会经济发展中的一个重大问题，如果不是一个重大问题，或是有价值而价值不大，就没有必要花费时间进行研究；从解决性方面看，这一问题目前是否已经有了非常成熟的解决方案或政策措施，即使是一个重大问题，但已经有了成熟的解决方案或措施，也就没有研究的必要。因此，研究和讨论某一个问题，只有这三个条件同时具备，才有研究的价值和意义。[①] 而有关"农民住房抵押权实现问题研究"这一主题研究，则是我国深化农村改革和城乡统筹发展中的一个真实的、重大的还没引起重视也没有找到解决方案和措施的问题。从整体上看，研究我国农民住房抵押权实现问题的理论意义与实践意义主要体现在以下几个方面：

1. 理论意义

（1）丰富抵押权内容和体系。同样是房屋，城市国有土地上城市居民房屋的抵押担保几乎没有任何障碍，而农村集体土地上农民的房屋目前仍然不能通过抵押担保进行融资，通过研究农民住房抵押权实现中的问题进一步拓展抵押权担保的范围，建立城乡统一的房屋抵押担保制度，丰富抵押权的内容和体系。

（2）深化物权法理论的发展。在土地与房屋的关系上，我国城市房地产的流转采取"房地一体"原则，即房随地走或地随房走。而在农村由于宅基地的身份性、福利性、保障性以及短期内宅基地无法自由流转的现实，应通过对农民的房屋转让采取"房地分离"模式，并以法定租赁权的制度设计来构建房屋出让人与买受人的关系。最终形成以房地一体为主，房地分离为辅来构建物权法中房地关系的规则，深化物权法理论的发展。

---

① 赵振华. 走向和谐之路——缩小收入差距问题研究［M］. 北京：党建读物出版社，2009：6.

（3）完善农民财产权的体系。农民对其所建的房屋拥有完全的所有权，但处分权能却受到限制，不能通过完全转让实现其财产价值，这不符合财产权的一般理论。由于抵押和转让具有同质性，通过研究农民住房抵押权实现中的问题进一步为农民住房的抵押担保转让扫清障碍，完善农民财产权的内容和体系。

2. 实践意义

（1）对决策部门制定农民住房抵押政策法规提供理论支持。理论研究最终要能解决实际问题，这样的理论才有实际价值和意义。在对农民住房抵押权设立的法理基础和实现理论分析的基础上，重点对实现中的障碍和问题进行分析论证，提出较为完善的制度建议和对策措施，对政府推行农民住房抵押试点，立法部门制定农民住房抵押政策法规提供理论支持。

（2）对农民实现财产权和金融机构防范风险提供法律意见。通过对农民住房抵押担保设立条件、受让人范围的拓展、法定租赁权的制度设计、农民居住权利的保障、农村产权交易市场的完善等内容的深入研究分析，对农民通过自己房屋抵押贷款，实现房屋财产权益，获得发展所需资金提供帮助；为金融机构拓展抵押贷款范围，开展农民住房抵押贷款业务，防范化解金融风险提供法律意见。

（3）对司法机关处理农民住房抵押贷款纠纷提供参考建议。深入研究农民住房抵押实现中的疑难问题，提出操作性较强的具体措施，对司法机关正确处理农民住房抵押贷款纠纷提供参考建议。

二、研究现状和述评

（一）国外研究现状

国外大多数国家由于土地和房屋不仅具有完整的私人产权性质而且所有权合一，并无我国土地集体所有和房屋农民所有不一致的情形，所以住房抵押不存在制度和操作上的障碍与困难。所以，国外有关土地和住房抵押的文献资料中鲜有对农民住房抵押权实现问题的直接探讨。尽管如此，国外许多国家和地区的农村金融、土地市场等制度对我国完善农民住房抵押担保制度，解决我国农村融资难、融资贵、融资慢等农村金融服务长期供给不足问题仍具有一定的参考和借鉴作用。

1. 农村金融

农村金融是指金融机构面向农村地区的居民和企业的生产和消费提供金融服务，包括储蓄、贷款、支付和风险管理等。[①] 农村金融对发展一国农业，增加农民收入，保障农村稳定都具有重要意义，各国也非常重视农村金融的发展。19世纪末20世纪初，发达国家也曾普遍面临农村资金缺乏，农民贷款较难，农业危机频发等问题。为了解决农村融资难和推进现代农业发展，许多国家和地区开始探索以土地为中心的农村金融制度。通过发展农地抵押融资制度，发达国家有效解决了农业现代化进程中面临的资金匮乏问题，促进了农地的规模经营，形成了发达的土地市场，特别是形成了农村土地市场和金融市场的良性互动发展。

（1）在农村金融作用方面。农村正规金融机构的发展水平会对一国或地区的收入分配产生重要影响（Kim et al.，2011[②]）。农村非正规金融组织的发展能够满足农户特别是低收入者的社会地位（Jan et al.，2011[③]）。小额信贷对发展农村经济，摆脱农村贫困有着重要作用（Franklin Allen et al.，2012[④]）。除了发展政府主导的金融机构外，应优先发展非政府组织支持的微型金融（Betsy Walters，2012[⑤]）。微型金融的发展趋势将由最初的非营利性向营利性转变（Umakanth Varottil，2014[⑥]）。农村小额贷款对投资创业活动有积极影响（Manuela Angelucci et al.，2013[⑦]；Banerjee et al.，2015[⑧]）。

① 赵洪丹. 中国农村经济发展的金融支持研究［D］. 吉林大学博士学位论文，2016：7.

② Kim D H, Lin S C. Nonlinearity in the Financial Development Income Inequality Nexus［J］. *Journal of Comparative Economics*，2011（3）：310 – 325.

③ Jan I T, Munir S, Rehman M U. Social Status Through Informal Credit Markets：An Example Form Rural Northwest Pakistan［J］. *Sarhad Journal of Agriculture*，2011（2）：291 – 297.

④ Franklin Allen, Jun Qian, Meijun Qian. Law, Finance, and Economic Growth in China［J］. *Journal of Financial Economics*，2012（1）：57 – 116.

⑤ Betsy Walters. Islamic Microfinance：Sustainable Poverty Alleviation for the Muslim Poor［J］. *Connecticut Public Interest Law Journal*，2012（11）：255.

⑥ Umakanth Varottil. Microfinance and the Corporate Governance Conundrum［J］. *Berkeley Business Law Journal*，2014（1）：52.

⑦ Manuela Angelucci, Dean S. Karlan, and Jonathan Zinman. Win Some Lose Some? Evidence from a Randomized Microcredit Program Placement Experiment by Compartamos Banco［J］. *Institute for the Study of Labor（IZA）Discussion Paper*，2013：7439.

⑧ Banerjee, Abhijit, Esther Duflo, et al. The Miracle of Microfinance? Evidence from a Randomized Evaluation［J］. *American Economic Journal：Applied Economics*，2015（1）：22 – 53.

（2）在农村金融发展方面。在部分发展中国家，由于金融信贷市场的缺乏严重制约了农村土地市场的发展（Mark et al.，2000①）。而大多数发展中国家的农村金融市场发展不完善，只有深化农村金融市场改革是解决正规金融供给不足的根本途径（Hans Dieter Seibel，2001②）。灵活的农地金融体系不该受到土地产权结构的影响，土地产权归属问题不能影响土地使用权的实现（Dwniz Baharaglu，2002③）。土地流转的市场化程度会影响到土地与金融资本的转化（Field，2007④）。通过调查印度尼西亚微型金融机构的发展情况后，发现能够适应变化的环境、抵押品选择的创新、简单透明的体系、清晰的激励机制、严格的内控和审计制度、良好的风险管理等是微型金融机构成功的主要因素（Rusdy Hartungi，2007⑤）。如果金融机构能对农地起到保障作用，农民就会更加珍惜土地，农地市场就会不断延伸，带动农业劳动力的进一步转移（Kai - sing Kung，2010⑥）。通过研究印度的农村金融市场后认为，印度从纯粹独立的农业金融市场发展到目前以小额信贷为主的商业化运行模式，其发展历程和经验对中国农村金融体系的发展有很好的参考和借鉴意义（Sreelata Biswas，2014⑦）。

（3）在农村金融运行方面。为了保证金融体系的良好运行，农村金融改革必须同时进行金融组织完善和金融机构建设（RTS Ramakrishnan et al.，1984⑧）。如果提高小额贷款准入条件，将导致更多农户无法获得贷款（Dalla Pellegrina Lu-

---

① Mark R. G. Goodale, Per Kare Sky. A Comparative Study of Land Tenure, Property Boundaries, and Dispute Resolution: Case Studies from Bolivia and Norway [J]. *Journal of Rural Studies*, 2000 (1): 183 - 200.

② Hans Dieter Seibel. Rural finance: Mainstreaming Informal Financial Institutions [J]. *Journal of Developmental Entrepreneurship*, 2001 (1): 83 - 95.

③ Dwniz Baharaglu. World Bank Experience in Land Management & The Debate on Tenure Security [J]. *Housing Research Background - Land Management Paper*, 2002 (2): 126 - 145.

④ Field, Erica. Entitled to Work: Urban Property Rights and the Labor Supply in Peru [J]. *Quarterly Journal of Economics*, 2007 (4): 1561 - 1602.

⑤ Rusdy Hartungi. Understanding the Structure Factors of Microfinance Institution in a developing Country [J]. *International Journal of Social Economics*, 2007 (6): 388 - 401.

⑥ Kai - sing Kung. Off - farm Labor Market and the Emergence of Land Rental Markets in Rural China [J]. *Journal of Comparative Economics*, 2002 (2): 395 - 414.

⑦ Sreelata Biswas, Anup Kumar Saha. Structural Transformation of Rural Finance in India: A Critical Review [M]. *Microfinance, Risk - taking Behaviour and Rural Livelihood*, 2014.

⑧ RTS Ramakrishnan, AV Thakor. Information Reliability and a Theory of Financial Intermediation [J]. *Review of Economic Studies*, 1984 (3): 415 - 432.

cia, 2011①）。而农村金融自由化对金融部门和经济运行都有显著影响（Miranda et al., 2011②）。通过调研发现农户消费和贸易信贷的主要来源是农村非正规金融组织贷款，贷款金额和户主的年龄、收入、职业等密切相关（Khoi et al., 2013③）。由于农民较少向农村金融机构贷款，而倾向于向周边熟人借款，导致银行经营状况不佳（Bin. for Frederick et al., 2013④）。农业贷款支付和农场的现金流匹配会促进农村信贷效率提升（Beaman et al., 2014⑤）。

（4）在农村金融监管方面。国家干预金融市场具有必要性，但国家干预不是万能的，关键还是要平衡政府与市场在金融发展中的作用（Stiglitz et al., 1981⑥）。在金融约束论的影响下，国家应逐步减少对农村信贷市场的直接干预，但建立一个有利于农村金融发展的政策环境却是必要的（Yaron et al., 1997⑦）。同时，重视私人财产权的保护以及发展市场适应性强的法律对农村金融的发展是非常有利的（Beck et al., 2003⑧）。农村小额信贷的可持续发展关键在于改善公司治理，加强监管（Roy Mersland, 2011⑨）。而微型金融也存在着系统性风险，政府不进行监管可能引发债务危机（Anita Bernstein, 2013⑩；Jonathan Greenacre, 2013⑪）。

---

①　Dalla Pellegrina Lucia. Microfinance and Investment: A Comparison with Bank and Informal Lending [J]. *World Development*, 2011（6）：882 – 897.

②　Chaudhuri S, Dastidar K G. Corruption in a Model of Vertical Linkage between Formal and Informal Credit Sources and Credit Subsidy Policy [J]. *Economic Modelling*, 2011（6）：2596 – 2599.

③　Khoi P D, Gan C, Nartea G V, et al. Formal and Informal Rural Credit in the Mekong River Delta of Vietnam: Interaction and Accessibility [J]. *Journal of Asian Economics*, 2013（1）：1 – 13.

④　Bin. for F, Antwi S. Credit Accessibility Granted by Rural in Rural Community: Evidence from Ghana [J]. *International Journal of Academic Research in Business & Social*, 2013（5）：33 – 35.

⑤　Beaman, Lori, Dean Karlan, Bram Thuysbaert, et al. Self – Selection into Credit Markets: Evidence from Agriculture in Mali [J]. *National Bureau of Economic Research（NBER）Working Paper*, 2014（2）：231 – 282.

⑥　Stiglitz, J. and A. Weiss. Credit Rationing Markets with Imperfect Information [J]. *American Economic Review*, 1981（3）：393 – 410.

⑦　Yaron, J., M. D. Benjamin. Developing Rural Financial Markets [J]. *Financial and Development*, 1997（4）：40 – 43.

⑧　Beck, T., Demirguc – Kunt, A., Levine, R. Law and Finance: Why Does Legal Origin Matter? [J]. *Journal of Comparative Economics*, 2003（4）：653 – 675.

⑨　Roy Mersland. The Governance of Non – profit Microfinance Institutions: Lessons from History [J]. *Journal of Management and Governance*, 2011（3）：327 – 348.

⑩　Anita Bernstein. The Trouble with Regulating Microfinance [J]. *Brooklyn Law School, Legal Studies Paper*, 2013（1）：312.

⑪　Jonathan Greenacre. Independent Regulators in Low – Income Banking Markets: A Bridge Too Far? [J]. *Banking & Finance Law Review*, 2013（3）：409 – 431.

2. 土地市场

国外大多数国家实行的是土地私有制，因此有关土地市场的研究更多集中在土地所有权交易、土地租赁以及土地市场建设中，对我国农村产权交易市场的完善也具有一定的参考价值。农村土地信托流转是一种高效率的流转形式，不但可以提高土地利用效率，也能将交易成本降到最低（JA Gustanski et al.，1993①）。通过对摩尔多瓦地区的土地交易现状分析后认为，若无明确的土地产权和证书，政府和市场对土地的调节作用将十分有限（Matthew Gorton，2001②）。解决农地抛荒和严重分散最关键的办法就是实行高效益的土地整理合并以及规模化经营（K Deininger et al.，2012③）。而各国由于国情的不同，对土地市场的干预也不同。美国实行宽松自由的土地交易政策，建立了较为发达的土地交易市场和明晰具体的土地交易规则，土地的利用大多采用购买或租赁来实现。④ 而法国、韩国、日本等国因国土面积较小，土地资源匮乏，则对土地交易实行严格的政府许可制度。⑤ 日本政府在土地流转中发挥着决定性作用，通过行政、经济、法律等手段为土地流转创造了较好的市场环境和制度保障，同时农业协会也发挥着重要作用。（关谷俊作，2004⑥）法国政府也积极干预土地流转，通过完善的法律法规及政策来规范交易双方的权利和义务。⑦ 当然，政府干预会影响土地交易过程，应通过建立土地信息系统、估价评估系统、纠纷处理系统、推动土地确权登记以及提供技术支持等方式进行改革完善（G Livanis et al.，2006⑧）。产权保护、市场结构、劳动力替代、农民生存以及企业家精神等都会影响土地的顺利流转（Sivalai et al.，2013⑨）。而社会保障缺乏、农民谈判能力不足以及非农收入水平

---

① JA Gustanski，G Edwards – Jones，RH Squires. The Ethics – economies Policy Paradigm：The foundation for an Integrated Land Trust Conservation Decision – support Model ［J］. *Urban Ecosystems*，1999（2）：83 – 111.

② Matthew Gorton. Agricultural Land Reform in Moldova ［J］. *Land Use Policy*，2001（3）：269 – 279.

③ K Deininger，S Savastano，C Carletto. Land Fragmentation，Cropland Abandonment，and Land Market Operation in Albania ［J］. *World Development*，2012（10）：2108 – 2122.

④ 华彦玲. 国外农地流转理论与实践研究综述 ［J］. 世界农业，2006（9）：10 – 12.

⑤ 韩松. 集体建设用地市场配置的法律问题研究 ［J］. 中国法学，2008（3）：65 – 68.

⑥ ［日］关谷俊作. 日本的农地制度 ［M］. 北京：生活·读书·新知三联书店，2004：78 – 79.

⑦ 李珂，高晓巍. 国外农村土地流转经验及启示 ［N］. 中国国土资源报，2010 – 08 – 27（6）.

⑧ G Livanis，CB Moss，VE Breneman. Urban Sprawl and Farmland Prices ［J］. *American Journal of Agricultural Economics*，2006（4）：915 – 929.

⑨ Sivalai V. Khantachavana，Calum G. Turvey，Rong Kong，et al. On the transaction values of land use rights in rural China ［J］. *Journal of Comparative Economics*，2012（3）：863 – 878.

低也是影响土地流转的主要因素（Wen Yan et al.，2013①）。

（二）国内研究现状

国内早在物权法制定前后就有宅基地使用权以及农民住房能否抵押的争论。有学者认为中国不仅要禁止宅基地交易，而且要禁止房屋所有权的交易（孟勤国，2005②）。有学者认为宅基地使用权不可单独转让，但不能限制农民房屋转让（郭明瑞，2007③；王利明，2007④）。由于2007年实行的《物权法》对宅基地使用权转让仍适用《土地管理法》《担保法》不得抵押转让的规定，一直到2013年党的十八届三中全会前学界对农民住房财产权抵押的研究相对较少。2013年后围绕农民住房抵押的研究逐渐增多，在农民住房抵押权设立方面，对农民房屋抵押标的物的范围、当事人、设立条件等进行了研究（赖丽华、谢德诚，2015⑤；房绍坤，2015⑥；高圣平，2016⑦；马国辉，2016⑧；杜群、董斌，2018⑨；杜群、董斌，2019⑩）；有学者专门对农民房屋抵押登记意义、登记申请、登记审核与标准进行了研究（高圣平，2014⑪；孟光辉，2016⑫）。而围绕农民住房抵押权实现的研究主要集中在以下几个方面：

1. 农民住房抵押权实现方式

农民住房抵押权实现时，除传统折价拍卖变卖外，还可实行强制管理方式

① Wen Yan, K. K. Klein. Transfer of Land Use Rights in China: Results from a Survey of Rural—Households in 8 Counties of Hebei Province [J]. *International Journal of Agricultural Science and Technology*, 2013 (3): 33 – 42.

② 孟勤国. 物权法开禁农村宅基地交易之辩 [J]. 法学评论, 2005 (4): 25 – 30.

③ 郭明瑞. 关于宅基地使用权的立法建议 [J]. 法学论坛, 2007 (1): 19 – 21.

④ 王利明. 物权法研究（下卷）[M]. 北京：中国人民大学出版社, 2007: 60.

⑤ 赖丽华, 谢德诚. 农民住房财产权融资担保法律制度研究 [J]. 农业考古, 2015 (6): 327 – 333.

⑥ 房绍坤. 农民住房抵押之制度设计 [J]. 法学家, 2015 (6): 15 – 24.

⑦ 高圣平. 农民住房财产权抵押规则的重构 [J]. 政治与法律, 2016 (1): 111 – 125.

⑧ 马国辉. 农民住房财产权抵押贷款问题探讨 [J]. 河海大学学报（社会科学版）, 2016 (5): 40 – 45.

⑨ 杜群, 董斌. 农民住房抵押贷款实现机制创新略论——基于试点实践的考察 [J]. 湖南农业大学学报（社会科学版）, 2018 (2): 55 – 60.

⑩ 杜群, 董斌. 农民住房抵押之设定方式研究 [J]. 甘肃政法学院学报, 2019 (2): 44 – 52.

⑪ 高圣平. 不动产统一登记视野下的农村房屋登记：困境与出路 [J]. 当代法学, 2014 (2): 47 – 55.

⑫ 孟光辉. 农户语境下的住房财产权与抵押登记问题 [J]. 中国土地科学, 2016 (9): 90 – 96.

（房绍坤，2015①；高圣平，2016②；杜群、董斌，2018③）。

2. 农民住房抵押权实现中的受让人范围

由于农民房屋买卖与抵押权实现具有同质性，对农民住房抵押权实现中的受让人范围基本有四种观点：第一，认为只能转让给集体经济组织内部成员。这也是现行政策规定（赵同娜，2008④；戴孟勇，2009⑤）。第二，认为应允许县域内或部分小城镇居民购买（张日波，2013⑥；赖丽华，2015⑦）。第三，认为应分区域放开。在经济发达地区、大城市郊区和东部地区完全放开；在中部地区放宽到本地区农户；在西部贫困地区仍限制在集体内部（杜群、董斌，2018⑧）。第四，认为应不设限制条件完全放开受让人的范围（章合运，2010⑨；鞠海亭、郑文平，2011⑩；房绍坤，2015⑪）；杨俊等，2015⑫；汪莉、张伟，2016⑬；陈小君，2019⑭）。

3. 农民住房抵押实现中的房地关系问题

我国对房地的关系基本上采取"房地一体"原则，即"房随地走"或"地随房走"。有学者认为当前我国城乡土地市场分割具有一定的合理性，宅基地使用权转让应当有条件地逐步放开，另行构建新的土地租赁制度是求其次而不得已之举（陈小君，2014⑮）。而主张采用"房地分离"模式下房地关系如何具体构建则有四种不同观点：一是建议采用地役权说（冯张美，2011⑯）；二是建议采

①⑪　房绍坤. 农民住房抵押之制度设计［J］. 法学家，2015（6）：15 – 24.

②　高圣平. 农民住房财产权抵押规则的重构［J］. 政治与法律，2016（1）：111 – 125.

③⑧　杜群，董斌. 农民住房抵押贷款实现机制创新略论——基于试点实践的考察［J］. 湖南农业大学学报（社会科学版），2018（2）：55 – 60.

④　赵同娜，唐芳. 论我国农村房屋流转受困于现行法律［J］. 经济论坛，2008（5）：132 – 135.

⑤　戴孟勇. 城镇居民购买农村房屋纠纷的司法规制［J］. 清华法学，2009（5）：53 – 74.

⑥　张日波. 农房抵押的浙江实践及改革方向［J］. 当代社科视野，2014（12）：12 – 14.

⑦　赖丽华，谢德诚. 农民住房财产权融资担保法律制度研究［J］. 农业考古，2015（6）：327 – 333.

⑨　章合运. 农村房屋流转的障碍分析及对策研究［J］. 天府新论，2010（5）：80 – 83.

⑩　鞠海亭，郑文平. 温州农村房屋买卖纠纷案件的调查与思考［J］. 法治研究，2011（3）：47 – 52.

⑫　杨俊，张晓云，汤斌. 深化改革背景下农村房屋买卖路径探析［J］. 中国土地科学，2015（6）：67 – 74.

⑬　汪莉，张伟. 农房抵押的法律困境与对策研究［J］. 安徽农业大学学报（社会科学版），2016（4）：70 – 74.

⑭　陈小君. 宅基地使用权的制度困局与破解之维［J］. 法学研究，2019（3）：48 – 72.

⑮　陈小君. 我国农村土地法律制度变革的思路与框架——党的十八届三中全会《决定》相关内容解读［J］. 法学研究，2014（4）：4 – 25.

⑯　冯张美. 地役权于农村房屋买卖之可行性研究［J］. 法治研究，2011（1）：56 – 60.

用国有土地使用权说（赵俊臣，2014①）；三是建议采用地上权说（王卫国、朱庆育，2014②）；四是大多数学者则建议采用法定租赁权说，并就法定租赁权的国外考察、租赁当事人、期限、消灭等内容进行了研究（刘凯湘，2010③；王直民、孙淑平，2012④；彭诚信、陈吉栋，2014⑤；杨俊等，2015⑥；房绍坤，2015⑦；高圣平，2016⑧；陈小君，2019⑨）。当然，也有学者在名称上则建议采用"推定租赁权"（杜群、董斌，2018⑩）和"宅基地批租权"（刘国臻，2019⑪）。

4. 农民房屋抵押实现中的居住权利保障与风险防范问题

关于农民的居住权利保障问题，大多数学者认为生存权优于债权，应完善农村住房保障方式，建立多层次、多元化的农村住房保障体系（王飞鸿，2006⑫；吴萍，2007⑬；刘璐，2009⑭；吴志宇，2012⑮；孟存鸽，2019⑯）。有学者认为农村集体组织成员通过获得宅基地来保障其最基本的居住条件和生存条件仍应坚持，现阶段宅基地使用权既不可以完全放开而"自由流转"，也不能一味否定不

① 赵俊臣. 农民财产权抵押方案如何设计？［J］. 决策，2014（4）：36 - 38.

② 王卫国，朱庆育. 宅基地如何入市——以画家村房屋买卖案为切入点［J］. 政法论坛，2014（3）：92 - 99.

③ 刘凯湘. 法定租赁权对农村宅基地制度改革的意义与构想［J］. 法学论坛，2010（1）：36 - 41.

④ 王直民，孙淑萍. 基于"房地分离"的农村住房抵押制度研究［J］. 农村经济，2012（10）：22 - 25.

⑤ 彭诚信，陈吉栋. 农村房屋抵押权实现的法律障碍之克服——"房地一致"原则的排除适用［J］. 吉林大学社会科学学报，2014（4）：38 - 47.

⑥ 杨俊，张晓云，汤斌. 深化改革背景下农村房屋买卖路径探析［J］. 中国土地科学，2015（6）：67 - 74.

⑦ 房绍坤. 农民住房抵押之制度设计［J］. 法学家，2015（6）：15 - 24.

⑧ 高圣平. 农民住房财产权抵押规则的重构［J］. 政治与法律，2016（1）：111 - 125.

⑨ 陈小君. 宅基地使用权的制度困局与破解之维［J］. 法学研究，2019（3）：48 - 72.

⑩ 杜群，董斌. 农民住房抵押贷款实现机制创新略论——基于试点实践的考察［J］. 湖南农业大学学报（社会科学版），2018（2）：55 - 60.

⑪ 刘国臻，刘芮. 宅基地"三权分置"下宅基地上房屋转让制度改革路径［J］. 学术论坛，2019（2）：54 - 62.

⑫ 王飞鸿. 《关于人民法院执行设定抵押的房屋的规定》的理解与适用［J］. 人民司法，2006（1）：21 - 23.

⑬ 吴萍. 农村房产执行的法律障碍及其出路［J］. 法学论坛，2007（6）：75 - 81.

⑭ 刘璐. 农村房屋的执行：困境与出路［J］. 当代法学，2009（2）：110 - 115.

⑮ 吴志宇. 农村住房保障制度体系构建初探［J］. 开放导报，2012（2）：68 - 71.

⑯ 孟存鸽. 农房抵押强制执行与农民基本居住权的实现［J］. 甘肃社会科学，2019（4）：231 - 236.

能流转（郑尚元，2014①）。有学者认为应将农民住房区分为"必要住房财产权"和"剩余住房财产权"，通过必要住房财产权来保障农民的基本居住利益，通过剩余住房财产权来实现其经济价值和财富功能（陶钟太郎，2016②）。有学者通过对美国家宅财产制度的考察，认为我国应对农民住房财产的面积和价值给予一定的豁免方式来保障农民的基本居住权利（王桂芳，2017③）。关于债权人风险防范问题，有学者认为应以"一保一同"为前提条件，征得村集体同意，设立"风险补偿基金"（邓纲，2010④；赵俊臣，2011⑤）。还有学者认为债权人的主要风险有信用、产业、法律、市场、道德、操作以及处置风险，建议加速农房产权改革，构建完善政策支农机制，强化金融机构内部管理（王悦、霍学喜，2014⑥；李成强，2016⑦；王晓烨、胡玉浪，2019⑧）。有学者建议应创新风险分担机制、多部门协调联动、建立政府收储机制、设立农村资产管理公司、强化信用体系建设、加强农民住房保险建设、设立农房抵押贷款风险评估及纠纷化解平台等措施防范风险（刘佳，2016⑨；汪莉、张伟，2016⑩；马国辉，2016⑪；魏寿邦、季生有，2017⑫；史卫民，2018⑬）。

① 郑尚元. 宅基地使用权性质及农民居住权利之保障［J］. 中国法学，2014（2）：142-157.
② ［日］陶钟太郎，杨环. 农民住房财产权论析——寻找政策与法律的契合［J］. 内蒙古社会科学（汉文版），2016（3）：97-103.
③ 王桂芳. 美国家宅财产制度的启示——破解中国农民住房财产抵押贷款风险的新思路［J］. 山西农业大学学报（社会科学版），2017（5）：64-69.
④ 邓纲. 我国农村产权抵押融资制度改革的问题与前景［J］. 农业经济问题，2010（11）：67-72.
⑤ 赵俊臣. 政府不宜为土地承包权抵押贷款"兜底"［J］. 国土资源导刊，2011（3）：60-62.
⑥ 王悦，霍学喜. 农房抵押贷款风险成因及预防策略［J］. 河北学刊，2014（2）：119-122.
⑦ 李成强. 关于农民住房财产权抵押风险防范的实践与思考［J］. 金融纵横，2016（5）：27-32.
⑧ 王晓烨，胡玉浪. 农民住房财产权抵押贷款失约风险防控机制研究——基于福建晋江的实践经验［J］. 石家庄铁道大学学报（社会科学版），2019（2）：24-29.
⑨ 刘佳. 农民住房抵押贷款中金融机构债权实现的困境与出路［J］. 农村金融研究，2016（11）：62-67.
⑩ 汪莉，张伟. 农房抵押的法律困境与对策研究［J］. 安徽农业大学学报（社会科学版），2016（4）：70-74.
⑪ 马国辉. 农民住房财产权抵押贷款问题探讨［J］. 河海大学学报（社会科学版），2016（5）：40-45.
⑫ 魏寿邦，季生有. 农民住房财产权抵押贷款试点思考——以青海省湟源县为例［J］. 青海金融，2017（2）：41-45.
⑬ 史卫民. 农民住房抵押权实现的制度完善［J］. 法学论坛，2018（5）：95-102.

（三） 研究现状评述

农民住房抵押权实现问题研究涉及物权法、合同法、农村金融、房地关系、权利协调、产权交易市场等多方面理论与实践问题。国外的土地制度和住房产权制度与我国现行的农村土地与住房制度差异较大，国外大多数发达国家私有化程度较高，土地和住房产权制度比较成熟，土地和房屋可以进入市场自由交易，房屋抵押融资实现中不存在制度上的障碍。因此，国外很多的成功经验与成熟做法在我国并不能直接适用。但国外学者在农村金融、土地市场方面的研究，特别是农村金融发展中的政府支持、内部控制制度、风险防范制度以及土地市场发展中的产权明晰、估价评估系统、中介服务体系、保险制度建设等都对我国解决农民住房抵押权实现中的问题具有一定的参考和借鉴价值，有利于我国在深化农村改革和城乡一体化建设中农民住房抵押担保制度研究方面的思路拓展和创新发展。

国内在农民住房抵押制度方面的研究丰富和拓展了农民住房抵押理论和实践的基础，为后续的研究奠定了坚实的基础，具有一定的理论意义和实践意义。但国内目前在农民住房抵押权实现问题研究方面仍存在着一些不足：

1. 研究内容不够深入

现有研究对农民住房抵押权实现的特殊性理论研究不足，较少将城市房屋与农民房屋抵押进行比较研究，也未能从农民住房抵押的制度基础和社会基础上进行全面研究，研究内容深度不够，实际操作性不强。农民住房抵押权实现时与商品住房的差别化规定是什么？宅基地权益实现的具体路径是什么？"法定租赁权"中租赁费用的缴纳使用管理以及各方的关系是什么？通过"法定租赁权"获得的房屋如何登记？是否有用途限制？如何保障买受人的权利等问题仍较少涉及；如何保障农民的基本居住权利以及农民居住权利保障与债权风险防范这一对矛盾如何平衡和兼顾几乎没有研究；围绕抵押权实现的交易市场研究较少。这些内容的缺失无法对政策制定和具体操作起到支撑作用和参考借鉴。

2. 缺乏全面系统研究

现有研究大多集中在农民住房抵押权设立层面及实现中的个别问题，尚未对农民住房抵押权实现的障碍问题展开全面系统研究，而实现中的障碍如果不能有效解决，将使农民住房抵押贷款无法顺利进行和持续开展。农民住房抵押权实现是一个系统问题，从受让人范围放开到房地分离下的法定租赁权设计，从抵押人的居住保障到抵押权人的风险防范，从两者的冲突平衡协调到产权交易市场构建，这些亟待解决更为重要的问题为本研究留下了探索和创新的空间。

3. 研究方法较为单一

目前的研究大多采用理论分析和规范分析的方法，未结合农村实际扩展到政治学、经济学、社会学等层面进行综合交叉研究，实证研究较少。

本书从农民住房抵押权实现的视角切入，通过对农民住房抵押权设立的法理基础和实现的一般理论论述，在分析现行法规制度政策基础上提出实现中的四大障碍和问题，从受让人范围完全放开到宅基地权益实现具体路径，从农民基本居住权利保障到债权人风险防范，从两者权利冲突与协调到农村产权交易流转市场完善，从系统论的角度对农民住房抵押权实现问题研究提供新的分析框架，认识到解决农民住房抵押权实现问题的重要性和迫切性。并对宅基地权益实现路径、法定租赁权制度细化、基本居住权利保障措施、权利冲突协调标准、农村产权交易市场完善等内容从理论、制度、操作层面提出新观点、新内容以及具体制度设计和完善建议，在现有基础上有所突破和深化，为顺利推行农民住房抵押制度贡献力量。

三、研究目的和方法

（一）研究目的

（1）本书在分析农民住房抵押权实现中的四大障碍和问题的基础上，从理论、制度、操作层面深入分析和解决这些问题，提出完善的制度设计和操作性较强的对策建议，为地方开展农民住房抵押业务提供借鉴和参考，为国家制定农民住房抵押政策法规提供依据。

（2）本书通过细致缜密的比较和分析，对农民住房抵押权设立的法理基础和实现的基本理论和相关内容进行深入系统研究，运用一些新材料，提出一些新观点，丰富抵押权内容和体系，深化物权法理论发展，力争在理论基础和学术研究上有所突破。

（二）研究方法

研究任何一个问题都离不开科学方法论的指导，研究我国农民住房抵押权实现问题同样如此。本书在研究中主要综合运用了以下研究方法：

1. 历史分析与价值分析相结合的方法

历史分析法是马克思主义理论研究经常采用的一个基本方法。农民住房抵押融资实现问题是一个时代性主题非常鲜明的问题，在新中国成立后很长一段时期内一直到改革开放前后，农民住房并无融资功能。农民住房融资功能是随着市场经济体制的建立和完善，农村经济发展水平逐步提高，农村融资难日益突出与农民财产性收入增长乏力而逐步凸显出来的。本书在具体写作中，对农民住房抵押法规政策变迁性的解读，农民住房转让中受让人范围法规政策以及司法指导意见的梳理，房地关系的历史发展考察，我国房地一体的历史发展考察，日本和我国台湾地区房地分离制度的发展考察等都采用了历史分析方法。农民住房抵押权实现问题研究涉及法律制度的构建与完善，自然离不开效率与公平这一基本价值的判断。农民住房抵押融资功能的实现不仅要追求效率目标，也是在财产权、融资权甚至身份权方面给予农民应有公平对待的必然要求。因此，在研究中对农民住房抵押设立的必要性与可行性，受让人范围完全放开的必要性与可行性，房地分离模式的选择，抵押权实现时农民居住权利的保障等方面均采用了价值分析方法。通过历史分析法梳理现行制度政策的发展历程，通过价值分析法判断不同时期制度政策的价值选择，并尽量将两者结合起来进行分析。

2. 理论分析与案例分析相结合的方法

理论分析的目的是夯实文章研究的理论依据，案例分析的目的使问题研究更有说服力。农民住房抵押权实现问题是一个十分重大而又亟须研究并尽快解决的现实问题，不仅关乎着农民房屋财产权益的实现和城乡一体化的进程，也与农村经济发展和社会稳定密切相关。在梳理以往研究文献的基础上，以抵押权设立和实现理论，房地一体和房地分离理论，人权和居住权保障理论，银行风险控制理论来分析和论证相关建议和完善措施。以此为基础，还重点通过案例分析、实际做法、经验总结来研究农民住房抵押权实现中的障碍和问题，从而通过理论结合案例分析的角度为完善和解决农民住房抵押权实现中的问题提出建议和对策，力求使基础理论与案例分析相互印证，相互补充，达到理论指导实际的目的和提供方法论的支持。

3. 实证分析与规范分析相结合的方法

实证分析法是对法律现象、法律行为、法律活动及其发展趋势进行客观真实的分析，主要回答"实际是什么"的问题。农民住房抵押制度是一个实践性很强的问题，确定农民住房抵押权实现问题研究这一主题主要是对目前正在进行的农民住房抵押融资制度创新试点改革实践给予应有的理论关注，使其实践经验和成熟做法逐步上升为理论。因此，具体研究中必须从现实中已经存在或可能存在的问题出发，按照"提出问题—分析问题—解决问题"这一思路逐步展开。在农民住房抵押的可行性和地方试点，受让人范围完全放开的可行性，法定租赁权的制度设计，银行风险防范的国内实践和措施，农村产权交易市场的现状等部分先后在西安高陵和杨凌、咸阳泾阳和三原、汉中洋县和城固、延安黄陵和安塞等地通过实地调研、走访座谈、问卷调查等方式了解和掌握当地农民住房抵押情况；并通过网络媒体、政府网站、委托别人等方式对浙江温州、宁波、丽水，安徽宣城、马鞍山、铜陵、山东济南，湖北武汉，四川成都，重庆等地的农民房屋抵押地方政策和实施情况广泛搜集数据、资料和案例，并运用到具体论证中，增强了说服力。规范分析法是以一定的价值判断作为问题研究的基础和出发点，主要回答"应该是什么"的问题。在分析农民住房抵押的理论基础，受让人范围放开，银行风险防范，产权交易市场完善等方面运用法律理论系统分析了针对存在的现实问题应该如何进行完善。结合农民住房抵押制度实际运行情况深入论证了"实际是什么"和"应该是什么"之间的差距，分析了原因，提出了完善建议和对策。

4. 比较分析与系统分析相结合的方法

比较分析法是对相同或相近的法律制度、法律问题或法律现象进行横向或纵向比较研究的一种方法。在城乡房屋抵押制度，农民房屋抵押东、中、西地区试点情况、城乡房屋转让中受让人范围，房地一体与房地分离，城乡产权交易市场等部分都采用了比较分析法，增强了问题分析的客观性和全面性。系统分析法是对某一问题进行统一整体全面的研究，而不是只针对某一方面或某一部分的研究。三农问题一直以来相互交织，盘根错节，深化改革中关系到多方利益，是

"牵一发而动全身"的系统工程。农民住房抵押权实现问题就是一个关系到农民财产权利、农民融资权利、农民居住权利、银行债权实现、农村金融创新、农村经济发展等多重领域的综合性课题，对这一问题的研究应采用系统分析这一研究方法。农民住房抵押融资的实现是一个系统性工程，在研究中除了需要构建和完善农民住房抵押权实现这一主体制度外，还需要对农民房屋确权登记、农民房屋价值评估、农民房屋保障居住、农民房屋产权交易等一系列配套制度进行综合研究。研究中尽量将比较分析和系统分析结合起来，增强问题研究的整体性、全面性和系统性。

四、研究思路和内容

（一）研究思路

1. 深化理论探索，提供理论支撑

在比较、分析城市房屋与农民房屋抵押差异的基础上，论证农民住房抵押权设立的法理基础、主体分析和条件审视，论述农民住房抵押权实现的条件、程序和方式，细化法定租赁权制度设计实现宅基地权益，提出农民居住权利保障措施与债权实现的平衡协调标准，完善农村产权交易流转市场建设，为国家试点农民住房抵押制度和制定政策法规提供理论支撑。

2. 坚持问题导向，考虑长远发展

采用提出问题—分析问题—解决问题的研究思路，总结分析农民住房抵押权实现中的种种困难和法律障碍，在分析　比较、调研的基础上，提出解决的具体建议和措施，为国家顺利推行农民住房抵押制度，实现农民财产性收入增长，加快农村金融改革创新提供参考建议。

具体的研究思路如图 1 - 1 所示：

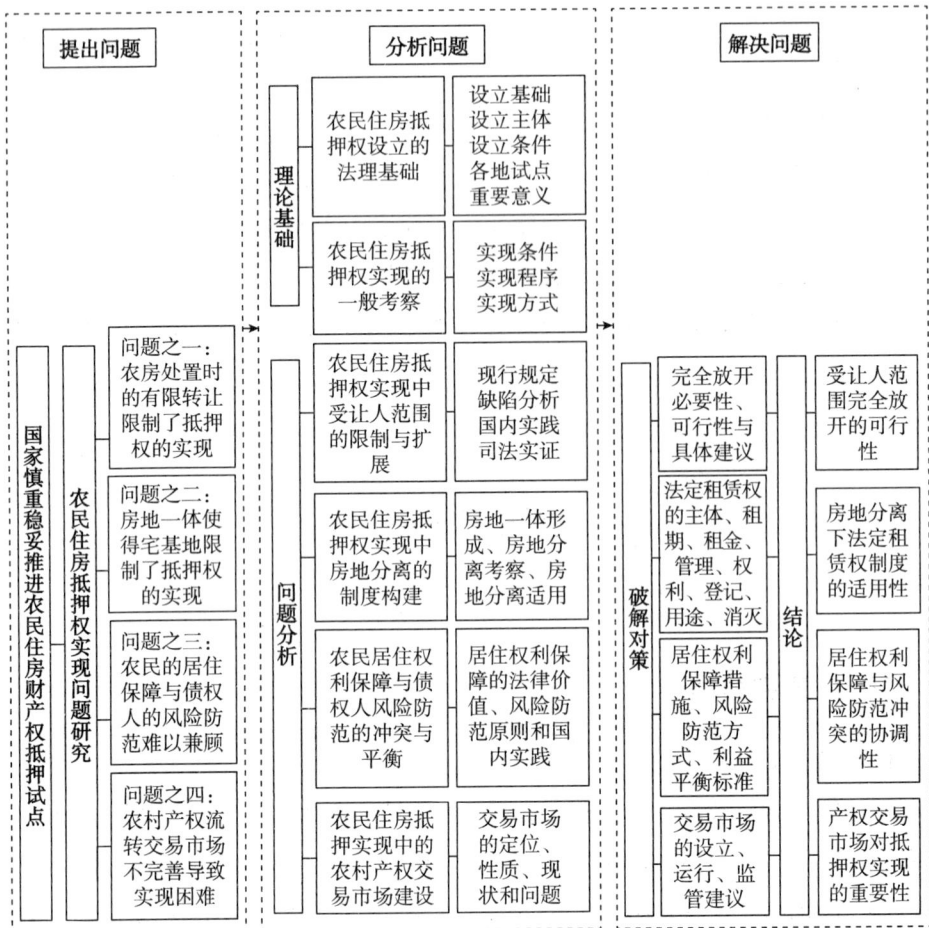

图 1-1　本书研究思路

（二）主要内容

根据研究重点不同，本书共分为八部分，每一部分既各有侧重，又相辅相成，形成了一个逻辑完整结构合理的研究框架。

（1）绪论。主要包括本书的研究背景和意义、研究现状和评述、研究目的和方法、研究思路和内容等。

（2）农民住房抵押权设立的法理基础与重要意义。在界定农民住房抵押概念和分析现行相关规定及政策演变基础上，从理论、制度、实践层面论证农民住房抵押权设立的法理基础。研究农民住房抵押权设立的主体分析、条件审视。考察和比较各试点地区的做法和经验。论证农民住房抵押权设立的重要意义。

（3）农民住房抵押权实现的一般考察与问题提出。通过论述农民住房抵押权实现的条件、程序和方式，着重探讨和提出农民住房抵押权实现中的法律问题。农房处置时的有限转让限制了抵押权的实现，"房地一体"使宅基地限制了抵押权的实现，农民的居住保障与银行的风险防范难以兼顾，农村产权流转交易市场不完善导致实现困难。

（4）农民住房抵押权实现中受让人范围的限制与扩展。在分析现行对受让人范围限制规定和缺陷的基础上，考察国内农民住房转让时受让人范围放开的相关实践。通过近5年农民住房转让的司法实证分析，论述受让人完全放开的必要性与可行性，并提出受让人范围完全放开后的具体建议。

（5）农民住房抵押权实现中房地分离的制度构建。通过对土地与房屋关系的考察，论述我国"房地一体"的形成和理论基础。考察日本及我国台湾地区"房地分离"的做法，主张农民住房转让应采取"房地分离"模式，将房地分离模式下"法定租赁权制度"看成政策中"差别化规定"。并认为法定租赁权租赁关系中出租人应是宅基地使用权人，承租人为房屋受让人。租赁费用占房价的10%～15%并应在村集体和宅基地使用权人之间按照2∶8的比例分配。租赁期限应在房屋使用年限内存在，不受20年最长期限的限制。应严格管理缴纳给村集体的租赁费用。受让人获得房屋所有权后需要对房屋所有权和宅基地法定租赁权进行一体登记。受让人对受让房屋拥有所有权、转让权和拆迁补偿权。应以满足房屋买受人的实际居住需求为导向对其用途进行合理规制，特别是严禁买受人购买农民房屋后通过拆除、改建或重建的方式建造私人会馆和别墅大院。在宅基地"三权分置"改革下，建议仍然采用"宅基地所有权—宅基地使用权—宅基地法定租赁权"的结构进行构建，以此来体现和保障宅基地权益的具体实现路径和方式。

（6）农民居住权利保障与债权人风险防范的冲突与平衡。农民住房抵押权实现中农民居住权利的保障与银行的风险防范存在矛盾和冲突，通过对农民房屋强制执行的冲突分析，论述居住权利保障的法律价值，提出居住权利保障的完善措施。在论述抵押权人的主要风险和国内试点地区风险防范相关实践的基础上，提出抵押权人风险防范的具体建议。论述居住权保障与债权人风险的利益平衡，认为应以安全与效率为标准，在现阶段开展农民房屋抵押应以安全稳定为前提，再追求经济效率。

（7）农民住房抵押权实现中农村产权交易市场的构建与运行。研究农民住房抵押权实现中的建立健全农村产权流转交易市场的原则、功能、设立、运行、监管等内容，构建公开、公正、规范运行的交易平台，为农民住房抵押权顺利实现提供保障。

（8）结论与展望。总结本书的主要结论和主要创新点，分析存在的不足，并对后续研究和关注的问题进行展望。

第二章　农民住房抵押权设立的
法理基础与重要意义

　　"农民住房财产权"并非严格意义上的法学概念，而是一个典型的政策性概念。农民住房应该是农民房屋所有权和宅基地使用权的集合权利。本书在叙述中将"农民住房"与"农民房屋"视为同一语义，有时采用简称"农房"。农民住房的转让抵押担保是近年来国家在深化农村改革中推行的一项重要政策，对增加农民财产性收入，实现农民住房财产权益，缓解农民融资难，实现农村金融创新，加快城乡统筹发展，促进农村经济发展都具有重要的理论意义和现实意义。特别是农民住房抵押权的设立也是农民住房由静态财产转向动态财产，实现财产增值的重要途径。本章通过担保物权一般原理以及抵押权基本理论对农民住房抵押权设立的理论基础进行分析，包括农民住房和农民住房抵押的概念，农民住房抵押权设立的现行法律规定及政策导向，农民住房抵押权设立的法理基础，农民住房抵押权设立的主体分析、条件审视、已开展农民住房抵押权试点地区的相关实践，从实现城乡共同富裕以及对农村居民、金融机构、地方政府等方面论述农民住房抵押权设立的重要意义，以期为农民住房抵押权开展的政策规定寻求法律依据，也为下一步政策措施上升为法律规定奠定理论基础。

一、农民住房和农民住房抵押的概念

（一）农民住房的概念

　　房屋是指供人们居住或用作生产生活等其他用途的建筑物。农村房屋一般是指农村集体经济组织和村民在农村集体土地上建造的以生产生活和公益为目的的建筑物和其他设施。广义的农村房屋主要包括农村集体经济组织所有的房屋（村集体办公用房、公共设施房屋、公益事业房屋等）、乡镇企业所有的房屋（企业办公用房、厂房、仓库等）及农民个人所有的房屋。

农民住房专指农村居民以居住为目的在其合法宅基地上建造并拥有所有权的房屋和附属设施，包括农民房屋、厨房、猪圈、牛棚、厕所、院落等。"农民住房财产权"起源于政策规定，2013 年 11 月通过的《中共中央关于全面深化改革若干重要问题的决定》中在"宅基地制度改革部分"首次提出"农民住房财产权"这一概念，随后 2014 年中央一号文件、2015 年 8 月国务院发布的《两权抵押指导意见》、2015 年 11 月中央颁布的《深化农村改革综合性实施方案》、2016 年 3 月中国人民银行等六部门发布的《农房抵押暂行办法》中均采用了"农民住房财产权"这一概念。农民住房财产权显然不同于农民房屋所有权，否则没有必要重新创设一个新概念。从现有的政策、指导意见、暂行办法中可以看出农民住房财产权是由农民房屋所有权以及房屋占用范围内的宅基地使用权集合而成，是所有权（农民房屋）和用益物权（宅基地使用权）两类物权集合而成，并非单一的物权。[①] 本书研究的农民住房也是房屋所有权和宅基地使用权的集合权利，与农民房屋没有实质差别。农民住房的用途功能多样，不但要满足居住功能，还要具备生产功能，满足农民储存粮食、堆放农具、饲养家禽、开展家庭副业等农业生产的需要。农民住房一个显著的特征是位置的分散与集中并存。由于我国农民长期以自然村落分散居住，农民住房的分散性较为明显。虽然近年来通过撤乡并镇、集中居住、移民搬迁、土地整理等形式形成了大量农民集中居住区和新型农村社区，但农民住房分散与集中并存的状况未发生根本改变。

国外大多数国家实行土地私有制，虽然也有国有土地与私有土地的区分，但是没有城市与农村土地的区分，更没有城市与农村土地上房屋产权不同的区分。[②] 我国农民住房问题是中国独特的房地产政策的产物，农村居民与城市居民的住房虽然都是所有权人对其房屋的占有、使用、收益和处分的权利，但由于我

---

① ［日］陶钟太郎，杨环. 农民住房财产权论析——寻找政策与法律的契合 ［J］. 内蒙古社会科学（汉文版），2016（3）：97－103.

② 金俭. 中国住宅法研究 ［M］. 北京：法律出版社，2004：26.

国实行城乡二元结构的土地制度，即城市的国有土地所有制和农村的集体土地所有制以及农民房屋所有权与宅基地使用权集合性质使得农民住房具有了独特的财产性、身份性、保障性和限制性的内涵与特征。

1. 财产性

一般意义上的财产是指具有经济价值，能够被人控制和支配的物。农民住房作为一种普遍而又重要的财产形式，本身具有巨大的经济价值，又能被其主人控制和支配，当然具有财产属性。农民住房的财产属性具体表现在使用价值和价值上，使用价值是房屋具有的、能够满足人们生产生活需要的客观有用性，农民的居住、生活、学习、劳动都是以其房屋为中心，可以说房屋不仅是为其遮风挡雨的建筑物，更是家庭活动的轴心所在；价值表现在农民对其住房享有所有权，可以按照法律规定对其行使占有、使用、收益和处分的权利。同时，农民住房作为其合法的私有财产，受国家法律保护，可以排除他人对其行使房屋权利时的侵害、干涉和妨碍。

2. 身份性

所谓身份性是指只有农村集体经济组织的成员才能申请宅基地并建造房屋。房屋与土地密切联系，房屋依赖于土地，宅基地是房屋存在的基础和载体，原则上宅基地使用权人与房屋的所有权人应为同一主体。而农村宅基地属于集体所有，只有农村集体经济组织的成员才能成为宅基地使用权的主体。宅基地使用权与农村集体经济组织的成员资格密切联系在一起，具有较强的身份属性，这就决定了集体经济组织以外的城镇居民和非本集体经济组织成员一般都不能在本村申请宅基地并建造房屋。[①]

3. 保障性

所谓保障性是指农民住房以"家家有其居所，户户安居乐业"为其基本目标，是国家基于对农民生存和居住保障的考虑和关怀而分配给农民的一种福利。农村宅基地制度的保障性决定了农民住房的保障性，无偿分配宅基地是保障农民住房的现实选择。农村宅基地使用权的无偿取得并以合适的成本建造房屋使广大农民获得了最基本的居住生活条件，在目前农村社会保障体系仍不健全的情况

---

① 史卫民. 农村发展与农民土地权益法律保障研究［M］. 北京：中国社会科学出版社，2015：151.

下，农民住房的保障性涉及我国几亿农民的居住权和生存权，关系到农村的繁荣发展和社会的和谐稳定。

4. 限制性

所谓限制性主要是指农民对其拥有的房屋仍不能进行完全的支配，特别是处分权受限较大。由于我国现行的宅基地实行"一户一宅"原则，决定了农村居民一户只能建造一处房屋。同时，为了合理利用和节约集约用地，各省、自治区、直辖市都结合本地实际情况和地形地貌的差异规定了不同的宅基地面积标准。由于我国现行法律法规和政策的限制性规定，农民住房不能进入市场进行自由流转，农民住房不得向城市居民出售，限制了其财产功能的发挥。

在计划经济时期和改革开放以前，由于经济发展相对缓慢和农村人口较少流动，农民住房基本上都是自己居住使用，农民住房的买卖等流转甚微，农民住房的身份性和保障性显得非常必要和突出。在改革开放后和市场经济时期，特别是在市场发挥决定性作用的背景下，随着全面深化改革的深入，工业化、信息化、城镇化、农业现代化的快速推进和深度融合以及农村人口的大规模流动，经济快速发展对资金的需求使得农民对其房产价值利益的诉求加大，寻求宅基地上房产价值的愿望更加强烈，农民住房的身份性和保障性将会逐步退出，限制性将会逐步减弱，必然要求逐步体现和强化农民住房的财产属性，充分发挥其财产功能，实现其财产价值。

（二）农民住房抵押的概念

农民住房抵押是指债权人对债务人或第三人以其宅基地上所有的房屋作为债权的担保，在债务人到期不能履行债务或者出现当事人约定的抵押权实现情形时，依法享有的就该抵押物变现并优先受偿的权利。抵押权是针对财产的交换价值而设定的一种物权，其目的在于确保债权得以实现。抵押权的优点是抵押物不需要转移给债权人占有，使抵押人能够继续占用使用并充分发挥它的使用价值，能够用获取的收益清偿债务；也使债权人在获得担保利益的同时而不必增加不必要的风险和负担，登记和执行制度的完善使得债权人可以顺利实现对抵押物的控制和支配，① 使其债权得到最充分的保障。基于抵押权的这种特殊优势，其在市

---

① 徐明月. 抵押权制度研究 [M]. 北京：法律出版社，1998：114.

场经济中对保障债权实现、加速资金融通、建设信用体系、促进市场正常运转发挥着重要而又不可替代的作用。抵押担保也受到越来越多人的青睐和运用，成为市场经济条件下人们融资普遍采用的典型担保形式。

农民住房抵押与其他不动产抵押并无本质差别，其抵押权同样具有从属性、不可分性、物上代位性、优先受偿性等抵押权共同特征。但由于农民住房是建立在农村宅基地之上，使得农民住房抵押与城市住房抵押具有不同的而又独特的法律特征。农民对房屋的所有权和宅基地的使用权使得房地关系会给农民住房抵押权实现中带来许多困难和法律障碍。

二、农民住房抵押权设立的现行规定

（一）农民住房抵押权设立的法律规定

现行法律法规并未明确禁止农民住房抵押，但对房屋占有范围内宅基地使用权抵押的明确禁止，使得现行房地一体原则下的农民住房抵押困难重重。

我国农民住房均是在农村集体土地——宅基地上所建造的建筑物，宅基地使用权虽是用益物权，但《民法典》物权编和《土地管理法》均明确禁止抵押。同时，从1999年开始国务院、原国土资源部、住房城乡建设部等部门发布的通知和部分规章对宅基地使用权的限制做了更为明确的操作性较强的规定。多次强调和重申，农村宅基地只能分配给本村村民，农民的住房不得向城市居民出售，严禁城镇居民在农村购宅建房并发放土地使用证和房产证。

由此可见，国家现行法律法规和相关规定对农民住房所依存的宅基地，集中体现在以限制其抵押流转为核心的制度上，而建造在宅基地上的房屋在"房地一体"原则下，其抵押流转也一直受到严格限制。这些规定大多是从公法角度加强对宅基地的管理，突出强调农民房屋的住房保障功能，而限制农民对宅基地和房屋的财产性权利。

（二）农民住房抵押权设立的政策导向

在促进农民财产性收入增长和农村发展资金严重匮乏的背景下，国家政策导向是逐步放开农民住房抵押流转，并采取谨慎稳妥的试点方式积累经验（见表 2 - 1）。

表 2 - 1　农民住房抵押权设立的政策导向

序号	名称	时间	部门	内容
1	《中共中央关于全面深化改革若干重大问题的决定》	2013 - 11 - 12	中共中央	要改革和完善农村宅基地制度，慎重稳妥推进农民住房财产权抵押担保转让试点，探索增加农民财产性收入的渠道
2	《关于金融服务"三农"发展的若干意见》	2014 - 04 - 20	国务院办公厅	创新农村抵（质）押担保方式，慎重稳妥推行农民住房财产权抵押试点，推广以承包土地收益权等为标的的新型抵押担保方式
3	《关于农村土地征收、集体经营性建设用地入市、宅基地制度改革试点工作的意见》	2015 - 01 - 11	中共中央办公厅、国务院办公厅	要完善宅基地使用权取得方式，探索农民住房保障在不同区域户有所居的多种实现形式；探索进城落户农民在本集体内部自愿有偿退出或转让宅基地
4	《关于加大改革创新力度加快农业现代化建设的若干意见》	2015 - 02 - 01	中共中央、国务院	要推进金融资源继续向"三农"倾斜，鼓励各类商业银行创新"三农"金融服务，做好农民住房财产权和承包土地的经营权抵押贷款试点工作
5	《关于开展农村承包土地的经营权和农民住房财产权抵押贷款试点的指导意见》	2015 - 08 - 24	国务院	农房抵押需将农房所有权与宅基地使用权一并抵押，探索建立宅基地使用权有偿转让机制。允许商业银行在保障农户居住的前提下，依法采取多种方式处置抵押物以实现银行抵押权。农民房屋抵押权实现时的抵押物处置应与商品房屋制定差别化规定。探索农房抵押担保中宅基地权益的实现方式和途径，保障抵押权人的合法权益
6	《深化农村改革综合性实施方案》	2015 - 11 - 02	中共中央办公厅、国务院办公厅	要对农民住房财产权作出明确界定，探索宅基地有偿使用和自愿有偿退出，探索农民房屋抵押担保转让的有效途径

序号	名称	时间	部门	内容
7	《农民住房财产权抵押贷款试点暂行办法》	2016－03－15	中国人民银行、银监会、保监会、财政部、国土资源部、住建部	《办法》共24条，对试点地区、贷款条件、贷款利率、贷款期限、资产评估、抵押实现、风险基金、住房保险等问题做了较为详细规定，允许金融机构根据国家政策和试点地区实际开展农房抵押贷款的各项工作

为顺应城乡融合发展的新趋势，遵循农村实际和农民需求，十八届三中全会后国家开始松动对农民住房抵押流转政策，并采取慎重稳妥、试点先行、封闭运行、风险可控的态度和原则，探索农民住房抵押流转模式和可行路径，尽可能形成可复制、可推广的改革成果和经验。《农房抵押暂行办法》是迄今为止国家顶层设计层面操作性相对较强、相对明确的一个文件，为各地开展农民住房抵押贷款业务奠定了基础。

三、农民住房抵押权设立的法理基础

尽管现行法律法规不支持农民住房抵押贷款，但从抵押权的原理分析，农民住房在理论上具有可抵押性。

（一）农民住房完全符合抵押物的特征

从学理上看，用来抵押担保的抵押物基本上应具备以下条件：第一，特定性。即抵押物必须是某项特定的财产或具有特定的范围。抵押权是支配性权利，如果抵押物不特定，抵押权人就无从支配其交换价值。第二，独立性。即抵押物必须独立成为一体，并能满足人们生活需要。第三，价值性。即抵押物须具有交换价值。一般来说，抵押物交换价值越大，债权实现能力越强。第四，让与性。即抵押物必须是抵押人享有处分权的或是依法能够转让的财产。实践中，抵押权大多在不动产上设定，尤以房屋和土地为重。农民住房既是农民特定的财产，又具有独立的巨大的经济价值。农民对自己所有的房屋,当然享有财产所有权,可以按照自己的意志行使占有、使用、收益和处分权。抵押权不转移占有抵押物的特征能够同时满足抵押人对抵押物用益的需求及抵押权人实现抵押物价值的双重需求。特别是抵押权是将来实现的权利,本身具有弹力性,抵押人如果按时履行了债务,该房屋将弹回原所有权人手中,既实现了融资的需求,又不丧失房屋所有权。① 所以,农民住房完全符合抵押物的特征,农民住房抵押是抵押人和抵押权人"双赢"的法律制度,具有坚实的理论基础。

(二) 现行法律并未完全禁止农房抵押

《民法典》物权编主要是禁止宅基地使用权抵押,并没有禁止农民房屋抵押。从《土地管理法》农村村民出售出租赠与宅基地上所建房屋后,再申请宅基地不予批准的规定可以看出,法律并不禁止农民出租出售赠与农村住宅,只是在出租出售赠与后,不能再申请宅基地建房。现行政策也只是禁止农民房屋向城镇居民出售,在农村集体组织内部流转仍是可以的。虽然转让和抵押都是流转方式,具有同质性。但转让较之抵押更具有彻底性,因为抵押的目的只是融资,设立抵押权时并不发生房屋所有权的转移,只是抵押登记对抵押人的处分权进行了限制,抵押权最终能否实现具有或然性,并不必然导致房屋一定被转让。因此,从逻辑上讲,既然允许农民住房转让,自然就不应该禁止抵押。

(三) 农民住房抵押符合法律公平价值

随着城乡一体化的快速推进,城乡土地市场将逐步从"二元制"向"一体化"转变,最终实现城乡土地的"一元制",当然这需要一个漫长的发展过程。既然国有土地所有权下城市居民房屋的建设用地使用权可以随房屋一起转让,那么集体土地所有权下农民房屋的宅基地使用权也应与农房一同转让。如果只允许国有土地使用权及城市房屋可以进行抵押流转,而禁止宅基地使用权及其房屋的抵押流转,就会体现出一种差别化待遇和限制,这种以身份立法的思想既不符合法的公平价值,也不符合法律对各类财产权平等保护的逻辑。从法的公平平等的

---

① 史卫民. 土地承包经营权抵押制度的现实困境与法律完善 [J]. 现代经济探讨, 2009 (5): 62 - 65.

价值来看，应改变这种城乡割裂的"差别待遇"。允许农民住房抵押流转只是为农民充分利用其房屋价值提供了法律上的一种可能性，实践中是否用农房设定抵押，最终还是由农民根据其自身需求来决定。民法领域的自由原则推定每个行为主体为自己利益的最佳判断者，即为理性人，是否从事某项行为自己判断、自己选择、自己决定、自负义务、自担责任，充分体现法的自由价值。同时，允许农民住房抵押贷款，可以带动农村各个产业领域的融资与投资，对有效配置农民财产、转变农业发展方式、快速增加社会财富都具有重要作用。既促进了农村金融发展，又推动了农村经济发展，体现了法的效率价值。因此，允许农民房屋和城市房屋一样抵押流转，让农民自己决定是否通过抵押贷款来发展经济，符合法的公平、平等、自由、效率价值。

（四）农房抵押是适应城镇化发展需要

我国农民住房流转法律法规政策对保护土地资源，保障农民居住，保持农村稳定发挥了重要作用。但到 2019 年底我国城镇化率达到 60.60%，城镇常住人口达到 8.48 亿人，[①]并且每年仍快速递增的新形势下，这种以禁止宅基地使用权流转而限制农民住房流转的规定，已经远远不能适应城镇化快速发展形势下当今社会的发展需要。现实生活中，特别是东部沿海地区、农村经济发达地区和大中城市郊区，农民住房流转早已突破了现行规定，以买卖、抵押等形式的流转普遍大量存在，以市场调节为特征的农民住房流转隐形市场已经形成。如果国家仍然一味采取"堵"的政策，不但不利于农村经济的发展，也不利于农民财产性收入的增长。一方面是大量农村宅基地处于闲置状态，农民房屋的财产价值和收益权益无法有效实现；另一方面是农村发展资金严重匮乏，融资难已成为制约农民创业增收和农村经济发展的瓶颈，有农房流转需求却尽力阻止。党的十八届三中全会后农民住房抵押流转政策的松动说明国家已经意识到此方面的问题，并通过试点的方式来进行探索。因此，农民住房抵押流转相关制度政策应根据城镇化发展的形势和市场经济的变化来调整和改变，应因势利导进行疏导而不是不切实际的一味禁止，在严格农村规划和用途管制，保护农民利益的基础上，促进农民住房

---

① 统计局：至 2019 年末我国城镇化率为 60.60% ［EB/OL］. https：//finance. sina. com. cn/china/gncj/2020－01－17/doc－iihnzahk4671933. shtml.

抵押流转的合法有序运作。

（五）农民住房社会保障功能逐步弱化

如果说在计划经济时期和改革开放初期，由于户籍制度的限制导致农村人口较少向城市流动，土地承包经营权解决了农民的基本生活问题，宅基地使用权和农民房屋解决了农民的基本居住问题，这两项制度以鲜明的福利性和保障性维护了农村社会稳定的话，那么在市场经济逐步完善和改革开放深化时期，两亿多名农民涌入城市打工生活的背景下，农民住房的保障功能已经逐步弱化，如何让这两亿多名农民工中的相当一部分在城市中安居下来，是现阶段城镇化进程中的重要课题。在国家财力仍不能为农民工建造大量保障房的情况下，农民住房的抵押流转就成为获得进城生活居住的重要资金来源之一。现代物权法的发展经历了一个从"归属到利用"的过程，如果仍然强调农民住房的归属、居住、保障功能，那么农民住房仍是一静态的"死产"；反过来如果允许农民住房抵押流转，通过充分利用来实现保值增值，那么农民住房就是一动态的"活产"。况且社会保障主要应由国家来提供，法律法规不应该通过限制农民房屋和宅基地的抵押流转为其提供基本保障以弥补农村社会保障的不足。总之，在国家已经实行城乡居民统一养老保险、新型农村合作医疗保险、最低生活保障等一系列制度和政策下，可以预见农村的社会保障会越来越健全和完善，农民住房的保障功能在逐步弱化基础上将转向"以利用为中心"财产功能上来，更好地为实现农民住房财产权益，解决农村劳动力创业和就业提供资金支持，促进城乡融合发展。

四、农民住房抵押权设立的主体分析

抵押权的设立主体包括抵押人和抵押权人。抵押人一般包括债务人自己和第三人，抵押权人为债权人。在一般的抵押权设立中，对抵押人和抵押权人没有特殊的要求。但在农民住房抵押权设立中，由于房屋所有权人的农民具有农村集体经济组织的身份，使得农民住房抵押权设立时不同于一般的抵押。而在各地试点农民住房抵押权贷款中，对抵押人和抵押权人的资格是否有特殊要求，做法不一。因此，需要对抵押人和抵押权人作一详细分析。

（一）抵押人

抵押人既可以为自己债务也可以为第三人债务设抵押。抵押人包括债务人自己和第三人，抵押人当然可以为自己的债务设抵押，而抵押人能否为第三人设定抵押，或者第三人能否为债务人设抵押虽具有一致性，但在农民住房抵押设立中有其特殊性。考察试点地区农民住房抵押贷款的做法，有的地区规定允许抵押人以自己的住房为第三人设定抵押，如到期未清偿债务或出现约定情形，抵押权人可以将抵押住房变卖优先受偿；[①] 而有的地区则规定抵押人仅限于债务人自己，即只能为本人的债务进行抵押担保，不能为第三人债务进行抵押担保，[②] 实际上也就限制了第三人不能为其他债务人提供抵押担保。作者认为应当允许抵押人为第三人债务设定抵押。一是为自己债务和第三人债务设定抵押没有区别。抵押人不管是为自己债务设抵押还是为第三人债务设抵押结果是一样的，到期不能偿还债务或出现约定情形都会被抵押权人变卖优先受偿，没有差别。因此，既然允许抵押人可以为自己债务设抵押，就不应该限制为第三人债务设抵押。二是是否设定抵押是债务人自己的选择。从法理上讲，抵押人对自己的住房拥有所有权，是否为他人设定抵押是其自由，也是其住房所有权行使的具体体现，应交给当事人自己选择。限制抵押人为第三人债务设定抵押也有违民法自愿原则和所有权作为支配权的法理。三是为第三人设定抵押不会加大抵押人的风险。实践中有的地区规定不能为第三人设抵押主要是基于风险的考虑，认为一旦抵押人的住房被抵押权人变卖将会导致抵押人居无定所的后果。实际上，抵押人即使是为自己债务抵押也会出现失去住所的情况，农民作为理性人在抵押之初会认真考虑这些情况，权衡利弊后再做决定，不能因为有风险就限制农民为他人抵押担保。

抵押人担保后可以再次有偿申请宅基地。在地方农民住房抵押试点中，厦

---

① 参见《成都市农村房屋抵押融资管理办法》第二条、《重庆市农村土地承包经营权、农村居民房屋及林权抵押融资管理办法》第三条、《厦门市农村房屋抵押融资管理暂行办法》第一条、《铜陵市农村房屋抵押融资管理办法》第二条。

② 参见《丽水市农村住房抵押贷款管理暂行办法》第三条、《舟山市农村合作金融机构农村住房抵押贷款管理暂行办法》第三条、《巴中市农村产权抵押融资管理办法（试行）》第二条。

门、铜陵等地区要求抵押人须承诺抵押权实现后不得再向集体经济组织申请宅基地。① 主要理由是根据《土地管理法》第六十二条"一户一宅"的要求和出卖出租赠与住房后不得再申请宅基地的规定，因为出卖和抵押具有同质性。作者认为应允许农民再次有偿申请宅基地，而不能无偿申请宅基地。我国农村宅基地制度是保障集体组织成员户有所居而采取了无偿平均分配的方式，这体现了宅基地分配上的身份性、福利性和保障性。如果允许抵押人在抵押权实现后再无偿申请宅基地，则会违反《土地管理法》的规定，造成农村集体经济组织成员之间的不公平，也违背了宅基地分配上的公平性。② 但如果不允许抵押权实现后失去住房的农民申请宅基地建房，在目前农村住房保障机制不健全的情况下，可能会影响到农村社会的稳定，也不符合国家鼓励各地探索户有所居的多种实现方式这一精神。随着近年来农村宅基地制度的深入改革，部分经济发达地区和大中城市郊区已开展了宅基地有偿竞买、有偿选位等改革措施，取得了较好的效果。从国家层面来看是认可的，鼓励各地改革农民住宅用地取得方式，探索农民住房保障在不同区域户有所居的多种实现形式，健全农民住房保障机制。③ 因此，允许抵押权实现后失去住房的农民以有偿方式申请或竞买宅基地建房，既不违反现行法律和政策的规定，也不会和其他农村集体经济组织成员形成冲突，还能满足和保障农民的实际居住问题。

（二）抵押权人

现阶段抵押权人应限制为涉农银行，在试点结束和条件成熟时再完全放开。抵押权人是抵押关系中取得和享有权利的债权人。目前在各地试点中基本上都将金融机构作为债权人，而金融机构中大多又规定为农业银行、村镇银行、信用社等涉农银行。那么，作为一般的法人、其他组织和自然人能否作为抵押权人呢？考虑到目前农民住房抵押贷款仍处于试点阶段，农民住房抵押贷款数额一般较少，加之抵押物变现较为困难，农民住房仍难自由流转、抵押权人风险较大等各

① 参见《厦门市农村房屋抵押融资管理暂行办法》第二条、《铜陵市农村房屋抵押融资管理办法》第五条、《鄂州市农村房屋抵押融资管理办法（试行）》第六条。
② 房绍坤. 农民住房抵押权之制度设计 [J]. 法学家，2015（6）：15-24.
③ 国务院关于农村土地征收、集体经营性建设用地入市、宅基地制度改革试点情况的总结报告 [EB/OL]. http://www.npc.gov.cn/npc/c12491/201812/3821c5a89c4a4a9d8cd10e8e2653bdde.shtml.

种因素，许多商业银行对开展农民住房抵押贷款积极性不高，调研中了解到即使开展农民住房抵押贷款的一些银行也是在出于政策性要求和监管考核的要求下开展的。

作者也认为现阶段农民住房抵押贷款业务应限制在涉农银行。一是农民住房抵押贷款业务正处于试点阶段，国家要求应谨慎稳妥推进该项制度运行。即使到2020年我国全面实现了小康，农村贫困人口全部脱贫。但农民的财产性收入仍然较少，短期内农民住房的居住保障功能仍然存在，一旦农民住房抵押权变现导致失去住房的农民较多，会在一定程度上威胁到农村社会的稳定。这也是国家层面要求应在保障农民基本居住的前提下采取多种方式实现抵押权的主要考虑。二是完全放开抵押权人的范围可能出现城镇居民变相购买农村住房的现象发生。农民的文化素质、金融知识、经营能力、风险意识都相对薄弱，一旦放开抵押权人的范围，就无法发挥银行对住房抵押贷款的审核、评估、风险防范等比较优势，导致农民利益受损。甚至可能出现一些城镇居民以农民住房抵押贷款为幌子变相购买农民房屋的情况发生，以表面上抵押的合法形式而掩盖非法购买农民住房的目的。三是农民住房抵押贷款也应经历先试点后立法的发展阶段。我国重大改革大多经历先试点、再推广、后立法的发展过程。农村土地制度改革和农民住房流转抵押担保改革牵一发而动全身，涉及关系复杂、受众人数较多、利益平衡较难，稍不谨慎就会引发社会问题。特别是在重大改革于法有据的前提下，更是慎之又慎。待涉农银行试点成熟，形成一套完备的制度体系后再推广仍是最佳选择。因此，现阶段仍然不宜扩大抵押权人的范围，以农业银行、村镇银行、信用社、邮政储蓄银行等为主开展农民住房抵押贷款业务，建议中央人民银行应给予政策上的支持，在业务办理、业绩考核、风险防范、监管等层面加大支持力度，规范银行内部操作流程，协调政府建立风险基金，降低金融机构贷款风险，释放农民住房财产的活力。在未来根据试点情况逐步扩大抵押权人的范围，允许自然人、法人和其他组织作为抵押权人，最终实现与城镇房屋抵押同等对待，同等处分。

五、农民住房抵押权设立的条件审视

按照抵押权的一般原理，抵押权设立是指当事人通过一定的法律行为而创设抵押权。设立抵押权的法律行为大多是双方法律行为，以双方法律行为设立抵押权是抵押权取得最常见最普遍的方式。当事人设立抵押权应当采取书面形式订立抵押合同，抵押物为不动产的应当进行登记，不动产抵押自登记之日起发生物权效力。对城市房屋来讲，原则上有房产证即可设立抵押权，并无其他特殊的条件要求。

农民住房由于房地关系的特殊性使得各地在农房抵押试点时设置了许多限制条件，从而可能影响到农民住房抵押权的设立，不利于农民住房抵押贷款工作的推进。而温州、重庆、成都三地在农民住房抵押设立条件上具有典型性和代表性。

（一）温州农房抵押设立基本条件

温州规定了农房抵押设立的三个条件：（1）用于抵押的农房必须已领取房屋所有权证和集体土地使用证；（2）抵押人应具有一处（含）以上的住所，在抵押房产变卖处置后由第三人提供居所并作出书面承诺；（3）农房抵押必须经房屋所在地农村集体经济组织同意，并出具同意抵押、同意处置证明。①

（二）重庆农房抵押设立基本条件

重庆规定了农房抵押设立的三个条件：（1）该房屋已办理了土地房屋权属登记，取得了《房地产权证》或《集体建设用地使用证》《房屋所有权证》两证齐全；（2）农房抵押登记应遵循房屋所有权与该房屋占用范围内的土地使用权权利人主体一致的原则；不一致的，应按规定办理变更登记；（3）抵押人除用

---

① 参见《温州市关于推进农房抵押贷款的实施办法》第四条。

于抵押的房屋外，还应当有其他适当居住场所。①

（三）成都农房抵押设立基本条件

成都规定了农房抵押设立的四个条件：（1）依法取得《集体土地使用权证》和《房屋所有权证》；（2）本集体经济组织书面同意农民房屋抵押设立与处置的证明；（3）抵押人承诺被抵押房屋在依法偿还债务后仍有适当的居住场所；（4）农民房屋抵押需要将该房屋占用范围内的宅基地使用权变更为集体建设用地使用权，并承诺今后不再申请宅基地。②

（四）国家层面农房抵押设立条件

2016年3月15日中国人民银行等六部门发布的《农房抵押暂行办法》中规定了农房抵押设立的四个条件：（1）有完全民事行为能力，无不良信用记录；（2）房屋所有权及宅基地使用权无权属争议以及拥有权属证明；（3）抵押人应有其他长期稳定居住场所以及相关证明材料；（4）集体经济组织书面同意宅基地使用权随农民住房一并抵押及处置。以共有农民住房抵押的，还应当取得其他共有人的书面同意。③

（五）农房抵押设立条件的新设想

通过对以上温州、重庆、成都、国家层面农房抵押贷款条件的梳理，可以看出基本上有三个共同的条件：（1）《集体土地使用证》和《房屋所有权证》；（2）本集体经济组织的同意；（3）抵押人仍有适当的居住场所。对比城市房屋抵押以及抵押权设立的理论，作者认为只需要有《宅基地使用权证》和《房屋所有权证》即可，同时给农村集体经济组织备案，不再设定其他限制条件。

（1）《宅基地使用权证》和《房屋所有权证》应该具备。它们是农房抵押设立的前提和基础，也是农房抵押登记的基础。

（2）不需要本集体经济组织的同意。从以上各地和国家层面相关规定来看，

---

① 参见《重庆市农村居民房屋抵押登记实施细则》第十条。
② 参见《成都市农村房屋抵押融资管理办法》第五条。
③ 参见《农民住房财产权抵押贷款试点暂行办法》第四条。

都要求农民房屋抵押设立时经过本集体经济组织的同意，抵押人应提交集体组织或村民委员会同意设立抵押和同意处分抵押物的书面证明材料。其主要理由是抵押房屋变卖时宅基地使用权也会转移，而宅基地使用权具有无偿性、身份性和福利性，抵押房屋变卖时其中包含的宅基地利益应由村集体享有。① 同时，也是为了方便日后顺利处置抵押物，降低抵押人、抵押权人和村集体等各方的协调成本。② 即使在学界，也形成了两种不同的观点：肯定说和否定说。肯定说认为：宅基地的成员性和身份性使得宅基地上房屋抵押需要集体经济组织的同意;③ 宅基地上住房抵押一旦实现村集体应分享宅基地增值收益，体现所有权权能的实质行使，因此需要村集体同意;④ 农民住房所有权转移需要提交村集体同意转移的证明材料才可以办理变更登记。⑤ 否定说认为：宅基地使用权和房屋所有权一并抵押并未损害村集体的实质利益，也无理论支持和法律依据，特别是经村集体同意会严重损害农民住房抵押业务的顺利开展;⑥ 农民住房抵押并未对集体土地所有权造成不利影响，也未加重其权利负担。⑦

　　笔者认为，农民住房抵押权的设立无须经过农村集体经济组织的同意，但需要备案。主要理由包括以下四点：一是民事行为应遵循自愿原则。自愿原则是民法的基本原则，农民住房抵押担保属于典型的民事行为，也需要遵循自愿原则，农民是否设立抵押权，与谁设立抵押权不应受他人的干预。农民住房抵押本是抵押人和抵押权人协商一致的行为，加入集体的同意要件将会严重限制抵押权的设立。二是农民对自己的房屋拥有完全所有权。处分权是所有权中最主要的权能之一，所有权人只要不损害国家、集体和他人的合法权益，他人无权干涉。三是农民住房抵押权的设立并没有改变宅基地所有权的归属。农民住房抵押设立虽然要

---

　　① 刁其怀. 城乡统筹背景下的农房抵押——以四川省成都市为例 [J]. 农村经济, 2010 (12):
91-94.

　　② 中国人民银行成都分行营业管理部课题组. 从交易费用视角看农村产权抵押融资改革——基于成都案例的分析 [J]. 西南金融, 2011 (2): 69-72.

　　③ 林依标. 农民住房财产权抵押、担保、转让的思考 [J]. 中国党政干部论坛, 2014 (9): 20-23.

　　④ 周凤婷. 农村耕地抵押贷款风险分析与防控设计 [J]. 甘肃政法学院学报, 2010 (5): 116-121.

　　⑤ 参见《房屋登记办法》第八十六条。

　　⑥ 房绍坤. 农民住房抵押之制度设计 [J]. 法学家, 2015 (6): 15-24.

　　⑦ 高圣平. 农民住房财产权抵押规则的重构 [J]. 政治与法律, 2016 (1): 111-125.

与宅基地使用权一并抵押，但"一并抵押"并未损害集体经济组织的利益，也改变不了宅基地所有权归属农村集体经济组织的事实。农民住房抵押设立需要集体经济组织同意既无法律依据，也无理论依据。① 四是农民住房抵押权实现时也未超过已设定的宅基地使用权。即使抵押权到期债务人不能履行债务或双方约定情形出现，农房转让时宅基地使用权即使发生转移，受让人取得的宅基地使用权也不可能超过原来设定的宅基地使用权的范围，没有加重宅基地所有权人的负担和责任。② 不管谁买农民房屋，只要宅基地的性质不变，也不会影响集体经济组织和其成员的利益。同时，需要对集体经济组织进行备案。一方面，通过备案减轻农民住房抵押设立的程序负担，避免农村集体经济组织干部随意通过否决阻碍农民住房抵押权的设立，促进农民积极利用自己房屋融资担保来发展经济，激发农村房地产市场活力，为农村发展新经济新业态提高资金保障；另一方面，通过村集体经济组织备案也让村集体知道农民住房抵押担保的基本情况和数量，一旦出现农民住房被变卖的情况，以便为保障失房农民的基本居住提前准备。既达到通过住房抵押融资担保发展经济的目的，又为抵押权实现后保障失房农民基本居住达到稳定农村社会的目的。

（3）不需要抵押人承诺有适当的其他居住场所。不但温州、成都、重庆等地的农民住房抵押试点中要求农民承诺抵押权实现后要有稳定的住所，而且学界也有学者认为或者提供两套房屋的证明，或者承诺抵押权实现后要有稳定住所，目的是限制农民盲目抵押贷款，避免出现农民流离失所现象。③ 但笔者认为不需要抵押人承诺有适当的其他居住场所。一是基于我国农村宅基地分配实行"一户一宅"政策，绝大多数农民只有一处住宅，无法提供两套房屋的证明。加之土地承包经营权和宅基地使用权以及农民住房共同保障农民的基本生产生活，农民也不可能寄住在亲戚朋友家里。二是农民也是理性的经济人，既然用自己的房屋去设定抵押，就应该知道该行为的最坏后果，在设定抵押时也会权衡利弊，考虑再三，不会不计后果，随意设定。设定农民住房抵押的农民都是完全民事行为能力人，按照自己行为自己负责的原则，也不应要求作出这样的承诺。三是对什么是

---

①　房绍坤．农民住房抵押之制度设计［J］．法学家，2015（6）：15–24．

②　高圣平．农民住房财产权抵押规则的重构［J］．政治与法律，2016（1）：111–125．

③　张日波．农房抵押的浙江实践及改革方向［J］．当代社科视野，2014（12）：12–14．

适当的居住场所，如何界定适当的居住场所，是否要求适当的居住场所为抵押人所有等问题没有详细规定和解释，实施中认定和操作较难。如果强行要求提供此类证明，农民要么不去抵押贷款，要么弄虚作假开证明去贷款，这都不利于农民住房抵押贷款业务的开展。当然，为了降低农民失房的风险，可以采取设立风险补偿基金、提供临时住房保障居住、采取房屋置换保障居住、强制管理执行租金收益、加快农村保障住房建设等措施解决农民居住保障问题。

（4）不再限制农民住房抵押贷款的用途使用。农民通过住房抵押获得的贷款只能用于与农业生产相关的产业，还是不加限制的任意合法使用？理论上和实践中对此认识不同。实践中重庆市规定农民住房抵押贷款只能用于农业生产经营，以此来提升农业生产水平。① 而福建厦门、浙江舟山等地规定农民住房抵押贷款只要合法使用即可，对贷款用途使用不做严格限制。② 截至 2018 年 9 月底，试点地区农房抵押贷款余额中用于农业和其他生产经营的占到 78%。③ 这也说明农民住房抵押贷款中绝大部分仍然用在农业和其他生产经营中。理论上也有学者认为，国家鼓励农民住房抵押贷款主要目的是为了增加农民的财产性收入，而不是仅仅只满足农业生产经营的需要，不再限制农民住房抵押贷款的用途使用。④ 笔者也认为，农民通过住房抵押贷款获得资金不应仅限于与农业生产经营相关的产业，而应扩大到生活消费、其他产业生产经营等各行各业，只要是合法使用即可。一方面，是发展农村新产业新业态的需要。近年来，随着我国经济结构的持续调整优化，以农业为代表的第一产业增长相对缓慢，而以服务业为代表的第三产业发展迅速，规模不断扩大，比重持续上升，已成为促进经济增长、吸收就业人员的主要力量。国家统计局数据显示，2019 年第三产业增加值占国内生产总值比重为 53.9%，对国内生产总值增长的贡献率为 59.4%。⑤ 随着乡村振兴战略的实施，以新型服务业为代表农村新产业新业态也在快速发展，乡村民宿、旅游

---

① 参见《重庆市农村土地承包经营权、农村居民房屋及林权抵押融资管理办法》第四条。
② 参见《厦门市农村房屋抵押融资管理暂行办法》第三条、《舟山市农村合作金融机构农村住房抵押贷款管理暂行办法》第八条。
③ 国务院关于全国农村承包土地的经营权和农民住房财产权抵押贷款试点情况的总结报告［EB/OL］. http：//www. npc. gov. cn/npc/c12435/201812/2067ecc784a8437cbe8780a32bcf48ac. shtml.
④ 房绍坤. 农民住房抵押之制度设计［J］. 法学家，2015（6）：15 – 24.
⑤ 2019 年国民经济运行总体平稳 全年国内生产总值增长 6.1%［EB/OL］. http：//www. scio. gov. cn/xwfbh/xwbfbh/wqfbh/42311/42438/zy42442/Document/1672089/1672089. htm.

餐饮、电子商务、休闲养老、文化创意、民俗开发、手工制作、冷链加工、仓储运输、信息服务等新产业比重逐渐加大。允许和鼓励农民将住房抵押贷款资金投向这些新产业新业态,不仅可以较快增加农民的财产性收入,也能优化农村产业结构,推进农村经济发展,为促进乡村振兴贡献力量。另一方面,是提升农民生活质量的需要。我国已经进入新时代,新时代社会主要矛盾已经演变成人民日益增长的美好生活需要和不平衡不充分的发展之间的矛盾。当前,城乡发展差距还比较大,城乡发展最大的不平衡在农村,不同地区的乡村发展仍不平衡。随着脱贫攻坚任务的逐步完成和全面小康社会的即将实现,广大农民也在追求生活质量和生活品质的提升,通过住房抵押贷款来购买家电、汽车等耐用消费品,既符合国家政策的要求,也是满足生活质量提升的需要。因此,农民住房抵押贷款资金由农民自己安排,发展农业生产也好,拓展新兴服务业也好,满足自己生活消费也好应不做限制。

当然,在农民住房抵押试点阶段,为了降低金融机构风险,维护集体组织利益,促使农民慎重抵押,保持农村社会稳定,设定这样一些条件无可厚非。但随着市场经济深入推进,农民法治意识提高,农民住房抵押应和城市居民房屋抵押一样,只需要有《宅基地使用权证》和《房屋所有权证》即可,同时给集体经济组织备案,不再设定其他限制条件,以此来推进农民住房抵押贷款快速开展,缓解农民融资困难,扩大银行信贷投放,减轻政府财政压力,更好地为农业产业化和城乡一体化服务。

六、农民住房抵押权设立的地方实践

金融不仅是现代经济的核心,也是现代农业发展的重中之重。建立现代农村金融制度,既是破除城乡二元结构与促进城乡统筹协调发展的需要,又是在工业化、信息化、城镇化深入协调发展中同步推进农业现代化的迫切需要。[①] 建立适

[①] 罗剑朝. 杨凌农业高新技术产业示范区农村金融改革试验与政策建议 [J]. 沈阳农业大学学报(社会科学版),2011(6):648-651.

应农村经济特点的便捷、高效、低成本的现代农村金融体系，对缓解农民融资难，推进农村担保方式创新，促进农村经济社会发展，加快城乡一体化建设都具有重要意义。可以说，我国农村金融法律制度长期落后的原因主要在于思想观念和价值理念的落后，由于过于强调优先发展和稳定保障观念，而忽视了农民对公平正义的追求及基本金融权利的保护。① 时过境迁，在我国已经进入城乡融合发展阶段和全面深化改革攻坚时期，早期出于保障和稳定目的的农村土地制度和政策也应随着形势的变化而加以调整和变革，以适应新时期快速城镇化和农业现代化的迫切需要。近年来，为回应新形势下农民对发展资金的渴求和要求农房抵押贷款的呼声，全国已有广东、浙江、江苏、安徽、湖北、四川、陕西、宁夏、重庆等省份纷纷制定地方规范性文件开展农村产权抵押试点改革工作。本节选取东、中、西部几个典型省份的农民住房抵押贷款情况进行介绍，总结其试点经验，分析其存在问题，为逐步在全国开展农民住房抵押贷款提供借鉴。同时，各地的试点也有力证明了农民住房抵押的必要性和可行性，说明农民住房抵押有其坚实的理论基础和实践基础。

（一）浙江省农房抵押试点情况介绍

浙江省由于经济发达，很多县市较早开始了农民房屋抵押贷款方面的探索，并取得了较大的进展和明显的成效。

早在 1986 年，温州乐清就开始为农民房屋办理产权登记，只要经过登记的农房均可抵押和转让。到 2004 年，乐清金融机构的农房抵押贷款余额已近数十亿元。乐清市的农民住房抵押贷款业务在 2007 年达到历史上最高值，全市农民住房抵押贷款余额约 50 亿元。② 虽然后来乐清的农民住房抵押业务在 2004 年和 2008 年曾被叫停过两次，但许多金融机构却一直在或明或暗地进行着。截至 2014 年 6 月底，温州市范围内的 25 家金融机构中已有 15 家开展了农房抵押贷款业务，贷款累计总额超过 400 亿元。③

丽水市位于浙江省西南部山区，农业户口占全市人口的 80% 以上。从 2006

---

① 刘中杰．论我国农村融资担保法律制度的改革与创新 [J]．农业经济问题，2013（1）：27－33．
② 王小乔．温州乐清：农房买卖踩着红线走钢丝 [N]．南方周末，2014－11－27（2）．
③ 张日波．农房抵押的浙江实践及改革方向 [J]．当代社科视野，2014（12）：12－14．

年开始，丽水市立足山区实际，以林权抵押贷款为突破口，创新开展林权、土地承包经营权的抵押贷款工作。从 2008 年开始，丽水市又开始试点农民住房抵押贷款业务。为规范农房抵押贷款工作，丽水市先后出台了《关于进一步促进农村房屋抵押贷款工作的实施意见》《农村房屋抵押贷款管理暂行办法》等一系列制度，采取各种措施推进农房抵押贷款业务发展。截至 2014 年末，丽水市已累计发放农房抵押贷款 1.64 万笔，金额 39.36 亿元；不良贷款 25 笔，金额 199 万元，不良率仅为 0.11%（见表 2 - 2）。①

表 2 - 2　丽水市农房抵押贷款 2009 ~ 2014 年数据统计　单位：万元,%

	2009 年	2010 年	2011 年	2012 年	2013 年	2014 年
贷款余额	45752	65257	73583	80542	82291	181010
增长率	—	42.63	12.76	9.46	2.17	120
不良贷款	—	—	—	—	345	199
不良率	—	—	—	—	0.42	0.11

　　虽然浙江的农民住房抵押试点走在了全国前列，但试点中仍存在不少问题：一是难以出台统一执行的政策。农民房屋的确权登记、抵押物到期后的处置、农房变现时的流转范围等问题需要协调多方利益，很难制定各地统一执行的政策和标准。二是流转范围狭窄导致难以变现。农房抵押贷款万一成了不良贷款，抵押权如何实现？如果农民是用唯一住房抵押，法院能否强制执行？本集体组织以外的农民能否购买？农民失房的问题更要慎重对待。② 三是贷款银行的风险较大。对试点已经出现的不良贷款，"大家都不愿意撕破脸皮"，不愿走到向法院申请强制执行那一步，这是现实的难题之一。浙江省宁波市江北区政府官员表示："为了预防金融机构风险，政府如果不进行兜底就难以开展业务，但政府兜底又不符合市场化的解决方式。我们所做的政策创设和风险预想都是没有法律保障的，只是在一定范围内的尝试。"因此，构建风险防控机制，特别是因抵押物变

---

① 孔祖根. 农村"三权"抵押贷款的实践与思考——以浙江丽水农村金融改革试点为例 [J]. 浙江金融，2014（12）：64 - 66.

② 高翔. 两权抵押贷款试点周年：农房确权是棘手问题 [N]. 上海证券报，2016 - 12 - 29（5）.

现导致农民失房引发的社会风险的控制尤为重要。①

（二）安徽省农房抵押试点情况介绍

安徽是我国农村土地制度改革的发源地，许多涉及农村的改革措施都率先在安徽试点后推向全国，安徽对农民住房抵押贷款试点也较早。

安徽宣城从1997年就开始试点农村房屋产权登记，使登记的农房可以作为抵押物从银行贷款。宣城市房管局与当地信用社协商后决定，先在向阳镇等地试点，选择位于国道、省道等道路两侧交通方便、正在用于经营或有经营潜力的农民住房，给予确权颁证，而信用社则对有房产证的农房办理抵押贷款，农民获得发展资金。随后，试点范围逐步扩大，贷款金额越来越多。截止到2008年9月底，房管局共核发农房产权证9440本（户）、发证面积125.92万平方米。2003～2008年9月，信用社共办理农房抵押贷款8703起，抵押贷款额6.19亿元，不良贷款率为10%。农民住房抵押贷款业务有力支持了一大批特色产业、特色市场的兴起，大力促进了农民增收和经济发展。② 而宣城市宣州区皖南农村商业银行从1995年发放全国首笔农房抵押贷款算起，截止到2016年4月底已累计发放农房抵押贷款14.73亿元，积累了丰富的实践经验。③ 但同处安徽的马鞍山市和铜陵市的农房抵押贷款试点工作却并不顺利。马鞍山市从2007年开始探索实施农房确权登记和抵押贷款试点工作，铜陵市从2011年10月启动农房登记发证及抵押流转试点工作，但由于贷款额度小、手续繁、风险大，截止到2013年6月，马鞍山市和铜陵市仍没有一例农房抵押贷款的案例。④

安徽省农房抵押贷款试点工作进展较慢的主要原因是房屋处置变现难，这也是金融机构开展农房抵押贷款业务的最大顾虑。安徽省宣城市宣州区金融办黄彬主任认为，一是农民住房抵押操作办法仍有法律障碍，司法部门还未就农民住房抵押权设立和实现出台相应支持意见，实践中造成金融机构贷款发放后缺乏法律

---

① 焦建. 宁波农地农房抵押试点遭遇政策条件支撑不足制约［EB/OL］. http：//finance. sina. com. cn/china/gncj/2016－05－31/doc－ifxsqxxu4743632. shtml.

② 李孟然，汪立军. 看起来很美——安徽省宣城市农屋抵押贷款调查［J］. 中国土地，2008（10）：39－43.

③ 李成强. 关于农民住房财产权抵押风险防范的实践与思考［J］. 金融纵横，2016（5）：27－32.

④ 陈先发，杨玉华，张紫赟. 农房抵押流转试点深入推进难［N］. 经济参考报，2013－07－19（4）.

保障。二是因为农民住房抵押涉及占用集体用地或宅基地，有些地方要求三分之二的村民签字同意后才可以办理抵押，增加了农民住房抵押设立的难度，使农民住房抵押贷款业务试点的推广受限较大。三是农民与金融机构之间的贷款违约纠纷中，即使最终银行胜诉，抵押物仍然无法得到变现处理。安徽农信社有关负责人认为，目前通过法律处置抵押物的难度较大，尽量通过和抵押人协商处理违约问题，即使最终进入司法拍卖程序，也会因为农民房屋价值不高，受让范围有限，加之农民受传统习俗和观念的影响，也很少有人愿意接手，农房处置变卖非常困难。皖南农商行的一位负责人表示，如果真的出现不良贷款无法还贷，我们目前没有太好的办法处理。人行铜陵支行的一位负责人说："目前农抵押纠纷在司法程序上得不到法律保护，一般性贷款的银行损失最多不超过10%，而农民住房抵押贷款的风险则是不确定的，导致银行对农房抵押贷款的积极性不高。"马鞍山市政府官员认为农房只能在村集体内部转让的规定制约了农民房屋的价值，建议适当扩大和放宽受让人的范围，解决处置难的问题。①

（三）重庆市农房抵押试点情况介绍

重庆市为统筹城乡综合配套改革实验区，中央希望能在土地制度、城乡统筹等重点领域和关键环节进行深化改革，大胆创新，率先突破，为促进全国深化改革，实现科学发展与可持续发展积累经验，发挥带动和示范作用。重庆市在农村"三权"（土地承包权、林权、农房）抵押方面的改革试点，可以说力度最大、措施最强、效果最好，走在了全国前列，起到了示范作用。

重庆是一个典型的"大城市带大农村"的直辖市，为了实现农村土地、林权、房屋的财产价值，大力推进农村金融产品和服务创新，有效缓解农民融资难，促进农民增收和经济发展，重庆市政府在2010年底颁布了《关于加快推进农村金融服务改革创新的意见》，全面推进土地承包权、林权和农民房屋抵押贷款试点工作。2011年初，重庆市政府先后出台了《农村"三权"抵押贷款及农户小额信贷实施意见》《农村"三权"抵押登记实施细则》《农村"三权"抵押贷款风险补偿资金管理办法》《为推进农村金融服务改革创新提供司法保障的意

---

① 王正忠，程士华，陈尚营.宣城探路农房抵押贷款唤醒沉睡资本［N］.经济参考报，2016－07－13（7）.

见》等一系列规范性文件，分别对农村三权抵押贷款的办理、登记、审批、效力、风险补偿等问题提出了明确要求和可操作性的处理办法。同时，为了降低和减少金融机构办理"三权"抵押贷款的风险，重庆市还在全国率先设立了"三权"抵押贷款风险补偿基金。当贷款农民不能按时还贷时，市县政府对其进行部分补偿，即市、区县财政承担其中的35%（市级20% + 区县15%），银行自己承担65%。[①] 2010年5月，石柱县率先在全市进行农民住房抵押贷款试点工作，由县农商行主导，县农工委和各涉农乡镇配合进行。为了降低风险，石柱县在试点工作中重点把握以下三个原则：一是贷款对象为重庆市辖区内的农民，重点支持合法经营诚实守信的农户能人和专业大户；二是选择还款前景较好的项目，特别注重第一还款来源；三是注重农民住房的价值把握和地段选择。原则上要求农房在国省干道沿线、集中居住区、临街场镇等交通便利的地方，注重房屋的商业价值。截至2013年6月底，石柱县农商行累计发放农民住房抵押贷款1080笔，共计8951万元；已归还894笔，还款金额7144万元；贷款余额186笔，1807万元。已到期未还的违约金额32.2万元，农房抵押贷款不良率为1.78%。[②] 在各方共同努力下，重庆市三权抵押贷款工作呈现出蓬勃发展之势。截至2013年末，重庆市农村"三权"抵押累计贷款额319.19亿元。其中，林权抵押贷款160.96亿元，农民住房抵押贷款92.42亿元，土地承包经营权抵押贷款65.81亿元。据承贷银行或贷款机构统计，银行191.45亿元，担保公司126.91亿元，小额贷款公司0.83亿元。[③]

虽然重庆市的农民住房抵押贷款业务开展较早，但在试点中仍存在不少问题。重庆市石柱县农商行的一位负责人认为，一是现行法律法规将农房流转的范围限制在村集体内部，不允许外村人和城里人购买，直接后果就是导致抵押物的处置变现难。村民之间由于人脉关系大多不愿承担邻里压力，石柱县目前对农民违约导致的房屋处理尚未找到较好的处理办法。二是农民住房抵押贷款目前存在市场风险和政策风险，银行对每一笔贷款的发放都较为谨慎，如果风险全部由银

---

① 向婧. 三权抵押：让"沉睡的资源"变成"流动的资本"[N]. 重庆日报，2012 - 02 - 25 (4).
② 周康忠，张洪兵，黄玉才. 石柱县农房抵押贷款引发的思考 [J]. 重庆国土资源，2013 (4)：30 - 33.
③ 阎庆民，张晓朴. 农村土地产权抵质押创新的实现路径 [M]. 北京：中国经济出版社，2015：150 - 151.

行承担，会严重削弱银行放贷的积极性，而银行目前仍没有较好的风险防范措施。①

（四）四川省农房抵押试点情况介绍

四川省农房抵押试点以成都市最为典型，成都市在农民住房抵押方面的改革试点也走在了全国前列。成都在获批国家统筹城乡综合配套改革试验区后，在2009 年底开始推动农村产权抵押融资试点工作。2009 年 11 月，成都市政府先后出台了《农村产权抵押融资总体方案及相关管理办法》以及土地承包经营权、集体建设用地使用权、农民住房抵押融资等一系列规范性文件，为农村产权抵押融资业务地方试点提供了政策保障。为顺利开展和规范农村产权抵押融资业务，成都市还在全市积极推进农村各项产权的确权、登记和颁证工作，并成立了全国首个农村产权交易所，建立了农村产权价值评估机制、抵押融资风险担保机制和农村产权抵押融资风险基金，基本建立了推进农村产权抵押融资的规范做法和制度框架。此外，政府还大力推进征地制度、信用体系、户籍制度、社会保障等一系列配套改革，为农村产权抵押融资和生产要素自由流动积极创造便利条件。②2011 年，崇州市被确定为四川省第一批农村信用体系和农村金融服务创新试验区后，先后进行了农村产权抵押融资多项业务的试验，取得了显著成绩。特别是在农民住房抵押方面，崇州市相关经办银行在农工委、国土局、房管局和担保公司的协助和配合下，以"一保一同"（即保证抵押房屋变卖后仍有其他适当居住场所，集体经济组织同意处置抵押房屋）为前提，探索开展农村住房担保和直接抵押两种融资模式。截至 2013 年底，成都农商银行崇州支行农民住房直接抵押贷款仅 104 笔 8001 万元，通过担保公司抵押贷款 189 笔 1. 86 亿元。而到 2013 年底，成都市辖区内的彭州、邛崃、崇州、温江、双流、郫县等市区县共发放"两权一房"抵押贷款 1830 笔 36. 53 亿元（见表 2 - 3）。③

---

① 张洪兵，黄玉才 . 石柱县农房抵押贷款的喜与忧［N］. 中国国土资源报，2013 - 07 - 31（6）.
② 叶兵 . 制度障碍、局部试验与创新瓶颈——对成都试点农村产权抵押创新农村信用制度的思考［J］. 西南金融，2012（3）：20 - 22.
③ 蒲丹 . 农村产权抵押融资成都模式研究——基于四川省崇州市的实证分析［J］. 西南金融，2014（7）：52 - 57.

表2-3　成都"两权一房"抵押贷款情况统计　　　　单位：万元

办理机构	农村房屋抵押贷款		集体建设用地使用权抵押贷款		土地承包经营权抵押贷款	
	笔数	金额	笔数	金额	笔数	金额
成都农商银行	1374	43328	57	149202	40	1460
国家开发银行			5	150000		
成都银行			2	4600	7	223
农业银行			2	11600		
3家村镇银行	120	2050			4	500
3家小贷公司	20	252	196	1990	3	68
合计	1514	45632	262	317392	54	2251

成都农民住房抵押贷款在试点中也存在一些问题。成都市郫都区统筹局有关负责人认为，农民住房通过抵押实现了其财产权，但如何确保贷出去的钱按时回得来尤为重要。为避免农民违约发生不良贷款而产生一系列问题，就需要深入进行制度探索。特别是要尽快探索农民住房抵押登记实施细则，抓紧出台农民住房抵押贷款不良资产处置办法，推动农民住房抵押贷款业务良性发展。①

（五）各地农房抵押试点经验问题总结

通过对各地开展农民住房抵押贷款业务试点情况进行总结，其共同的经验主要有以下五点：

1. 地方政府支持推动是前提

由于目前法律法规政策层面对农房抵押仍有许多限制，存在着一定的风险，如果没有地方政府的大力支持和有力推动，农房抵押试点在很多地方是很难开展和推行的。地方政府支持推动具体表现在以下三个方面：一是成立领导小组。各地农房抵押试点中大都加强组织领导，成立以主要负责人为组长，分管领导为副组长，相关部门和金融机构主要领导为成员的领导小组，定期研究讨论解决农房抵押贷款试点工作中的疑难问题。有的地方还聘请有关金融、法律、农村方面的专家学者，组成咨询委员会和顾问团，充分发挥其参谋咨询、理论支撑、法律服

---

① 张明海. 成都郫都区试点农村住房抵押贷款　农村房子也值钱了［N］. 四川日报，2017-02-06（7）.

务等作用，为试点工作提供智力支持。二是建立专门机构。为推动农房抵押试点工作顺利开展，许多地方增加编制，建立专门负责农村产权改革的统筹委或统筹办，深入实践，了解、掌握、分析、汇总试点中的难点问题，及时反馈给领导小组，尽快促成问题解决。三是出台规范文件。各地都分别制定了农房抵押融资管理办法、农房抵押登记实施细则、农村产权抵押融资风险补偿资金管理办法等一系列规范性文件和配套措施，确保农房抵押贷款业务的规范操作和顺利实施。

2. 农村产权确权颁证是基础

农房抵押流转必须产权清楚，归属明确，否则农房抵押流转难以有序而大规模地进行。无论是现在的试点工作，还是未来根据试点情况的全面推行，都必须要求农民住房有明确的产权产籍备案。因此，明晰农民住房的权利归属，颁发合法有效的房屋产权证是开展农房抵押贷款的基础，也是首要步骤。各地在农房抵押贷款试点中，都充分认识到了这一点，并大力推动确权颁证工作。例如，浙江、安徽、重庆、成都等地都在试点地区开展农民住房的确权登记颁证工作，把农民对土地和房屋的财产权落到实处，做到"账、簿、证"相符，使产权关系更加清晰完善，为产权流转奠定坚实基础。

3. 部门联动通力合作是关键

农房抵押贷款是一项农村金融改革创新的重要工程，涉及多个层级和部门，政策性较强、社会反响大，仅仅依靠金融部门是无法完成此项任务的。因此，各地在农房抵押试点工作中，基本形成了一个由政府主导，金融办主办，人民银行、监管部门、财政、农业、国土资源与房屋管理、工商、保险、商业银行、担保公司等部门参与，分工明确、协调配合、齐抓共管的新格局，从确权、颁证、评估、登记、处置、监管、督导等各环节进行了明确和分工，为推进农房抵押贷款工作创造良好的氛围和环境。特别是重庆市高院还在系统内部出台了《为推进农村金融服务改革创新提供司法保障的意见》，对"三权"抵押设定的有效性予以明确，为正确处理涉及"三权"抵押的纠纷奠定基础。浙江省温州市中级人民法院和温州国土资源局在涉及农房抵押拍卖处置问题上形成一致意见，逐步解决了农房抵押实现中的执行难问题。

4. 市场服务体系建设是核心

农房抵押的设立和实现离不开一个健全的市场服务体系。构建统一的农村产权交易市场，对有效获取交易信息，合理降低交易成本，大力增强交易公开透明，全面保障各方合法权益都具有重要作用。因此，加快建立健全全国统一的农村产权交易市场，搭建架构清晰、管理规范的农村产权交易平台是顺利推进农房抵押贷款业务的核心。如成都成立了农村产权交易所，构建了市、县、乡三级交易网络，服务农村产权流转。重庆市建立了农村土地交易所，利用其政策咨询、信息收集和价值发现功能，稳步推进农村产权公开交易。在市场服务体系建设中，应重点完善政策咨询、信息收集与发布、合同签订、价格评估、抵押登记、法律服务等服务功能，为农房抵押业务开展提供良好环境。

5. 防范风险补偿损失是保障

目前农房抵押工作难以开展的一个主要原因是农房处置难，银行风险大。因此，健全和完善银行的风险分担补偿机制，降低银行贷款风险，提高银行参与农房抵押贷款的积极性就显得十分重要，也是农房抵押贷款业务顺利开展的重要保障。各地在农房抵押贷款业务试点中，采取防范银行风险，补偿银行损失的主要措施有以下几点：一是设立农村产权融资担保公司，为农民住房抵押融资提供担保和反担保业务，完善农民住房抵押担保服务；二是建立抵押风险控制指标体系，对于接近或达到抵押风险控制指标的区县和银行，暂时停止农民住房抵押相关业务办理；三是组建农村资产经营管理公司，对相关银行办理农民住房抵押贷款业务导致的不良债务和资产负责收购与处置；四是扩大政策性农业保险覆盖面，增加涉农保险产品，增强农民抗风险能力；五是建立农村产权抵押融资风险补偿基金，对相关银行开展农民住房抵押贷款业务出现的损失，由银行和市县政府共同承担。如重庆市在全国率先探索建立的"三权"抵押贷款风险补偿基金具有重要借鉴意义，当银行出现坏账时由银行政府按照不同比例共同分担，进一步降低了贷款银行的风险。

浙江、安徽、重庆、成都等地的农民住房抵押融资试点工作再一次证明了开展农房抵押工作的必要性和可行性，特别是从各地试点中银行的不良贷款率来看，风险非常小，基本做到了风险可控。例如，浙江省乐清市的农房抵押贷款逾期率一般只有0.3%左右，[①] 浙江省丽水市农房抵押贷款不良率仅为0.11%，[②] 安

---

① 孔丽琴. 全市累计农房抵押登记上万宗发放贷款40亿元 [N]. 乐清日报, 2015 - 04 - 09 (4).
② 孔祖根. 农村"三权"抵押贷款的实践与思考——以浙江丽水农村金融改革试点为例 [J]. 浙江金融, 2014 (12)：64 - 66.

徽省宣城市的农房抵押贷款不良率为 10%（仅为一笔 6 万元的贷款未还），① 重庆市石柱县的农房抵押贷款不良率为 1.78%。② 这些不良贷款在地方政府的风险补偿基金和采取的各种措施下基本上得到了解决，相比这点小小的损失，农房抵押贷款业务对农民自主创业、农业规模经营、农村经济发展、城乡统筹发展起到的推动和促进作用是难以估量的。截至 2018 年 9 月底，全国 59 个试点地区农房抵押贷款余额 292 亿元，累计发放 516 亿元。③ 在农房抵押业务试点地区，农民的增收水平都比较高，农村的经济活力都比较强，城乡一体化进程都比较快，农民房屋从"沉睡的资源"变成了"流动的资本"，财产价值得到充分体现。人们最担心的农房处置后农民的居住困难问题并没有出现，银行的农房抵押贷款风险基本在可控范围内。

当然，在各地试点中也出现了一些共同问题：一是农民住房抵押权实现时的受让人范围较为狭窄。村集体内部成员之间由于观念情面、风俗习惯、自己可以免费申请宅基地建房等多种因素，导致抵押农房处置非常困难，想买的不能买，能买的不愿买。二是宅基地使用权制约着抵押农房处置。实践中有的地方要么规避法律，农民住房抵押中不涉及宅基地，有的要求将宅基地转化成集体经营性用地，使宅基地的权益很难实现。三是农民的基本居住权利很难保障。农村的居民大多只有一套住房，一旦抵押农房被处置变现，将影响到农民的居住权，农民住房所体现的生存权和财产权很难平衡。四是金融机构的贷款风险很大。目前司法机关未出台农房抵押纠纷的司法支持意见，一旦出现农房抵押纠纷很难获得法律支持。即使抵押农房进入强制执行阶段，也很难变卖出去，使得金融机构的贷款很难收回。因此，我们应进一步总结经验，分析问题，深入进行制度探索，进一步化解风险，为农民住房抵押贷款业务顺利推行提供经验借鉴。

---

① 李孟然，汪立军. 看起来很美——安徽省宣城市农屋抵押贷款调查［J］. 中国土地，2008（10）：39-43.

② 周康忠，张洪兵，黄玉才. 石柱县农房抵押贷款引发的思考［J］. 重庆国土资源，2013（4）：30-33.

③ 国务院关于全国农村承包土地的经营权和农民住房财产权抵押贷款试点情况的总结报告［EB/OL］. http：//www. npc. gov. cn/npc/c12435/201812/2067ecc784a8437cbe8780a32bcf48ac. shtml.

七、农民住房抵押权设立的重要意义

（一）有利于实现城乡共同富裕目标

法律的价值目标在社会实践中具有重要的导向作用，具体表现在法律关系价值运动的方向。[①] 在农村深化改革中，根据农村经济社会发展的实际情况，明确农民住房抵押制度的价值目标，可为具体制度的构造和设计提供指导和参考。目前，我国城乡贫富差距不断扩大，城市居民收入与农村居民收入的差距越来越大。城乡居民收入比例已经由 1978 年改革开放之初的 2.57∶1，扩大到 2012 年的 3.3∶1；世界上大部分国家城乡人均收入比都在 1.6 以下，基本没有在 2 以上的，我国已成为世界上城乡居民收入差距最大的国家之一。[②] 而在我国社会已经进入城市反哺农村、工业反哺农业、实现农业现代化和新型城镇化新的发展阶段后，农村深化改革和土地房屋抵押法律制度的设计就要以增加农民财产性收入，促进农村经济发展，维护农村和谐稳定为价值目标。可以说，实现城乡共同富裕应是深化农村土地房屋制度改革的最高价值追求。长期以来，农民住房抵押受到法律的限制，过于强调农民房屋的居住功能与保障功能，而忽略了其财产功能，造成了民事立法在农民住房抵押相关法律上的滞后。[③] 虽然实践中农民房屋也有私下超范围的流转，甚至发达地区城里人买卖农民房屋的现象也较多，但这种私下流转得不到法律的认可，使农民房屋难以发挥其价值功能和融资功能。农民房屋作为农民财产中占比最大的一项财产，通过抵押流转获得财产性收入，对逐步缩小城乡居民收入差距，实现城乡居民共同富裕具有重要意义。

---

① 高飞. 论集体土地所有权主体立法的价值目标与功能定位 [J]. 中外法学，2009（6）：851 - 866.

② 胡建. 农村土地抵押法律问题研究 [M]. 北京：法律出版社，2016：112 - 113.

③ 李力行. 发展农村金融的关键：发挥农用地和宅基地的抵押融资功能 [J]. 农村工作通讯，2011（14）：37.

（二）有利于实现农民住房财产权益

随着农村经济社会的飞速发展和城乡一体化的快速推进，广大农民早已不再是种植庄稼守着祖宅的身份定位了，仅靠种植庄稼已经远远不能满足他们的经济利益和物质文化生活需要了，广大农民也同样关注经济发展，热衷投资创业，积极寻找创业致富的道路。国家也一直支持农民搞规模化集约化的发展道路，采取各种措施来支持农业发展，促进农民增收，缩小城乡差距。在大众创业、万众创新、促进农民财产性收入增长、土地适度规模经营、城乡融合发展的背景下，农村的商机越来越多，经商的环境越来越好，创业的条件越来越低。而横在广大农民投资创业、发展经济面前的最大一道难题就是资金缺乏问题。一直以来，广大农村"融资难"问题长期得不到解决，已成为制约农民增收致富、农村经济发展的最主要因素，而农村融资难的一个最主要原因却是缺少贷款的有效抵押物。农民房屋作为其最重要的资产，甚至是其唯一的资产，除了满足自身生产生活需要外，无法像城市房屋那样抵押贷款，自由流转，极大阻碍了农民房屋财产价值的实现，被称为"沉睡的资本"。2014 年 7 月 25 日，北京大学中国社会科学调查中心发布的《中国民生发展报告 2014》中指出：房产是我国城镇居民家庭财产最重要的组成部分，经济越发达，房产占家庭财产的比例越高，房产在城镇家庭财产中占比的中位数约为 80%，房产在农村家庭财产中占比的中位数约为 60%。[①] 2018 年 2 月 1~10 日作者在陕西省汉中市洋县谢村镇谢村村和下溢水村调研时发现，农民房屋甚至占到他们资产的 80% 以上（见表 2-4）。在谢村村和下溢水村两村，农民房屋基本为砖混结构，3~4 间 2 层半布局，带厨房厕所宅基地大都在 200~240 平方米。由于承包地人均 1 亩左右，按当地流转价格 500~800 元/亩计算占比较少。按当地风俗，人们普遍把盖房看得很重，外出打工及其他收入全都用在盖房上。在调查的 180 份有效问卷中，房屋价值在 10 万~20 万元之间的占 47.8%，20 万~30 万元之间的占 44.4%，这两项占到 92.2%。而农民的货币资金、农耕机具、家用电器、承包土地合起来不足 5 万元占到 90% 以上。由此推算，农民房屋在家庭总资产中占到 80% 以上，甚至更高。谢村村一

---

① 耿雪．北大社会调查中心发布《中国民生发展报告 2014》［EB/OL］．http：//www.cssn.cn/zx/zx_gx/news/201407/t20140728_1270511_3.shtml．

位孙姓村民的话更具代表性:"当地村民一旦有钱都用在盖房上,面子和攀比心理严重,农民房屋基本上每 10~15 年翻建一次,一次比一次好,当地村民家里最值钱的就算房屋了,每家 3~4 间 2 层半的房屋光建造成本就得近 20 万元。"① 著名经济学家厉以宁指出:"中国农村房屋可以用来抵押。据调查,全国农民房屋价值 18 万亿元,只要三分之一用来抵押,就是 6 万亿元,农村经济就活了,内需怎能不扩大?"② 因此,如果允许农民房屋用来抵押融资,将使数以万亿计的农民房屋由"资产转化为资本""死钱变为活钱",有效盘活农民有限的资产,充分实现农民房屋的财产权益,有力推进农民房屋向信贷资源转变,拓宽广大农民的融资渠道,使得众多有创业意愿和致富门路的农民获得金融支持,更好地解决农村劳动力就业和创业问题,促进农民增加收入,发展农村经济都具有不可估量和不可替代的推动作用。

表 2-4　谢村村和下溢水村农户资产一览表(180 份有效问卷)

项目＼金额	1 万元以下		1 万~5 万元		5 万~10 万元		10 万元以上	
	户数	比例	户数	比例	户数	比例	户数	比例
货币资金	151	83.9%	22	12.2%	5	2.8%	2	1.1%
农耕机具	170	94.4%	10	5.6%				
家用电器	166	92.2%	14	7.8%				
承包土地	180	100%						

项目＼金额	10 万元以下		10 万~20 万元		20 万~30 万元		30 万元以上	
	户数	比例	户数	比例	户数	比例	户数	比例
农民房屋	10	5.6%	86	47.8%	80	44.4%	4	2.2%

(三) 有利于拓宽银行抵押担保范围

我国长期实行的以城市为导向的信贷资源配置体制导致农村金融改革滞后,创新不足,农民住房无法抵押流转使得农村一直面临融资难问题。近年来,国家

---

① 2018 年 2 月 1~10 日作者在陕西省汉中市洋县谢村镇谢村村和下溢水村就农民家庭资产调研资料整理分析所得,共发放 200 份问卷,有效问卷 180 份。
② 吴红军. 农房抵押贷款亟待突破 [N]. 金融时报,2009-05-04 (7).

加大了对农村金融的政策支持，采取多种措施重视和加大农村金融改革，在农村地区成立了农村商业银行、村镇银行、农村资金互助社、小额贷款公司等新型农村金融机构，要求农业银行成立三农金融事业部，以此来拓宽农民融资渠道，引导更多的社会资金向农村倾斜，构建新型农村金融服务体系。而这些面向农村的新型金融机构的业务开展仍然缓慢，效果较差。从目前全国开展农房抵押试点业务地区的情况来看，农村三权（土地、房屋、林权）抵押贷款已成为农村金融机构的主要业务，既满足了农民融资需求，又增加了银行经济利益；既拓宽了抵押担保范围，又降低了银行交易费用；既扩大了农村信贷投放，又拓展了银行市场空间。在农民身份转换、进城农民增加、大众创新创业的新形势下，农民对融资的需求越来越强烈，融资的比例和额度相对较高。据住房和城乡建设部课题组2009年在全国部分省区市调研农民对农房抵押态度的数据显示，对"如因生产创业急需用钱，是否会拿房屋去抵押贷款"的问题，在广东、浙江、安徽、广西、四川5省份有约67%的农民选择"会"或"可能会"；对"如因生活困难急需用钱，是否会拿房屋去抵押贷款"的问题，在广东、浙江、安徽、广西、四川5省份有约44%的农民选择"会"或"可能会"；另外，这些省区对政府管理部门人员的调查显示，超过60%的人认为农民对农房抵押有需求。① 重庆三峡银行2011年曾在万州、长寿等五个区县的10个乡镇20个村1000户农民的问卷调查显示，农村地区的贷款市场需求面达到63%，农户平均年贷款需求量3万余元，农户贷款需求量在5万元以上的占比高达47%。② 这与作者2018年2月1~10日在陕西省汉中市洋县谢村镇谢村村和下溢水村调研农民贷款需求和意愿的情况基本一致（见表2-5至表2-7）。在谢村村和下溢水村两村，农房抵押贷款的意愿较为强烈，对"创业或生产经营急需用钱，是否愿意用房屋抵押贷款"时，有66.7%的农户选择会或可能会；对"生病或生活困难急需用钱，是否愿意用房屋抵押贷款"时，有53.9%的农户选择会或可能会。农房抵押贷款金额多集中在3万~10万元，高达85%。农房抵押贷款期限多集中在3年以下和3~5年，高达92.2%。③ 因此，允许农民用住房抵押贷款，既拓宽了金融机构农村抵

---

① 吴雨冰. 农房抵押试点问题研究［J］. 中国房地产，2011（11）：34-36.

② 向婧. 三权抵押：让"沉睡的资源"变成"流动的资本"［N］. 重庆日报，2012-02-25（4）.

③ 2018年2月1~10日作者在陕西省汉中市洋县谢村镇谢村村和下溢水村就农房抵押贷款意愿、金额、期限调研资料整理分析所得，共发放200份问卷，有效问卷180份。

押担保物的范围，丰富了金融机构涉农贷款的产品品种，也增加了金融机构的经济利益，拓展了金融机构的市场空间，对探索解决农村金融服务的制度性缺陷，深化农村金融体制改革，实现农村金融创新具有重要意义。

表2-5 谢村村和下溢水村农户贷款意愿（180份有效问卷）

用途	会		可能会		不清楚		不会	
	户数	比例	户数	比例	户数	比例	户数	比例
创业或生产经营急需用钱，是否愿意用住房抵押贷款	95	52.8%	25	13.9%	41	22.7%	19	10.6%
生病或生活困难急需用钱，是否愿意用住房抵押贷款	76	42.2%	21	11.7%	43	23.9%	40	22.2%

表2-6 谢村村和下溢水村农户贷款金额

金额	户数	比例
3万元以下	14	7.8%
3万~5万元	79	43.9%
5万~10万元	74	41.1%
10万元以上	13	7.2%

表2-7 谢村村和下溢水村农户贷款期限

期限	户数	比例
3年以下	60	33.3%
3~5年	106	58.9%
5年以上	14	7.8%

（四）有利于推进新型城镇化的建设

农村经济发展的根本出路在于实现农业生产的产业化，土地适度规模经营，发展现代农业产业，培育一批种植大户、专业大户、家庭农场、农业公司都需要大量资金支持；城乡统筹发展是推动区域协调发展的有力支撑，是扩大内需和促进产业升级的重要抓手。① 特别是在新型城镇化建设中促进农村人口向城镇转移也需要大量资金支持，可以说没有金融的支持，新型城镇化将失去发展的活力和动力。而城镇化建设是相当"吃钱"的事业，有专家经过测算，实施《国家新型城镇化规划（2014—2020）》至少会新增加 50 万亿元的投资需求。而农民工进城转户定居人均需要 10 多万元成本，我国 2 亿多农民工进城转户定居共需要约 30 万亿元资金。② 这些巨量资金仅靠政府的财政政策支持是根本无法实现的。特别是未来 5~10 年将有大量农村人口涌入城市，这是一个不可逆转的发展趋势。而这些进城人口中大多在农村有住房，一方面是进城人口缺少进城发展资金，另一方面是农民住房无法抵押流转获得资金，这种矛盾将会日益突出。农民房屋作为农民财产比重最大的一项重要财产权，如果允许农房抵押融资，既能使农村房屋和城市房屋一样自由抵押融资，打破城乡金融二元结构，破除城乡隔绝、地域界限和身份限制，加快实现城乡金融服务公平化、均等化，构建全国统一、公平竞争的金融市场；又能为土地适度规模经营，农业产业化发展，农民进城发展提供资金支持；还能减轻地方政府的财政压力，加快推进新型城镇化的建设。

八、本章小结

农民住房抵押贷款是深化农村改革时期国家推行的一项创新性政策措施，国家政策导向是逐步放开农民住房抵押流转，并采取谨慎稳妥的试点方式积累经验。尽管现行法律法规不支持农民住房抵押贷款，但从抵押的原理分析，农民房屋在理论上具有可抵押性。农民住房抵押权设立主体中，抵押人既可以为自己债务也可以为第三人债务提供担保。抵押权人现阶段应主要限于涉农金融机构，以后逐步放开。随着市场经济深入推进，农民法治意识提高，农民房屋抵押应和城市房屋抵押一样，只需要有《宅基地使用证》和《房屋所有权证》即可，同时给集体经济组织备案，不再设定其他限制条件。浙江、安徽、重庆、成都等地的

① 黄卫东. 城乡统筹步入发展快车道［N］. 咸宁日报，2014－02－11（6）.
② 黄奇帆. 推进新型城镇化的思考与实践［J］. 行政管理改革，2014（8）：4－10.

农房抵押融资试点工作再一次证明了开展农房抵押工作的必要性和可行性,特别是从各地试点中银行的不良贷款率来看,风险非常小,基本做到了风险可控。而地方政府支持推动是前提,部门联动通力合作是关键,农村产权确权颁证是基础,市场服务体系建设是核心,防范风险补偿损失是保障也给我们提供了有益的经验和借鉴。特别是农民住房抵押贷款对实现城乡共同富裕目标,实现农民房屋财产权益,拓宽银行抵押担保范围,推进新型城镇化的建设都具有重要的理论意义和现实意义。

第三章 农民住房抵押权实现的
一般考察与问题提出

农民住房抵押权的实现，也称抵押权的实行，是指债务履行期届满债权未得到清偿或发生双方约定实现抵押权情形时，抵押权人就抵押物变价并优先受偿使债权得以实现的过程。抵押权实现是抵押权最主要的效力，是抵押权人最重要的权利和实现债权利益的最后手段，也是抵押权制度内容的关键环节和抵押权制度价值的最终体现。本部分通过抵押权实现的一般理论，结合农民住房抵押权实现的特殊性主要对农民住房抵押权实现的条件、程序、方式进行简要阐述，从理论和实践上提出农民住房抵押权实现中的主要困难和法律障碍，为下一步深入研究解决这些障碍奠定基础。

一、农民住房抵押权实现的条件

农民住房抵押权设立之后，其实现与一般抵押权实现基本相同。根据债务人到期不履行债务或双方约定抵押权实现情形出现时，抵押权的行使应在主债权诉讼时效期间内的相关规定，抵押权实现应具备以下三方面条件：

（一）存在合法有效的抵押权

抵押权的合法有效存在是抵押权实现的前提和基础，没有合法有效的抵押权或抵押权已经消灭，抵押权自然无实现的可能。抵押权的合法有效一般包括三个条件：一是主债权合法有效。抵押权是依附主债权而存在的从权利，如果主债权被宣告无效或被撤销，抵押权也将无所依附而归于消灭。二是签订抵押合同。抵押人与抵押权人应以书面形式订立抵押合同,就主债权的种类和数额,抵押物的名称、数量、状况、权属,债务履行期限,担保范围等进行明确约定。即可单独签订抵押合同,也可以在主债权合同中写明抵押条款。三是办理抵押登记。由于不动产抵押以登记为生效要件,农民住房抵押应到房屋所在地的登记机构办理登记,农民住房抵押自登记之日起生效。

(二) 债务履行期届满未清偿

债务履行期是债务人履行债务的期限,由于债务人对债务履行享有期限利益,自然没有提前履行债务的义务,只有在债权到期而未获清偿时,抵押权人才能实现抵押权。债务履行期一般由当事人约定,没有约定或约定不明确的,债务人随时可以履行,债权人也随时可以要求其履行,但应当给债务人必要准备时间。例外情况是,债务虽未届期,但债务人被依法宣告破产的,期限利益将会丧失,未到期的债权应视为已届清偿期,抵押权人可以要求提前实现抵押权。非因抵押权人的因素导致抵押物价值毁损或减少时,抵押人如果不能恢复抵押物的价值或不另行提供与减少价值相当担保财产的,抵押权人可以请求债务人提前履行债务或提前行使抵押权。另外,抵押权的当事人也可以约定抵押权实现条件,如双方对贷款目的、用途等作出特别约定时,只要抵押人未按约定使用贷款的情形发生,即使债务未届履行期,抵押权人也可以实现抵押权。

(三) 在法定时效期间内行使

抵押权主要是为了保障债权的实现,其应于一定时效期间内存在。如果允许抵押权一直存续下去,可能导致抵押权人怠于行使抵押权,不利于充分发挥抵押物的经济效益,影响经济的发展。[①] 实现抵押权应在主债权诉讼时效期间内,超出时效期间的人民法院不予保护。因此,抵押权人只有在主债权诉讼时效期间内行使才能受法律保护,未在主债权诉讼时效期间内行使的,就会丧失请求人民法院以强制力保护其抵押权的司法救济权利,这也是由抵押权的从属性所决定的。但我国的诉讼时效丧失仅消灭胜诉权,即使在抵押权时效期间消灭后,如果抵押人还愿意承担或履行担保义务的,抵押权人仍然可以接受。抵押权实现后抵押人

---

① 王胜明. 中华人民共和国物权法解读 [M]. 北京:中国法制出版社,2007:437.

以不知时效已过为由反悔的，不予支持。

二、农民住房抵押权实现的程序

农民住房抵押权实现程序是指抵押权到期后，抵押权人以何种程序实现其抵押权。我国目前采取的是当事人自我保护和司法保护相结合的实现程序，即当事人之间可以协商解决，协商无法解决时抵押权人可以通过非诉程序直接请求法院拍卖变卖抵押财产实现其债权，对仍有争议或不符合非诉程序的可以通过民事诉讼程序解决争议后再实现。

（一）协商程序

具备抵押权全部实现条件后，抵押权人与抵押人通过协商最终达成一致意见后实现抵押权，这是抵押权最有效的方式，既快速充分地实现了抵押权的担保和融资功能，也体现和保障了当事人的意志自由，有利于当事人选择符合自身利益的抵押权实现方式。[①] 抵押权协商实现具有成本低、效率高的优点，但为了避免和防止双方通过协商程序实现抵押权时可能损害同一抵押物上的其他物权人、债务人和抵押人的一般债权人的利益，通过规定债权人的撤销权和拍卖时的市场价进行防范：一是赋予其他债权人可以行使撤销权。即如果抵押权人和抵押人通过协议损害了其他债权人利益的，可以在知道或应当知道撤销事由之日起一年内通过向人民法院起诉的方式撤销该协议。二是要求参照抵押物变卖时的市场价。即要求当事人在对抵押物折价或变卖时，应当参照其市场价格。

（二）非诉程序

我国原《担保法》对实现程序规定协商不成的，可通过诉讼方式实现抵押权。直接以诉讼方式实现抵押权则因低效率、高成本等弊端而备受批评，冗长烦

---

① 程啸. 论抵押权的实现程序 ［J］. 中外法学，2012（6）：1190 - 1207.

琐的诉讼降低了抵押权实现的效率，复杂漫长的程序增加了抵押权实现的成本。① 2007 年通过的《物权法》则修改了这一规定，变"向人民法院提起诉讼"的诉讼程序为"请求人民法院拍卖变卖抵押财产"的非诉程序，进一步完善了抵押权实现的司法救济程序，对降低实现成本，快速实现抵押权，保护抵押权人利益具有重要作用。特别是 2012 年 8 月 31 日新修订的《民事诉讼法》在第十五章"特别程序"后专门增加了第七节"实现担保物权案件"，明确了抵押权非诉程序的审查重点和操作规范。即抵押权人和抵押人不能就抵押权实现形成一致意见的，抵押权人可以选择向抵押物所在地或抵押权登记地的基层法院申请实现抵押权，法院受理申请后依法就抵押权的效力、实现条件是否成就、是否符合时效规定等方面进行重点审查，符合抵押权实现条件的作出拍卖变卖抵押财产的民事裁定，抵押权人可以依据此裁定申请强制执行。

(三) 诉讼程序

抵押权人和抵押人不能就抵押权实现达成一致意见的，抵押权人向法院申请按非诉程序实现抵押权不符合法律规定的，如双方对债务履行、抵押合同条款、抵押权效力、实现条件等仍存在争议的，抵押权人可以向法院提起诉讼，通过民事诉讼程序先解决争议，获得法院生效胜诉裁判后，再申请对抵押财产采取强制执行措施。当然，抵押权人也可以直接向法院起诉，通过诉讼程序解决争议后再申请强制执行来实现抵押权，也就是说，协商实现、非诉程序并不是诉讼程序的前置程序。

三、农民住房抵押权实现的方式

农民住房抵押权实现方式是指抵押权具备实现的条件后，抵押权人、抵押人以及人民法院将抵押物变价的方式。由于每种方式的运行成本和价值体现不同，选择何种方式实现抵押权对抵押权人和抵押人具有重要意义。各国由于具体国情

---

① 张永利，王效贤. 抵押权新论 [M]. 北京：法律出版社，2014：201 - 203.

和法律传统的差异，抵押权实现方式的立法规定并不一致。但农民住房不同于城市住房，由于宅基地使用权的限制流转使得其实现具有特殊之处，根据相关法律规定和实践做法，抵押权的实现方式主要有折价、拍卖、变卖、强制管理四种方式。

（一）折价

折价是指抵押权实现条件具备时，由抵押权人和抵押人通过协商以一定价格将抵押物转让给抵押权人抵偿债务，以清偿被担保债权的一种方式。折价的实质是买卖加抵销，即抵押人将抵押物卖给抵押权人，并用其价款与担保债权予以抵销。折价清偿后，被担保债权在协议抵偿的金额范围内消灭，抵押权也随之消灭。折价是一种方便、快捷、低成本、高效率的实现方式，既充分尊重了当事人的意思自治，简化了实现程序，又节省了实现成本，提高了实现效率，更有利于实现物尽其用。特别要强调的是当事人达成折价协议必须在抵押权实现条件具备后，而不能事先在抵押合同中约定"债务不能履行时抵押物归债权人所有"的条款，这种"流质契约"是我国法律严格禁止的。当然，以折价方式实现抵押权时，不得侵害同一抵押物上的其他抵押权人和一般债权人的合法权益。

农民住房抵押贷款业务正处于试点中，在"谨慎稳妥推进"的政策引导下，抵押权人应仅限于金融机构，而不包括其他法人、自然人和组织。这就决定了农民住房抵押权实现时抵押人与抵押权人不能通过协议折价的方式处分抵押物，否则，金融机构取得农民房屋所有权就会违反"不得向非自用不动产投资"（《商业银行法》第四十三条）的禁止性规定。同理，在申请法院强制执行程序中，强制变卖、拍卖之后仍然无法处置抵押房屋的，金融机构也不能以折价的方式取得农民房屋所有权。[①]

（二）拍卖

拍卖是指通过公开竞价的方式将抵押物出售给最高应价者的买卖方式。拍卖因其采取集合竞价的方式出售给最高应价者，能够最大限度地实现抵押物的价值，既有利于维护抵押人的利益，又能满足抵押权人债权实现的需要，因而成为

---

① 高圣平．农民住房财产权抵押规则的重构［J］．政治与法律，2016（1）：111-125.

抵押权实现的最常用、最主要方式。拍卖可分为任意拍卖和强制拍卖，任意拍卖由抵押当事人自愿委托拍卖人拍卖，强制拍卖一般由抵押权人申请法院拍卖。有关拍卖的具体程序和法律效力适用我国《拍卖法》的有关规定。农民住房抵押权拍卖时，目前法律法规将受让人的范围限定在村集体内部成员，这种限制降低了农民住房的真实价值，也会导致抵押住房的市场化处置存在一定的不确定性，或者出现无人买受的尴尬局面，必然阻碍农民房屋和宅基地的顺利流转。[①] 作者建议应将拍卖时受让人的范围完全放开，通过房地分离的方式实现宅基地权益，不影响宅基地所有权人和使用权人的利益。

（三）变卖

变卖是指以一般买卖方式出售抵押物以清偿担保债权的买卖方式。变卖与折价的区别主要是买受人不同，折价时由抵押权人买得抵押物并抵销担保债权，变卖时买受人应是抵押权人以外的其他人，实践中一般是抵押物变卖时因无人竞买，为了尽量降低或减少抵押权人的损失，协议将抵押物所有权转归抵押权人所有并抵销担保债权。变卖与拍卖的区别主要在于：一是买卖形式不同。拍卖是以公开竞价的形式进行，变卖是以普通买卖的形式进行。二是买卖价格不同。拍卖是将抵押物卖给出价最高者的特殊买卖形式，变卖则是参照市场价格出售给买受者的普通买卖形式。三是买卖程序不同。拍卖有严格的拍卖程序，公开性和透明度较高，变卖的程序则比较随意，简便易行，不如拍卖公开透明。四是买卖成本不同。拍卖因要支付竞买保证金、评估费用、拍卖费用等各种费用，使得拍卖成本较高。而变卖无须竞价，成本较低。变卖既可以由抵押权人与抵押人协议采取即合意变卖，也可以在达不成协议时由抵押权人申请法院采取即强制变卖。在各地试点的实践中，抵押住房处置中出现了一种由"农村产权抵押融资风险基金收购"的方式，实际上这种方式是变卖的一种特殊形式，变卖时的受让对象变成了"农村产权抵押融资风险基金"，风险基金收购后再进行二次处置，这并不是一种独立的处置方式。[②]

---

① 林依标. 农民住房财产权抵押、担保、转让的思考 [J]. 中国党政干部论坛，2014（9）：20 – 23.

② 房绍坤. 农民住房抵押之制度设计 [J]. 法学家，2015（6）：15 – 24.

（四）强制管理

强制管理是指民事执行中，对被执行的不动产经过申请执行人同意后采取委托或指定管理人的方式实施管理，并用获得收益清偿债权的制度。[①] 在强制管理方式下，被执行人的财产权利并未产生变化，其对被强制管理的财产仍享有所有权或用益物权，只是收益权能受到了限制或丧失，而这种收益则被用来偿还债务。在农民住房抵押权实现中，也完全可以采取强制管理的方式，即通过不变卖农民住房的方式实现抵押权，由执行法院或其聘请委托或指定的管理人直接将房屋出租，用租金收益来偿还债务。[②] 强制管理作为一种较为特殊的强制执行措施，其一般以不动产为实施对象，通常由执行法院来委托或指定管理人。[③]

考察域外的立法案例，采用强制管理主要有三种模式：一是单纯强制管理方式。即当抵押权实现时，对抵押物不进行拍卖或变卖，直接由抵押权人或管理人对抵押物实行强制管理，通过强制管理产生的租金或收益来偿还或抵销债务。[④] 二是并行强制管理方式。即拍卖变卖和强制管理同时进行，拍卖变卖的是抵押物的所有权，强制管理执行的是抵押物的收益权，对这两项权能的一并处分不会发生程序上的冲突，哪个先实现先偿还债务，更好地保障债权的实现。德国和日本采用此种方式。[⑤] 三是辅助强制管理方式。即抵押权实现时先拍卖变卖抵押物，若经过两次拍卖仍不能成功，或债权人不愿再继续拍卖时，则对该抵押物实行强制管理方式。在强制管理方式中，可以根据抵押人和抵押权人的申请，或恢复拍卖程序或对抵押物进行减价拍卖，以保证债权人债权实现。此种强制管理方式中，拍卖程序既是前置程序，也是主导，能够拍卖实现时就不再实施强制管理；而强制管理是辅助程序或是补充。我国台湾地区实行此种模式。[⑥] 从我国《民事诉讼法司法解释》第四百九十二条"法院在强制执行中对无法拍卖或变卖的财

---

① 房绍坤. 论土地承包经营权抵押的制度构建 [J]. 法学家，2014（2）：41–47.

② 高圣平. 宅基地制度改革试点的法律逻辑 [J]. 烟台大学学报（哲学社会科学版），2015（3）：23–36.

③ 肖建国. 民事执行法 [M]. 北京：中国人民大学出版社，2014：263–264.

④ 王利明. 物权法研究（上）[M]. 北京：中国人民大学出版社，1997：122.

⑤ 杜群，董斌. 农民住房抵押贷款实现机制创新略论——基于试点实践的考察 [J]. 湖南农业大学学报（社会科学版），2018（2）：55–60.

⑥ 黄松有. 强制执行法起草与论证（第二册）[M]. 北京：中国人民公安大学出版社，2004：158.

产，如果申请执行人同意可将该财产交付其管理"的这一规定可以看出，我国民事执行中可以采取强制管理的执行方式，并且采取的是辅助强制管理模式。因此，在农民住房抵押权实现时，也可以完全把强制管理作为一种典型实现方式。强制管理在实务中的具体实现方式，既可以通过出租，也可以让抵押权人自己使用；执行法院既可以委托或指定管理人，抵押权人自己也可以充当管理人。当租赁或利用收益清偿债权后，管理人将抵押物返还给抵押人，由执行法院进行监督。

折价、拍卖、变卖、强制管理这四种实现方式各有利弊，在具体实施中，抵押当事人对实现方式有明确约定的依其约定，无约定或约定不明确的当事人可以通过协商一致以抵押物拍卖、变卖、折价所得价款实现抵押权，达不成协议的可以申请人民法院拍卖变卖抵押物以实现抵押权。无法拍卖或者变卖的，经申请执行人同意，可以采取强制管理方式。

四、农民住房抵押权实现中的问题提出

各地在农民住房抵押试点过程中，也出现了许多障碍和问题，这当中最重要最难解决的问题首推农民住房抵押权的实现，即如果抵押人不能按时偿还贷款或发生当事人约定的情形时，作为抵押权人的金融机构在处置农民住房时所面临的困难和问题。虽然各地在试点过程中采取多种措施防范和化解金融机构的风险，但考虑到贷款期限问题，大多住房抵押贷款还未到期，农民住房抵押权实现中的许多问题还未充分暴露出来。如果农民住房抵押权实现中的这些障碍和问题得不到有效解决，就会阻碍和影响农民住房抵押融资业务的顺利开展。2015 年 8 月24 日国务院发布的《两权抵押指导意见》中，特别提到了建立抵押物处置机制和完善配套措施问题，说明中央已经注意到了农民住房抵押权实现的问题。并提出试点中涉及突破《物权法》《担保法》等相关规定的，由国务院依照法定程序提请全国人大常委会给予授权，允许在试点期间内试点地区暂时停止执行有关条款。从理论和实践上看，现行的法律法规政策规定和房地关系的制度设计对农民住房抵押权实现的影响最大，结合各地农民住房抵押贷款试点中的问题，作者认

为主要包括以下四个方面的问题:

(一) 农房处置时的有限转让限制了抵押权的实现

现行的法律法规政策规定农民住房只能在村集体经济组织成员之间内部流转,而作为村集体组织的成员可以无偿申请宅基地建房,加之农村熟人社会以及风俗习惯的影响,这就使得一旦农民住房在变现处置时,可能出现无人竞买的现象,银行债权很难实现。浙江、安徽、重庆、成都在农民住房抵押试点中,都提出抵押权实现时受让人的范围限制导致农房很难处置,加大了金融机构的风险。但国家层面法规政策不改变,地方试点中也不敢轻易放开。浙江义乌已将受让人的范围放宽到市域内的农民,其他地方大多通过双方协商、政府收购等方式处理。下一步是否将农民住房转让的范围放开?是放宽到一定范围还是不加限制的完全放开?这对金融机构的债权实现至关重要,需要进一步深入研究。

(二) "房地一体" 使得宅基地限制了抵押权的实现

农民对房屋有所有权,而村集体对宅基地有所有权,现行规定要求房地一体流转,而法律对宅基地却采取明确的禁止转让态度,那么农民住房转让时宅基地无法和房屋一起转让,这就使得农房处置时由于宅基地的问题而很难执行和操作。既然国有土地下城市房屋的建设用地使用权可以随房屋一同转让,那么集体土地下农民房屋的宅基地使用权为什么不能随房屋一同转让?从"改革完善宅基地制度,保障农户宅基地用益物权"到"谨慎稳妥推进农民住房抵押担保转让试点",政策似乎在回避宅基地使用权的抵押转让?更有政府官员明确表示:"宅基地制度的改革方向是扩大权能,要赋予农民更多财产性权利,而不是自由买卖。"[1]《两权抵押指导意见》中提出,农民住房(含宅基地使用权)抵押贷款的抵押物处置应制定与商品住房不同的差别化规定。积极探索宅基地权益在农民住房抵押担保中的有效实现方式和途径,保障抵押权人的合法权益。从2015年11月2日颁布的《深化农村改革综合性实施方案》中提出探索宅基地有偿使用和自愿有偿退出机制,探索农民住房抵押转让有效途径的相关规定来看,宅基地的转让有所松动,可以探索有偿转让。浙江、安徽、重庆、成都在农民住房抵押

---

[1] 胡存智. 宅基地改革方向是扩大权能而非自由买卖 [J]. 国土资源, 2014 (1): 28 - 29.

试点中，普遍认为宅基地使用权的身份性、福利性、保障性以及目前房地一体的规定使得宅基地成为农民住房抵押权实现时的重大障碍。农民住房抵押权设立时应将房屋和宅基地一并抵押，但实现时农民对房屋拥有所有权可以自由处分，而对宅基地使用权只有占用使用权，使得宅基地无法与房屋一起流转。但是在短期内宅基地无法自由流转的目标下，农民住房抵押物处置应与商品住房制定的差别化规定是什么？是否允许农房转让时采取"房地分离"的模式？其必要性和可行性是什么？如果可以以"法定租赁权"方式采取"房地分离"进行处理，那费用的缴纳、使用、管理如何处理？通过"法定租赁权"获得住房的用途是否限制？房屋买受人的权利如何保障？土地所有权人、宅基地使用权人、房屋买受人的关系是什么？这些问题的处理和解决，也将在很大程度上影响着农民住房抵押业务的顺利实现。

（三）农民的居住保障与债权人风险防范难以兼顾

目前农村居民大多只有一套住房，一旦抵押权实现导致农房变卖，农民的居住权利将无法得到保障，甚至会影响到社会稳定问题。而一旦保障了农民的居住，作为抵押权人的银行的债权将面临巨大风险，这一对矛盾如何平衡和兼顾值得深入研究。特别是在《两权抵押指导意见》中，强调允许贷款银行在保障农户基本住房权利前提下，通过多种方式处置抵押物，顺利实现承贷银行抵押权。从政策意图可以看出，保障农民的基本住房权利仍是首位，但债权人的权益也不能忽视，风险不能不考虑。浙江、安徽、重庆、成都在农房抵押试点中，也认为什么是农民的基本住房权利？标准是什么？如果农民不能按时还贷或双方约定情形出现，能否对抵押住房强制执行？司法机关是否支持？因此，如何一方面引导农民正确看待农房抵押贷款，了解掌握农房抵押贷款的不利后果，加强农村保障房建设；另一方面强化银行的风险防范和化解措施，建立贷前、贷中、贷后的预警监测机制，完善风险补偿机制，做到风险可控和损失可补。既要保障农民的居住权利，又要防范银行风险，仍是农民住房抵押权实现中需要深入研究的问题。

（四）农村产权流转交易市场不完善导致实现困难

目前各地建立农村产权流转交易市场相对缓慢，问题较多，这就使得农民住房处置时因价值评估不健全，流转程序不规范，流转平台不完善而困难重重，影响到抵押权人的债权利益。虽然国务院已出台了农村产权流转交易市场发展的指导意见，但未将宅基地使用权、农民房屋纳入交易品种，许多规定仍不具体，操作性不强。虽然北京、重庆、成都、武汉等地都建立了农村土地或产权交易所或交易中心，但大多是在原农村土地流转服务中心的基础上改造或改建而来，有关产权交易市场的设立、运行、监管、配套制度建设等方面仍存在不少问题。深入研究农村产权流转交易市场的功能、构成、设立、运行、监管等内容，构建公开、公正、规范运行的交易平台对农民住房抵押权实现有着不可替代的重要作用。

五、本章小结

农民住房抵押权实现的条件、程序、方式和一般抵押权实现方式基本相同，由于农民住房和宅基地的关系，在实现方式上可以采取强制管理方式以规避现行法律法规的规定。农民住房抵押权实现中的困难或障碍主要包括农房处置时的有限转让限制了抵押权的实现，"房地一体"使得宅基地限制了抵押权的实现，农民的居住保障与银行的风险防范难以兼顾，农村产权流转交易市场不完善导致实现困难。

农民住房抵押权实现中的这些困难和问题，无论是地方实践探索还是宏观理论研究目前还缺少积极关注和解决方案。科学研究也只有积极服务社会实践才有生命力，理论工作者必须在理论上重点关注和深入研究这些热点和难点问题，只有理论与实践紧密结合，从理论上提出可操作性的建议和措施，并经过实践的检验才能更好地推动和规范农民住房抵押业务顺利开展。下文将重点围绕这四个困难和问题展开论述。

第四章　农民住房抵押权实现中受让人范围的限制与扩展

农民住房抵押权实现时遇到的首要障碍就是当债务人不能履行债务或双方约定情形出现时，债权人就抵押房屋拍卖、变卖、折价时卖给谁的问题。城市房屋的买卖对受让人未作限制，即任何人都可以买；而农村住房的买卖现行的法规政策将受让人限制在农村集体内部，即只有农村集体内部的成员才可以购买。本章通过对农民住房抵押权实现中受让人的范围现行规定和实践操作的梳理，运用平等公平、城乡一体等理论分析其不足和缺陷。提出应将受让人的范围完全放开，并从多角度论证其必要性和可行性以及放开的具体建议，为农民住房抵押权的充分实现奠定基础。

一、农民住房抵押权实现中受让人范围的现行规定

农民住房抵押权实现与农民住房买卖具有同质性，因为当债务人无法履行债务或双方约定的情形出现时，抵押权人会对抵押的农民住房进行拍卖、变卖来优先实现自己的债权。此时，与农民住房直接对外买卖只是多了一个实现环节而已。对农民住房买卖时受让人的范围问题，现行的法律法规和部门规章的规定如表4-1所示。

从表4-1中可以看出，法律法规并没有明确禁止农民住房转让，也没有明确禁止向村集体以外的成员转让，只是规定农民住宅出卖后，再申请宅基地的不予批准。反过来说，只要农民不再申请宅基地，农房就可以买卖，卖给谁都可以。但从1999年以来，国务院的规章和政策则一直禁止城镇居民购买农民住房，

表 4 - 1　法律法规和部门规章关于受让人范围的规定

性质	名称	时间	部门	内容
法律法规	《中华人民共和国物权法》	2007 - 03 - 16	全国人大	宅基地使用权的取得、行使和转让，适用土地管理法等法律和国家有关规定（第一百五十三条）
	《中华人民共和国土地管理法》	2019 - 08 - 26	全国人大常委会	农村村民一户只能拥有一处宅基地，出卖、出租、赠与住宅后再申请宅基地的，不予批准（第六十二条）
	《中华人民共和国土地管理法实施条例》	2011 - 01 - 08	国务院	依法转让地上建筑物、构筑物等附着物导致土地使用权转移的，必须申请土地变更登记，土地所有权、使用权的变更自变更登记之日起生效（第六条）
部门规章	《关于加强土地转让管理严禁炒卖土地的通知》	1999 - 05 - 06	国务院办公厅	农民的住宅不得向城市居民出售，也不得批准城市居民占用农民集体土地建房，有关部门不得为违法建造和购买的住宅发放土地使用证和房产证
	《关于加强农村宅基地管理的意见》	2004 - 11 - 02	国土资源部	严禁城镇居民在农村购置宅基地，严禁为城镇居民在农村购买和违法建造的住宅发放土地使用证
	《关于严格执行有关农村集体建设用地法律和政策的通知》	2007 - 12 - 30	国务院办公厅	农村宅基地只能分配给本村村民，城镇居民不得到农村购买宅基地、农民住宅或"小产权房"
	《房屋登记办法》	2008 - 07 - 01	建设部	申请农民住房所有权转移登记，受让人不属于集体经济组织成员的，除法律、法规另有规定外，房屋登记机构应当不予办理（第八十七条）
	《关于进一步加快宅基地使用权登记发证工作的通知》	2008 - 07 - 08	国土资源部	严格执行城镇居民不能在农村购买和违法建造住宅的规定。对城镇居民在农村购买和违法建造住宅申请宅基地使用权登记的，不予受理
	《关于开展农村承包土地的经营权和农民住房财产权抵押贷款试点的指导意见》	2015 - 08 - 24	国务院	对农民住房财产权抵押贷款的抵押物处置，受让人原则上应限制在相关法律法规和国务院规定的范围内

即使买了也不能给其登记和颁证。2015 年国务院的文件中还规定农民住房抵押物处置时，受让人的范围原则上仍应遵守相关法律法规和国务院规定的限制。从国务院规章政策的本意来看，实际上是禁止宅基地的对外转让，以此来保护农民利益和农村稳定。2019 年 8 月 26 日修订后的《土地管理法》只是增加了农民赠与住宅后，也不得再申请宅基地的规定。但由于现行"房地一体"的规定，在禁止宅基地对外转让的同时也禁止了农民住房的对外转让。

二、农民住房抵押权实现中受让人范围的司法实践

虽然国务院的规章和政策一直禁止农民住房向城镇居民转让，但实践中此类现象却一直存在，引起的纠纷也日益增多，特别是在东部经济发达地区和大中城市郊区，因农民住房对外转让而引起的纠纷呈逐步上升趋势。那么，司法实践中各级法院是如何处理此类纠纷的呢？

（一）最高法院和部分高院的指导性意见

近年来，最高人民法院和部分高级人民法院针对司法实践中日益增多的农民住房买卖纠纷，出台了一系列会议纪要和指导意见，明确了由于宅基地的社会保障性质，农民住房的对外转让原则上按无效处理（见表 4-2）。但也要具体考虑出卖人因土地增值或拆迁补偿所得到的利益，以及买受人因房屋现值和原价之间的差异造成损失等因素，以此来平衡买卖双方的利益，避免因合同无效给当事人造成利益失衡。

表4-2 最高法院和部分高院关于受让人范围的指导性意见

性质	名称	时间	部门	内容
法院会议纪要和指导意见	2019年《全国法院民商事审判工作会议纪要》	2019-09-11法〔2019〕254号	最高人民法院	违反规章一般情况下不影响合同效力，但该规章的内容涉及金融安全、市场秩序、国家宏观政策等公序良俗的，应当认定合同无效。人民法院在认定规章是否涉及公序良俗时，要在考察规范对象基础上，兼顾监管强度、交易安全保护以及社会影响等方面进行慎重考量，并在裁判文书中进行充分说明
	2015年《全国民事审判工作会议纪要》	2015年4月19~20日召开	最高人民法院	由于宅基地还具有较强的社会保障和社会福利性质，完全放开对宅基地使用权限制的条件还不具备。对于已将宅基地流转确定为试点地区的，可以按照国家政策处理相关转让纠纷。对于非试点地区的，农民房屋出售给城市居民或者不同农村集体经济组织成员，该房屋买卖合同一般应认定无效
	2011年《全国民事审判工作会议纪要》	2011-10-09法办〔2011〕442号	最高人民法院	在农村集体所有土地上建造房屋并向社会公开销售，应认定该买卖合同无效。将该房屋出卖给本集体经济组织成员以外的人的合同，不具有法律效力
	《最高人民法院关于为推进农村改革发展提供司法保障和法律服务的若干意见》	2008-12-03法发〔2008〕36号	最高人民法院	宅基地使用权承载着广大农民居者有其屋的社会功能，是农村土地管理制度的重要内容。对违反法律、行政法规以及相关国家政策的宅基地转让行为，以及其他变相导致农民丧失宅基地使用权的行为，应当依法确认无效
	《关于印发农村私有房屋买卖纠纷、合同效力认定及处理原则研讨会会议纪要的通知》	2004-12-15	北京市高级人民法院	农村私有房屋买卖合同的效力以认定无效为原则，以认定有效为例外，如买卖双方都是同一集体经济组织的成员，经过了宅基地审批手续的，可以认定合同有效

性质	名称	时间	部门	内容
法院会议纪要和指导意见	《北京市人民法院民事审判实务疑难问题研讨会会议纪要》	2006 - 09 - 14	北京市高级人民法院	2004 年《会议纪要》中所确立的原则仍应坚持；但处理中应全面考虑出卖人因土地增值或拆迁、补偿所获得的利益，以及买受人因房屋现值和原买卖价格的差异造成损失两方面的因素，平衡买卖双方的利益，避免认定合同无效给当事人造成的利益失衡
	《上海高院关于审理农村宅基地房屋买卖纠纷案件的原则意见》	沪高法民〔2004〕4 号	上海市高级人民法院	对于将房屋出售给本乡以外的人员的，如果合同尚未实际履行或者购房人尚未实际居住使用该房屋的，该合同应作无效处理。如果合同已实际履行完毕，且已实际居住使用该房屋的，对合同效力暂不表态，应本着尊重现状维护稳定的原则，承认购房人对房屋的现状以及继续占有、居住、使用该房屋的权利
	《山东省高级人民法院 2008 年民事审判工作会议纪要》	鲁高法〔2008〕243 号	山东省高级人民法院	城镇居民和农村居民之间签订的房屋或者宅基地的买卖合同为无效合同，不支持城镇居民要求在农村购买宅基地或者房屋的诉讼请求。对本集体经济组织之外的村民购买宅基地和房屋的，原则上也应当确认为无效
	《关于审理房屋买卖合同纠纷案件适用法律问题的指导意见》	2012 - 03 - 05	安徽省高级人民法院	城镇居民、法人或其他组织购买农民房屋签订的买卖合同，应认定为无效合同。非同一农村集体经济组织成员之间签订的房屋买卖合同应当认定为无效。但买受人在一审法庭辩论终结前取得集体经济组织成员资格且符合其他购买条件的，可以认定合同有效

（二）农民住房对外转让的司法实证分析

将裁判时间设置为"2014 - 01 - 01 tO 2018 - 12 - 31"，公开类型设置为"文书公开"，案件类型设置为"民事案由"，文书类型设置为"判决书"，审判程序设置为"民事一审"，可得文书 15525174 份。以"宅基地、房屋买卖"为全文检索关键词，可检索得文书 11505 份，占同等条件全部文书的 0.074%。

1. 从年份数量来看

由表4-3可知，2014~2018年，相关裁判文书的数量呈增长态势。因为检索所得文书数量过多，无法逐一阅读和剔除无效文书，但就检索结果而言，可以大致反映出宅基地上房屋买卖纠纷逐年增多的趋势。

表4-3　2014~2018年各年份农民住房对外转让文书数量及比例

序号	年份	数量（份）	占总文书比例（%）
1	2014	1825	15.85
2	2015	1968	17.11
3	2016	2007	17.45
4	2017	2777	24.14
5	2018	2928	25.45

2. 从纠纷地区来看

将裁判文书按照省级行政区为单位进行排列，共有北京市、山东省、江苏省、浙江省、河北省、河南省六个省（市）文书数量超过500份。如表4-4所示，这些省市主要是我国经济发达地区或人口数量较多的地区，可见宅基地上房屋买卖纠纷案件数量的多少和经济、地域、人口问题关系较为密切。

表4-4　2014~2018年六省份农民住房对外转让文书数量及比例

序号	地区	数量（份）	占总文书比例（%）
1	北京	1825	15.86
2	山东	936	8.14
3	江苏	840	7.30
4	浙江	781	6.79
5	河北	768	6.68
6	河南	683	5.95

3. 从诉讼案由来看

再以"宅基地上房屋""转让协议""民事案由"为关键词，共检索到322篇文书，剔除与宅基地上房屋转让无关的裁判文书，以200份为分析对象（见表

4－5）。

从诉讼案由来看，有超过80%的为确认合同无效（效力/有效）纠纷和（农村）房屋买卖合同纠纷。

表4－5　2014～2018年相关诉讼案文书数量及比例

序号	诉讼案由	数量（份）	比例（%）
1	确认合同无效（效力/有效）纠纷	85	42.5
2	（农村）房屋买卖合同纠纷	76	38.0
3	房屋合同纠纷	11	5.5
4	宅基地使用权纠纷	11	5.5
5	其他	17	8.5

4. 从文书形式来看

从裁判文书形式来看，93%以上的案件由法院进行判决，这也说明此类案件协商调解解决较难，如表4－6所示。

表4－6　2014～2018年相关诉讼案判决书与裁定书数量及比例

序号	裁判文书	数量（份）	比例（%）
1	判决书	186	93.0
2	裁定书	14	7.0

5. 从审判程序来看

从审判程序来看，超过47%的案件当事人进行了上诉，说明此类案件的处理当事人之间很难做到满意，如表4－7所示。

表4－7　2014～2018年相关诉讼案各级审判程序数量及比例

序号	审判程序	数量（份）	比例（%）
1	一审程序	97	48.5
2	二审程序	94	47.0
3	审判监督	9	4.5

6. 从裁判结果来看

从裁判结果来看，61%的案件法院判决无效，这与现行农民住房只能在村集体内部转让的规定一致；但也有30%的案件法院判决了有效，这也说明法院没有对农民住房对外转让一概判决无效，而是考虑了实际情况，做了变通处理，如表4-8所示。

表4-8　2014~2018年相关诉讼案各种裁判结果数量及比例

序号	裁判结果	数量（份）	比例（%）
1	有效	60	30.0
2	无效	122	61.0
3	不予受理	17	8.5
4	发回重审	1	0.5

7. 从有效理由来看

从法院判决有效的理由来看，基本上采用了只有同一集体内部的成员才能购买的规定，但也有基于家人为集体成员、诚信、继承、共建而判决有效的，如表4-9所示。

表4-9　2014~2018年相关诉讼案各种有效理由数量及比例

裁判结果	主要理由	数量（份）	比例（%）
有效	同一集体经济组织成员	32	53.3
	自己或家人取得同一集体经济组织成员资格	5	8.3
	土地性质转变为国有	4	6.7
	合同签订后取得同一集体经济组织成员资格	4	6.7
	诚实信用原则	3	5.0
	最终流转给同一集体经济组织成员	3	5.0
	社会关系已经稳定	3	5.0
	继承所得	3	5.0
	抵押权实现	1	1.7
	不同集体经济组织农民	1	1.7
	不同集体经济组织成员共建房屋	2	3.3

8. 从无效理由来看

从法院判决无效的理由来看，95%以上的采用了受让人不是同一集体经济组织成员的裁判理由，如表4-10所示。

表4-10 2014~2018年相关诉讼案各种无效理由数量及比例

裁判结果	主要理由	数量（份）	比例（%）
无效	非同一集体经济组织成员	116	95.1
	恶意串通	2	1.6
	违反"一户一宅"原则	2	1.6
	损害第三人利益	1	0.8
	无权处分	1	0.85

9. 从无效后果来看

从无效后果来看，44.3%的案件法院只确认了效力，是否返还、还是补偿不做结论，说明无效后执行难度还是较大，如表4-11所示。

表4-11 2014~2018年相关诉讼案各种无效后果数量及比例

裁判结果	主要后果	数量（份）	比例（%）
无效	只确认效力	54	44.3
	另行主张	25	20.5
	返还使用费/补偿款/拆迁款等	23	18.9
	不予返还	11	9.0
	相互返还	6	4.9
	分享拆迁利益	2	1.6
	不影响第三人购房合同效力	1	0.8

（三）部分法院农民住房买卖案件的判决

案例1：张元树与闵谨言房屋买卖合同纠纷案。张元树与闵谨言于2006年3月1日将闵谨言自建的位于郫县郫筒镇城关村一社区内的202号房屋卖给张元树（房屋产权性质为村镇产权；建筑面积146.5平方米；房价18.75万元）。合同签订后张元树已支付 17 万元并居住该房屋。后张元树向法院起诉要求判决双方的房屋买卖合同无效，理由是闵谨言为城镇居民，不能购买农村房屋。一审法院经审查认为，双方在签订房屋买卖合同时已明确该房屋产权为村镇产权，买卖合同是双方真实意思表示。并认为从我国现行法律、法规对于不属于同一村的村民及城镇居民，能否对村镇房屋进行买卖并无明确禁止性规定。因此，一审法院判决房屋买卖有效。二审法院认为，本案所涉房屋系在集体所有的土地上修建，如果合同有效，就将该房屋占有范围内的宅基地也一同处分，实质上违反了农民集体所有土地不得进行非农建设的规定。因此，只要是非集体经济组织成员或城镇居民，非经法定程序，均不得买卖农村的宅基地使用权，遂撤销一审判决，终审判决张元树与闵谨言签订的房屋买卖合同无效。[①]

案例 2：北京宋庄画家村李玉兰与马海涛房屋买卖纠纷案件。2006 年 12 月，北京市通州区宋庄镇辛店村的李玉兰被房东马海涛因房屋买卖纠纷起诉至法院，经法院一审、二审，终审判决认定双方签订的房屋买卖合同无效，李玉兰返还房屋。北京市二中院终审判决的主要理由是：只有农村集体经济组织成员才能取得宅基地，非村集体成员无权取得或变相取得农村的宅基地；双方买卖标的物包括房屋及占有范围内的宅基地，而且双方一直未办理所争议地块《建设用地使用权证》的变更登记，故终审判决房屋买卖无效。但该中院同时认为，马海涛应对双方买卖合同无效承担主要责任，其明知李玉兰是城镇居民且居住多年后反悔，李玉兰可另行起诉赔偿。2008 年 1 月，李玉兰以缔约过失责任损害赔偿向通州区法院起诉马海涛，要求其根据 2004 年的房屋拆迁补偿标准赔偿其合理信赖利益共计 48 万元损失，法院审理后认为，李玉兰在房屋买卖中所受损失，应根据出卖人因房屋拆迁补偿或土地增值所获得的利益，以及房屋原价和现价的差异产生损失等因素合理确定，经评估该房屋的市场价值约为 26 万元。据此，法院最终判定马海涛按涉案房屋宅基地区位总价的 70% 赔偿李玉兰经济损失 18.53 万元。[②]

案例 3：徐某志与叶某杰房屋买卖合同纠纷案件。原告徐某志和被告叶某杰于 1998 年 4 月 6 日将原告位于嘉定区徐行镇联民村（现为伏虎村）东毛组的三

---

① 四川省成都市中级人民法院民事判决书（2007）成民终字第 102 号［EB/OL］. http：//www. law - lib. com/cpws/cpws_ view. asp? id = 200401225153.

② 北京市通州区人民法院（2008）通民初字第 02041 号民事判决书［EB/OL］. http：//www. china- court. org/article/detail/2008/10/id/327438. shtml.

间平房作价 1.25 万元卖给被告，双方约定房款付清后所有权转移，原告配合被告自行办理房屋、土地证过户变更登记。被告叶某杰在当日付清房款后即居住使用该房屋。2008 年 11 月，叶某杰向法院起诉请求认定双方房屋买卖合同有效，并要求徐某志办理房屋及土地使用权过户变更登记；而徐某志则提起反诉，请求法院认定双方的房屋买卖合同无效，并将该房屋进行返还。一审法院经审理认为，原被告签订的房屋买卖是双方真实意思表示，考虑到原、被告双方的房屋买卖发生在国家禁止性规定出台之前且已实际履行，被告付清房款后已经实际居住使用该房屋长达十多年，从遵守诚实信用原则、体现法律公平公正以及维护社会稳定角度出发，可维持使用管理现状。据此，法院判决驳回原告徐某志的全部诉讼请求。二审法院认为，双方房屋买卖合同虽然是真实意思表示，但叶某杰不是房屋所在地村集体成员，不符合现行法律法规的规定，房屋及宅基地的过户变更登记无法得到房屋和土地管理部门的批准，也难以认定属于合法买卖。但考虑到双方房屋买卖行为已经实际完成多年，现徐某志仅提出主张返回房屋，而没有对叶某杰实际居住房屋及所受损失作出妥善处理及进行补偿，故单方面支持徐某志的诉讼请求也会显失公平，维持目前双方对房屋的居住管理使用现状并无不当，故最终维持一审法院判决。①

从上面最高人民法院和北京、上海、山东、安徽等地方高级法院的会议纪要、指导意见、实践中各地法院审判的实证数据分析和具体案件来看，单从受让人角度包括以下三种类型：

（1）受让人为本农村集体经济组织成员。即农村本集体经济组织成员之间的住房买卖，买卖双方均为农民，买受人本身就是房屋所在地村集体的成员，避免了宅基地使用权不能转让的障碍，司法实践中基本认定该种买卖行为均为有效。

（2）受让人为外村集体经济组织成员。即外集体经济组织成员与本集体经济组织成员之间的住房买卖，法律法规及政策始终未作出明确规定。从近年来的审判实践来看，对此类案件以无效为原则，以有效为例外。实践中例外情况主要包括以下四种：不同村集体成员之间的住房买卖，如果经过住房所在地村集体同

---

① 上海市第二中级人民法院民事判决书（2011）沪二中民二（民）终字第 11××号［EB/OL］．http：//www.5yaodao.com/anli/552.html.

意买卖的；或受让人最终取得了住房所在地村集体成员资格的；或受让人已取得宅基地使用权证和房屋产权证的；或受让人因遭受地质灾害导致原址住房拆除后无房居住而在异地买房的，一般认定为有效。

（3）受让人为城镇居民。即本集体经济组织成员与城镇居民之间的住房买卖，主流裁判或大多数法院都认定为无效合同。主要理由有以下三点：一是农民房屋买卖必然涉及宅基地使用权的转让，这是现行法律法规所禁止的；二是宅基地使用权是集体经济组织成员享有的特定身份性权利，涉及农村居民的基本生存和居住保障；三是农民住房买卖中土地和房屋管理部门不予办理产权证书变更登记，受让人无法获得所有权。当然，因出卖人出于土地征用、土地增值、房屋拆迁而违背合同自由和诚信原则的行为，大多法院在判决合同无效的同时，认定出卖人对造成的损失应承担主要责任，受让人承担次要责任。还有一种较为特殊的情况是，受让人为集体经济组织以外成员的，双方住房买卖已实际履行完毕，且受让人对该房屋长时间实际居住、管理和使用的，法院可以对该买卖合同的效力不作表态，认可受让人对该房屋的使用现状以及继续居住、使用和管理的权利。如案例3中上海部分法院的做法。

当然，现有限制农民住房交易转让范围的规定以及导致司法实践中出现的大量纠纷也反映了我国农村发展中深层次的社会问题：一是房地一体问题。现行法律明确规定宅基地属于农村集体所有，而宅基地上建造的房屋则归农民个人所有。由于房与地的一体性，农民住房转让时宅基地的权益如何实现是个很大问题，实际上是限制了宅基地使用权流转从而限制了农民住房的转让范围。二是村民自治与行政管理的矛盾。现阶段，乡镇政府对村民委员会和村民行为的控制力已经大不如前，由于国家实行村民自治，从而导致行政管理对村民社会的影响力和渗透力也在逐步减弱，这就导致了虽然国家明令禁止农民住房对外转让，但缺乏相应的管控和制裁措施。许多村民私下将住房卖给外村人或城里人，集体经济组织管理人员由于邻里熟人关系和风俗习惯无法管理，而乡镇行政机关由于距离较远也无法监控，导致农民住房对外私下转让愈演愈烈，并引发大量纠纷。三是集体利益和个人利益之间的矛盾。当前引发农民房屋对外转让纠纷的主要原因其实是利益之争，最根本的又是宅基地利益之争。按照现行法律规定，农民只拥有宅基地用益物权的占有使用和部分收益权，农民一旦将住房出卖，地上房屋收益部分归农民个人所有，但因宅基地增值而引发的收益部分如何在村集体和农民个人之间分配争议较大，从而引发纠纷。实践中农民将住房对外转让的收入全部归自己所有，因未给村集体经济组织分享宅基地收益，在涉及房屋过户、户口迁入等问题上遭到百般阻挠，进一步加深矛盾和纠纷。

三、农民住房抵押权实现中受让人限制的缺陷分析

现有农民住房转让受让人范围的限制性规定，导致了纠纷难以处理，村集体内部无人愿买，损害了农民的财产权益，同时也违背了平等公平原则。

（一）现行规定导致了农房纠纷难以处理

目前，我国对农民住房和宅基地使用权进行调整的法律法规数量较少，还没有一部专门调整农民住房和宅基地方面的民事法律，仅靠《民法典》物权编、《土地管理法》《土地管理法实施条例》中的少部分规范进行调整，而这些较少的条文仍然较为原则，操作性不强。现行的法律法规中对农民住房的买卖并没有明确禁止，只是对宅基地使用权的转让作了明确禁止规定。而国务院的政策规章却明令禁止农民住房向本集体经济组织以外的成员转让，使得法律法规与政策规章之间出现了冲突。现实生活中，随着城镇化进程的加快和城乡融合发展战略的推行，近年来，城镇居民和非本集体经济组织成员之间购买农民住房的现象越来越多，由此产生的住房转让纠纷也越来越多，特别是在经济发达地区和大中城市郊区呈现日益上升趋势。浙江温州市瑞安市人民法院 2002~2005 年 4 月共受理农民住房买卖纠纷案件 174 件，从 2002 年的 13 件，2003 年的 29 件，2004 年的 97 件，到 2005 年 1~4 月的 35 件，上升幅度较大。温州市瓯海区人民法院从 2003 年至 2005 年 4 月，共受理农民住房买卖纠纷案件 119 件，而从 2005 年开始，此类案件呈现出快速增长趋势。[①] 但从 2004 年底国务院《关于深化改革严格土地管理的决定》颁布后，温州地区的国土资源管理部门开始停止办理农民住

---

① 郑永胜，鞠海亭，郑文平. 农村房屋买卖：是耶，非耶？——农村房屋买卖纠纷案件的调查与思考［N］. 人民法院报，2006 - 02 - 21 (12).

房转让后的土地使用权变更登记，瑞安市法院受理的此类案件数量急剧下降。从2010年后温州两级法院受理农房买卖纠纷案件的情况看，此类案件又出现了重新抬头并快速增长的新趋势。[1] 据北京市怀柔区人民法院的一项调查，涉诉的农民住房买卖案件中发生在城镇居民与农民之间的占75%，而这些纠纷在全部农民住房买卖案件中占比不足10%，这些案件七成以上都按无效判决，但社会效果并不理想。[2] 此类案件中大多是出卖人受到利益驱使，通过诉讼来确认买卖无效，由于各地法院对涉诉案件性质、法律政策规定、实际社会效果认识和理解不一，甚至出现了同案不同判的现象，严重损害了法律的严肃性和权威性。法院如果判决无效，则支持了明显的恶意的出卖方，严重损害了诚实信用和公序良俗的社会根基，社会效果并不理想；法院如果判决有效，则明显与国家政策不相统一，由于相关部门不予过户导致很难执行，也易诱发不稳定因素。因此，农民住房买卖纠纷使得司法审判陷入了现实与理性的两难境地，如何保持司法裁判与国家法律法规政策的一致性，兼顾法律效果与社会效果的统一仍需要深入研究。

（二）现有规定出现了集体内部无人愿买

由于农村集体经济组织成员都可以通过申请无偿获得宅基地而建造房屋及附属设施，因此对农民住房买卖时受让人为本集体内部成员的限制性规定导致了无人愿买的现象。司法实践中从各地法院受理的农民住房买卖纠纷案件来看，也主要集中在向城镇居民和外村农民出售住房的情形中，本集体经济组织成员之间的住房买卖相对较少。除非特殊情况，同村的村民很少有人愿意购买本村的宅基地和房屋，因为他们仍然可以无偿分配到宅基地而建房，没有买卖别人住房的需要。他们的子女即使成家之后留在农村，依然还可以再无偿申请宅基地建房，现行的宅基地制度设计既然允许领取"免费的午餐"，那么为何还要掏钱去购买别人的住房呢？据笔者在陕西洋县谢村村、下溢水村、范坝村三个村的调研来看，本村内部买卖房屋的仅有2例，大部分为外村农民买卖和少部分城里人买卖。笔者认为本村内部买卖住房的特殊情况主要有以下两种：一是家里子女较多，分家

---

[1] 鞠海亭，郑文平. 温州农村房屋买卖纠纷案件的调查与思考［J］. 法治研究，2011（3）：47－52.

[2] 李松，朱雨晨，黄洁. 北京法院调研建议允许农村房屋产权流转［N］. 法制日报，2008－12－07（8）.

单过时向村里申请宅基地，可村里或小组已无宅基地可划，只能在村里或本组寻找已进城或有两处住房的人家买房，买到房屋后大多拆旧建新；二是自家住房位置偏僻、交通不便或因其他原因，想换到交通便利或位置较好的地方，正好村内有这种住房买卖，在条件和资金允许的情况下进行房屋买卖，买到好房后大多会择机将原来的房屋卖掉。此外，很难发现村子内部的房屋买卖案例，加上农民的收入所限和祖传老宅的因素，农民即使有钱大多也会在原宅基地上拆旧建新，而不会去买别人的住房。因此，现行的农民住房在村集体内部转让的规定几乎形同虚设，出现了农民住房村内无人愿买的现象。

（三）现有规定损害了广大农民财产权益

我国现有关于农民住房只能在内部进行转让的规定，虽然目的是为了保护农村土地资源，保护日益紧缺的耕地，保护农民的利益，但这一规定却严重损害了农民的财产权益。城镇居民到农村购买住房，并非为其他用途，大多只为居住。农民住房是其私人财产，受法律保护，农民对其房屋有完全的所有权，有权进行处分。农民在处分自己房屋时，作为一个正常的或理性的经济人，是肯定要经过权衡利弊和深思熟虑的，如果自己没有地方居住，谁会随便将自己的房屋卖掉？加之农村中也有由于继承和其他原因合法取得导致"一户两宅"的现象。因此，农民自己决定房屋买卖是合情合理的，也符合社会资源最大化利用的原理。特别是农民住房是其最大的财产，在农民进城的过程中，房产的变现才可能支撑农民在城镇买房或减轻在城镇买房的压力。而现行的限制性规定使农民住房很难变现，不但使农民对自己房屋财产的所有权达不到圆满状态，而且还会使农民的房产一直处于静态的"死产"状态，不能最大化实现其住房的价值，最终还会损害农民的财产权益。

（四）现有规定违背了法律公平平等原则

禁止和限制村集体以外的农民和城镇居民到本村购房违反了公平和平等原则。公平原则要求在民事活动中要有公平态度，交易过程尽量公平，交易结果及纠纷解决也要符合公平正义。平等原则指民事主体在民事活动中都具有独立的法律人格，平等的法律地位，同等的法律保护。农村居民和城镇居民在住房买卖问题上却出现了主体地位形式上平等实际上却并不平等的现象。一方面，现行法规没有限制农村居民到城镇买房，但是却禁止城镇居民到农村购买农民房屋，这对城镇居民来说是不公平的；另一方面，城镇居民可以不受限制地任意处分其房屋，而农民处分其房屋只能在村集体内部流转，实际上是剥夺了城镇居民与农村居民对属于他们自己住房财产的平等处分权利，对农民也是非常不公平的。① 我国的土地所有权分成国家所有权与集体所有权两种，虽然城镇居民的住房是在国有土地上建造的，农民的住房是在集体土地上建造的，但是城镇居民和农村居民对他们拥有的房屋的所有权并无二致。农民可以到城市买房居住，城镇居民不可以到农村买房居住，这不仅仅是对城镇居民的不公平，更是对农民利益的损害。农村居民和城镇居民在法律上地位平等，其对自己财产的所有权也是平等的。城镇居民对自己房屋拥有处分权，可以通过自由处分使其转化为现实的资本，而法律对农民自己最大的财富的房屋所有权却有着诸多的限制，这不仅与法律的公平和平等原则相违背，也违背了保护农民利益的立法宗旨。

（五）现有规定阻碍了农村经济市场发展

在社会主义市场经济日益发展和完善的今天，任何限制或者垄断市场的行为都是不可取的，人为地将农民房屋转让从全国统一大市场中分离出来，限定交易主体，缩小交易范围，运用行政手断进行人为干预，更谈不上公平和公正。严格限定农民住房交易范围的严重结果就是导致农房交易价格非常低廉，无法体现房屋的真实价格，交易的数量也非常少。这种行政行为不但严重背离了作为市场发挥调节作用的正常运作规律，也在一定程度上限制了农民以其住房来进行抵押贷款的融资手段。其结果就是导致大量农民房屋空置、闲置甚至毁坏，私下交易流行，农民住房交易得不到法律保障，农民住房财产缺乏法律保护，最终还是损害了农民的切身利益，进一步加大了农村居民和城镇居民的收入差距，也在一定程度上阻碍了农村经济的市场化发育，破坏了交易秩序的安全和稳定。农民因不能自由处置自己的合法财产，在客观上也为广大农民走出农村进一步融入城市生活设置了障碍，不利于农村居民与城市居民的双向自由流动，导致了农村和城市之间的人口出现单向流转现象，使得城市的人口越来越多更加拥挤和农村的资金更加匮乏，不利于农村经济的市场化发展，也不利于乡村振兴战略的推行。

---

① 蔡永飞. 不宜用法律为城镇居民购置农村宅基地设限 [N]. 中国改革报, 2006-09-06 (6).

四、农民住房抵押权实现中受让人
范围扩大的国内实践

目前在实践中虽然开展农民住房抵押贷款试点的地方较多，但在农民住房转让时突破现行规定放宽受让人范围的案例并不多。面对农民住房抵押转让或买卖的数量增多以及由此形成的隐形市场，地方政府的态度仍是慎之又慎。因为地方政府一方面要防范由此类纠纷引发的社会不稳定风险，另一方面也担心因违反政策之嫌而面对上级政府尤其是中央政府态度变化引发的问责。

根据笔者调研以及对各地农民住房抵押试点地区农房转让或买卖的公开资料搜集分析，发现只有浙江省、安徽省等地在农民住房抵押权实现或转让时受让人范围上有所突破。目前将农民住房抵押权实现时受让人范围放宽最大的要算义乌市了，义乌市将农民住房转让时受让人范围放宽到了全市范围内农村集体经济组织成员。① 温州市和台州市将农民住房转让时受让人的范围放宽到了县域内的农民。温州市中级人民法院在执行农民住房转让纠纷案件时，经过多次沟通协调，直到 2007 年 4 月最终温州市国土局接受了司法处置农房时的集体土地使用权变更登记，但要求受让人必须是同一个县（市、区）内具有农业户口的人员。也就是说，司法处置农民住房的买卖双方必须都是温州同一个县（市、区）内的农民。② 2009 年 6 月 2 日，台州市出台规定"农民住房抵押权处置的受让对象为台州市范围内的农业户口人员"。③ 而宁波市和丽水市在农民住房转让时受让人的范围上比较有弹性。2009 年 10 月 21 日，宁波市出台规定"在不改变农民房屋土地性质前提下，允许抵押的农民住房在一定区域范围内流转变现，并规范农村住房转让行为，提高农村房产转让变现能力"。④ 2013 年 11 月 26 日，丽水市出

---

① 参见《义乌市农民住房财产权抵押贷款试点实施办法》第二十九条。
② 王小乔. 温州乐清：农房买卖踩着红线走钢丝 [N]. 南方周末，2014 - 11 - 27 (2).
③ 参见《台州市人民政府办公室关于开展农村住房抵押贷款试点工作意见的通知》（台政办发〔2009〕50 号）。
④ 参见《宁波市农村住房抵押贷款试点工作实施意见》（甬政办发〔2009〕248 号）。

台规定"抵押的农民房屋变现时，允许在房屋所在区域范围内流转，本村集体经济组织及其成员在同等条件下有优先购买权"。① 安徽省宣城市宣州区则规定，农民住房抵押权实现时，变卖或拍卖的农民住房，受让人为宣州区户籍居民。②

农民住房转让时受让人范围的放开涉及宅基地的问题，受制于"房地一体"的限制，各地在实践中不敢贸然突破。2015 年 11 月 2 日，中共中央办公厅、国务院办公厅发布的《深化农村改革综合性实施方案》中指出：探索宅基地有偿使用和自愿有偿退出机制，探索农民房屋抵押担保转让的有效实现途径。如果宅基地的问题不解决，那么农民住房抵押权实现转让时仍面临难以变现的障碍。因此，应在全国试点县中尽快选择部分县市将"宅基地有偿使用和自愿有偿退出"作为重点任务试点，一是探索宅基地有偿使用的条件和方式，二是暂停农民房屋不得向城镇居民出售政策，积极稳妥探索完善农村宅基地制度，为农民房屋抵押贷款顺利实现创造条件。2018 年 12 月 23 日，国务院向十三届全国人大常委会第七次会议做的《关于全国农村承包土地的经营权和农民住房财产权抵押贷款试点情况的总结报告》中指出：截至 2018 年 9 月末，全国 59 个试点地区农民住房抵押贷款余额 292 亿元，累计发放 516 亿元，同比增长 48.9%。但同时也指出，在自愿有偿退出或转让宅基地的实践中，集体经济组织内部很难找到符合条件的受让人，农民住宅流转受到较大限制。③

五、农民住房抵押权实现中受让人放开的
必要性与可行性

现行有关农民住房转让时对受让人的限制性规定存在许多缺陷，随着新型城镇化进程的加速和城乡融合发展战略的推进，将来会有越来越多的农民进城居

---

① 参见《中共丽水市委办公室　丽水市人民政府办公室关于进一步促进农村住房抵押贷款工作的实施意见》（丽委办发〔2013〕91 号）。

② 参见《宣城市宣州区农民住房财产权抵押贷款试点实施方案》第三部分第六条。

③ 国务院关于全国农村承包土地的经营权和农民住房财产权抵押贷款试点情况的总结报告［EB/OL］．http：//www. npc. gov. cn/npc/c12435/201812/2067ecc784a8437cbe8780a32bcf48ac. shtml.

住，不管是解决进城居住的资金还是发展农村的经济，都应该放宽农民住房转让时的受让人范围，为农民住房变现发挥其财产价值提供条件。同时，随着乡村振兴战略的推行，也会有越来越多的城里人到农村居住，或向往农村优美的生态环境，或到农村创新创业发展乡村产业，都需要房屋居住。浙江义乌市在农民住房抵押权变现时将受让人的范围放宽到全市域内的农民已是对现行政策的一大突破，但作者认为应将农民住房抵押权实现时受让人的范围完全放开，包括城镇居民在内的所有人都可以不受限制地进行买卖，农民住房转让时完全放开受让人范围有其必要性和可行性。

（一）农民住房抵押权实现中受让人放开的必要性

1. 城乡一体化快速发展的现实需要

根据国家统计局公布的数字，截至 2019 年底，我国城镇化率达到 60.60%，[①] 已经进入到城镇化快速发展的中后期。根据《国家新型城镇化规划（2014—2020）》的目标，我国城镇化率到 2020 年将达到 60% 左右，实际上已经提前 1 年完成了预期目标，这就意味着有更多农村居民会到城市居住和生活。同时，国务院提出要着重解决好现有 "三个 1 亿人" 问题，即促进约 1 亿农业转移人口落户城镇，改造约 1 亿人居住的城中村和棚户区，引导约 1 亿人在中西部地区就近城镇化。[②] 仅仅就落户城镇和就近城镇化的这 2 亿人口难度就很大，因为钱从哪来？在经济进入新常态，城市商品房库存加大的形势下，政府即使提出来通过补贴引导进城农民买房，而补贴毕竟是少部分，大部分仍需要买房农民自己负担。不考虑进城农民就业和其他因素，光买房居住就需要很大一笔资金，农民最大的资产就是建在农村的房屋，如果不放开农民住房转让的范围，允许城镇居民购买，那么落户城镇和就近城镇化就很可能成为一句空话？改革开放四十多年来，经过市场经济的洗礼，现在的农民已不是守着自己的一亩三分地过着男耕女织生活的守旧农民了，他们已变成了有着新型农民身份的理性经济人，农民不到万不得已肯定不会出卖自己的农村住房。近年来，农民子女考取大学毕业后在城

---

① 统计局：至 2019 年末我国城镇化率为 60.60% ［EB/OL］. https://finance.sina.com.cn/china/gncj/2020 - 01 - 17/doc - iihnzahk4671933. shtml.

② 今后一个时期着重解决好现有 "三个 1 亿人" 问题 ［EB/OL］. http：//news.xinhuanet.com/politics/2014 - 03/05/c_ 133162078. htm.

里安家落户和打工者赚到钱后在城里买房而举家搬迁脱离农村的现象已相当普遍，加之由于继承等合法原因形成多处房产的也大有人在，尽快处理这些房屋为进城居住减轻资金压力往往成为他们的首选。而许多城里人为了环境、休闲、娱乐而购买农民住房已不是什么新闻，在一些发达地区还较为普遍。一方面是农民住房需要出卖，另一方面是城里人想到农村买房，有需有供，为何仍要禁止呢？在农民住房转让的问题上，现在是需求端较为旺盛，而供给侧则是相对封闭的，加大供给侧改革的重点是要推动新型城镇化与新农村建设协调发展，促进乡村振兴和城乡融合发展，只有取消供给侧不符合市场需求的限制性规定，才能形成需求和供给相互畅通的新机制。城乡一体化应是双向流动的一体化，而不仅仅是单向的只流向城市。党的十八届五中全会提出的"创新、协调、绿色、开放、共享"的五大发展理念是关系我国改革发展全局的一场深刻革命，其意义和影响将十分深远，"而城乡协调发展的最高境界就是要让人们能在城市与农村之间自由选择"①。限制城镇居民或者使失去集体组织成员身份的农民在农村买卖房屋，无疑是禁止其进入或者回到农村。如果这样下去，那么未来岂不是更多的人口都集中在了城市，而农村的振兴和城镇化如何实现呢？因此，从城乡一体化的发展对加快现代化进程，促进经济结构升级，实现更高质量的协调和绿色发展，使广大农民共享改革发展成果来讲，允许城镇居民在农村买卖住房也是一种客观需要。

2. 农房买卖从隐形走向阳光的需要

国家不允许城镇居民到农村买房是为了保证农民的基本住房需要，防止对农民的居住造成威胁。可是现在的农村已经发生了很大的变化，不少农民进城打工，挣到钱之后都渴望在城市生活，特别是城市的工作收入、生活便利、教育医疗资源对他们的吸引力最大，有条件有能力的纷纷在城市买房。而仅靠在城市的收入很难支付城市高昂的房价，于是卖掉农村的住房便成了他们获取进城资金的首选。而农民房屋内部转让不但很难卖出去，即使能卖出去一般价格也很低。因此，将农民住房卖给外村人或城里人逐渐增多，在一些经济发达地区已经非常普遍并形成了隐形交易市场。前已述及，北京怀柔法院调查的农民住房买卖纠纷中有75%是在城镇居民与农村居民之间发生的，而这些纠纷在整个农村房屋买卖纠纷总量中占比不到10%，这也说明大量的农民住房对外转让中因为双方没有

---

① 陈锡文. 城乡协调是要让人能在城市与农村之间自由选择［N］. 中国日报, 2015 - 11 - 14 (7).

发生纠纷而客观地事实存在着。不允许农民住房进入市场，显然是维持了一种小农经济，并不利于对农民利益的保护。有需求才会有市场，有市场就应该加以引导规范，而不是一味地消极阻碍，堵只能使市场逐渐扭曲。在城镇居民强大的需求和购买力下，其购买行为得不到规范，结果只能是在以扭曲的方式满足其购房需求的同时损害农民的利益。因此，在许多地区农民住房对外转让已具相当规模并有进一步扩大的趋势下，我们应该因势利导，完全放开买受人范围，使农民住房买卖从私下的隐形市场走向公开透明的阳光市场，并将其逐步纳入法治化的轨道。

3. 体现法律平等和公平原则的需要

平等不仅是法律的价值，也是古今中外人们所追求的最重要的价值之一。我国《宪法》规定公民在法律面前一律平等，《民法典》规定当事人在民事活动中的地位平等。平等是民法的首要原则，公平是民法的重要原则之一，平等保护也是物权法的基本原则。这就要求在民事活动中，特别是在市场经济条件下任何民事活动都要遵守平等和公平的原则。随着市场经济的深入发展和新型城镇化进程的加速，越来越多的城镇居民到农村买房，也有许多农民举家迁居城市，他们大多也愿意将农村的住房出售，在此情形下双方的农房买卖是建立在公平和自愿基础上的等价交换，也是市场发挥作用合理配置资源的结果。因此，完全放开农民住房转让时受让人的范围，使农民房屋和城市居民房屋一样可以自由转让，是体现民法平等和公平原则的需要。

4. 大力增加农民财产性收入的需要

房屋是农民财产中最重要的价值最大的财产，许多农民都会将辛辛苦苦积攒的钱或打工赚的钱用在建房上。农民一旦进城，其在农村的房屋既不能有效使用，又不能自由变卖，无法实现农房的价值最大化。近年来，中央提出要通过多种措施增加农民的财产性收入，也只有围绕农民的住房才可能实现此目的。任何一项财产的真正价值要体现出来，包括两个必不可少的因素：第一是产权清晰，第二是自由交易。只有交易后才能显示出其应有的价值，农民最值钱的财产就是其房屋，房屋的产权是非常清晰的，但是不让它自由交易，那它正常的价值能体现出来吗？我们说要保护农民利益或是增加农民收入，连农民财产利益的范围都没搞清楚，如何保护和增加？农民的房屋在其财产总额中占到 80% 以上，不管是获取进城发展资金还是通过抵押贷款创业，或是发展农村经济，只有允许农民的住房自由变卖，通过公开、公平、公正的市场行为，才能使农民住房的价值真正体现出来，最大限度地增加农民的收入，也才能实现增加农民财产性收入的目的。因此，完全放开受让人的范围不仅可以大力增加农民的财产性收入，发展农村经济，还能推进城镇化的进程，促进农村的社会稳定。

5. 城镇居民对环境休闲养老的需要

农民有进城居住的愿望，而农村的田园风光和休闲生活则吸引着许多城里人，城镇居民对创业、环境、休闲、养老等多方面的需求也是放开城镇居民购买农民房屋限制的迫切需要。一是创新创业需求。近年来，随着城市经济的不景气和逐步下滑，城市就业市场逐渐趋于饱和。而随着乡村振兴战略的实施，农村却提供了更多的创新创业机会。国家也鼓励将农村闲置的宅基地和住房进行盘活用于乡村新产业新业态的发展。2019 年 10 月 15 日农业农村部发布的《关于积极稳妥开展农村闲置宅基地和闲置住房盘活利用工作的通知》中指出：鼓励利用闲置住宅发展符合乡村特点的乡村旅游、餐饮民宿、休闲农业、创意办公、文化体验、电子商务等新产业新业态，以及农产品冷链、初加工、仓储等一二三产业融合发展项目。乡村振兴最关键的是人才，农民住房不仅能够为城里人到农村创新创业提供居住，还可以盘活利用闲置住宅扩展到乡村民宿、农家乐、咖啡茶馆、书店书吧、文化创意、互联网办公、养老居住、农事体验等多样化经营性用途，为乡村振兴助力。二是环境健康需求。城市空气质量太差，雾霾天气日益增多，雾霾天气不仅影响城市交通、生态环境和日常生活，而且还严重影响着人们的身体健康。目前雾霾天气影响的不是一两个城市，而是大多数城市，影响数量之多，影响范围之广，带来危害之大都是前所未有的，治理城市生态环境和雾霾天气则是一个长期的艰巨的过程。而农村的空气质量佳，生态环境好，青山绿水的居住环境吸引着许多城里人想到农村居住和生活。随着农村交通、医疗、网络等基础设施的逐步完善，农民住房低廉的价格将具有很大吸引力。三是休闲养老需求。农村美好的景观和良好的生态更是吸引着城里人，他们想在农村购买一套住房用作休假和疗养。国家统计局 2020 年 1 月 17 日最新发布的数据显示，截至 2019 年底，我国 60 岁及以上人口有 2.5388 亿人，占总人口的 18.1%；65 周岁及以上人口有 1.7603 亿人，占总人口的 12.6%，[1] 我国已加快进入人口老龄化

---

[1]　申铖、陈炜伟. 中国大陆人口突破 14 亿［EB/OL］. http：//www. gov. cn/shuju/2020 – 01/17/content_5470247. htm.

社会。越来越多的老年人或是厌烦城市人口的密集，或是厌倦城市噪声的嘈杂，或是逃离城市交通的堵塞，或是基于中国人传统的"恋乡""还乡"情结，他们大多想离开市中心，更乐意找一块山清水秀的地方去养老。于是想进城的农村人和想出城的城里人双方形成了利益互补，达成协议买卖农民的住房。我国古代辞官或退官后还有"告老还乡"之说，而按现行的规定农民进城后是无法再回到农村的。实际上我们现在的大多数城里人都是农民的后代，如果往前追溯三代，大家都是农民。城乡一体化一定是双向流动的一体化，允许人们自由选择。在目前的社会大背景下，既然城里人到农村买房的需求这么强烈，我们应顺应这种需求，而不应该简单地加以禁止。因此，完全放开农民住房买卖时受让人的范围也是顺应城镇居民对农村环境休闲养老的需要。

（二）农民住房抵押权实现中受让人放开的可行性

完全放开农民住房抵押权实现时受让人的范围不仅有其必要性，而且从农房所有权、农村深化改革、户籍制度改革等方面来看，也有其可行性。

1. 农民对自己建造的房屋享有完整的所有权

我国《宪法》规定"公民的合法的私有财产不受侵犯"，《民法典》规定"公民的个人财产，包括房屋等受法律保护"，《土地管理法》规定"农民出卖出租赠与房屋后，不得再申请宅基地"。从现行的法律规定可以看出，法律并未禁止农民住房的转让，也未限制买受人的范围。农民住房属于其个人的合法私有财产，其对住房拥有受法律保护的财产所有权，即占有、使用、收益、处分的权利。处分权是所有权的核心，能够自由处分财产是完整所有权的主要标志。既然法律没有限制农民对其住房的处分，就不应该对受让人的范围进行限制。一是农民住房的处分权由其自由选择。放开农民住房转让时受让人的范围并不意味着农民都要将其房屋卖掉，是否出卖房屋以及卖给谁都由农民自主决定。农民也是理性的经济人，那些真正需要以宅基地上房屋为其生存依靠的农民肯定不会出卖自己的房屋，能够出卖房屋的肯定都有地方居住，不会出现我们所担心的无房可住问题。即使有极个别人因非理性不计后果地出卖房屋，那是需要通过社会保障、救助措施或其他方法解决，不能担心因为极个别人的非理性行为而限制了整个农民住房转让的受让人范围。二是放开受让人范围不损害国家利益和集体利益。宅基地本身就是建设用地，建在宅基地上的农民房屋不会影响到耕地，也不会影响国家粮食安全。对农村集体经济组织来说，城镇居民购买农民住房只是房屋主人发生了变化，受让人所享有的仅仅是对房屋的所有权，宅基地的所有权仍归原集体经济组织所有。城镇居民到农村买房仅仅只是为了环境休闲或者其他相关需求居住于农村而已，不会因为买了农民住房就会成为农村集体经济组织的一员，就要享受农民在集体经济组织的村民待遇、各种福利和社会保障，农村集体经济组织并不需要对这些城镇居民承担相应义务。因此，城镇居民购买农民住房既不损害国家的利益，也不损害村集体的利益。三是农民住房也要受到用途管制和规划管制。无论是城镇居民还是外村村民在购买农民住房后，仍应受到国家和村集体对该住房的用途管制和规划管制，不能随心所欲不加限制地对住房进行改建或扩建，如遇国家建设规划或者村镇建设规划调整而需要占用该宅基地和房屋时，应当服从国家需要和村镇建设规划的需要，并通过补偿的方式进行处理。因此，放开农民住房转让时受让人的范围从法律上讲也是可行的。

2. 农村深化改革为受让人的放开创造了条件

因农民住房转让涉及宅基地的流转，而我国对宅基地流转有着严格的限制，导致我国农民住房转让时买受人的范围受限较大。随着城市化进程的快速推进，在农村深化改革的大背景下继续封闭农村房地产市场已经不合时宜。随着《深化农村改革综合性实施方案》的实施，从政策层面来看，宅基地使用权的流转有所松动，部分县市也已经开始试点宅基地有偿使用制度和自愿有偿退出机制。从2018年开始，中央开始借鉴承包地三权分置改革对宅基地也开始探索所有权、资格权、使用权三权分置改革，落实宅基地集体所有权，保障宅基地农户资格权和农民房屋财产权，适度放活宅基地和农民房屋使用权。2019年，农业农村部也强化对宅基地的管理和积极稳妥开展农村闲置宅基地和闲置住宅盘活利用工作，[①] 继续推进宅基地改革向纵深发展。可以预见，未来会逐步放开宅基地使用权的流转，那么宅基地上房屋转让时受让人范围也就不会受到较大限制。也有学者主张，农民房屋不一定适用城市房屋的"房地一体"原则，也可以采用"房地分离"原则处理，即作为用益物权的宅基地使用权因具有身份性和保障性不得处分，但

---

① 参见《关于统筹推进自然资源资产产权制度改革的指导意见》（2019 – 04 – 11）；《关于进一步加强农村宅基地管理的通知》（2019 – 09 – 11）；《关于积极稳妥开展农村闲置宅基地和闲置住宅盘活利用工作的通知》（2019 – 09 – 30）。

存在与宅基地上的农民房屋因其拥有完整的所有权可以处分，用"法定租赁权"制度加以解决。[①] 另外，随着宅基地使用权及其上房屋的确权登记工作深入推进，在农民房屋产权清晰的前提下为其进入市场自由交易奠定了坚实基础。

3. 户籍制度改革进一步拓展了农房买卖市场

户籍制度改革服务于推动国家的新型城镇化战略，能够合理引导和较快推进农业人口有序向城镇转移，在引导农村居民特别是打工群体在城市购房安居的同时，也潜在地拓展了农民住房的买卖市场。2014 年 7 月 30 日，国务院发布的《关于进一步推进户籍制度改革的意见》提出：严格控制特大城市人口规模，合理确定大城市落户条件，有序放开中等城市和全面放开小城市及建制镇落户限制。这就意味着除特大城市外，大中城市将有序合理放开落户限制，也就意味着将有更多的农村居民到大中城市落户居住。我国常住人口城镇化率规划到 2020 年将提高到 60%，户籍人口城镇化率将提高到 45%，并努力实现 1 亿农业转移人口和其他常住人口落户城镇。2015 年 12 月 23 日国家发展改革委负责人表示：要有序化解城市商品房库存，制定实施 1 亿非城镇户籍人口在城市落户方案，加快农民工市民化进程，满足新市民住房需求，同时发展房屋租赁市场。[②] 2019 年 12 月 25 日，中办、国办印发的《关于促进劳动力和人才社会性流动体制机制改革的意见》提出，全面取消城区常住人口 300 万以下的城市落户限制。[③] 在大中城市商品房空置率居高不下的背景下，户籍制度改革可以加速城镇化进程，大批在大中城市已有稳定就业的打工群体就拥有落户的机会，在房地产调控政策、开发商降低房价、地方政府减税补贴等多重优惠政策的刺激下，购买城市房屋就成了刚性需求，而购房资金从哪儿来？卖掉农村的房屋来买城里的房屋就成了许多进城农民的唯一选择。只有放开农民住房转让的受让人范围，农民住房的价值才能真正体现出来，才能减轻或缓解进城买房的资金压力。如果仍然限制城镇居民购买农民住房的话，那么进城农民要转化为市民的难度就很大，城镇化的目标也难以实现。因此，在户籍制度改革进一步深化和城市商品房去库存力度进一步加大的背景下，也进一步拓展了农民住房买卖市场潜在的受让人范围。

---

① 杨俊，张晓云，汤斌. 深化改革背景下农村房屋买卖路径探析［J］. 中国土地科学，2015（6）：67 - 74.

② 发改委：制定 1 亿非城镇户籍人口落户城市方案［N］. 经济日报，2015 - 12 - 23（3）.

③ 熊丽. 落户大城市梦想已成真［N］. 经济日报，2019 - 12 - 27（4）.

六、农民住房抵押权实现中受让人
完全放开的具体建议

(一) 彻底放开农房受让人范围

我国要立足当前农民住房私下买卖日益增多的趋势和实际存在的问题，首先要废除现行农民住房转让受让人范围的政策性规定。建议从中央层面重新制定政策，将我国农民住房转让受让人在全国范围内彻底放开，允许农民将其所有的房屋转让给非本集体经济组织成员和城镇居民，促进我国农村房地产业的发展，逐步使农村和城市的房地产市场接轨。其次要严格限制农民住房的用途。农民住房转让的受让人只能将其用于住宅使用。随着乡村振兴战略的推行以及农村新产业、新业态的拓展，应对允许将受让房屋适当拓展到庭院经济、农家乐、餐饮客栈、电子商务等与农村农业密切关联的一些产业，不能进行大规模商业化使用。坚决贯彻"房住不炒"的基本原则，不能改建成商品房后再次出卖。如果需要对购买的农民住房进行翻建改造，只能在原建筑宅基地占用土地范围内翻建改造，不能占用和扩大到原住房以外的耕地面积范围。如果扩建改造确实需要占用耕地和其他田地面积，则需严格按照程序经过有关部门审查批准，如果未经审批就擅自增加建筑占地面积，增加的部分则为违法建筑。最后要严格服从村镇规划的需要。村镇规划从狭义的角度讲，就是指根据国家、省、市、县的经济社会发展计划与规划，结合村镇的历史、经济以及自然条件，为实现村镇经济社会发展目标，合理确定村镇的性质、规模和发展方向，对村镇布局进行协调和为各项建设制定的综合部署及具体安排。[1] 加强村镇规划建设，不仅有利于推动农村经济结构的调整，加快美丽乡村建设，而且能够促进区域经济合理布局，加快新型城镇化建设，促进乡村振兴。村镇规划建设中要保障其稳定性、统一性、连续性，避免随意性。要强化地方政府的村镇规划建设管理职责，从政府和个人两方面规

---

[1] 韩辉. 当前村镇规划建设中的问题及对策措施 [J]. 科技传播，2010 (17)：33.

范村镇建设中无序的自发行为和乱盖乱建行为，严肃查处各种违法违规建造房屋的行为。农民住房转让后，如果遇到村镇规划调整、整村拆迁、移民搬迁、集中居住等变化时，也应当服从规划调整的需要。

（二）促进农房转让的自由交易

我国目前正在推进集体建设用地使用权、宅基地使用权和农民房屋的确权登记颁证工作，明确在集体建设用地使用权和宅基地使用权登记工作中将农民房屋等建筑物或构筑物一并纳入登记，形成覆盖城乡房地一体的不动产登记体系。2014 年 8 月 1 日国土资源部等五部门发布通知，要求加快推进集体建设用地和宅基地使用权确权登记颁证工作，明确指出这是维护农民合法权益，促进农村经济社会秩序和谐稳定的重要措施；是深化农村改革，促进城乡统筹协调发展的产权基础；是建立健全不动产统一登记制度的基本内容。[①] 目前在宅基地及农民房屋确权登记推进过程中由于宅基地历史遗留问题较多，宅基地权源资料不全，宅基地面积大小不一，宅基地违法占用较为普遍，宅基地纠纷争议较多，确权登记经费保障不足，农民产权保护意识不强，相关配套政策不能及时跟上，有些地方政府观望心态严重等问题，导致全国范围内宅基地及农民房屋确权登记发证率仍然不高，地区之间进度不一，发证率不均衡。因此，加大宅基地及农民房屋确权登记颁证工作进度就显得非常重要和迫切。要形成全社会对农村宅基地及农民房屋确权登记颁证工作重要性的共识，提高对农村集体土地及房屋产权制度改革方向的认识，认真总结各地经验，出台具体指导意见。要进一步加强组织领导，制订周密计划，制定配套政策，保障经费使用，切实做好村庄宅基地地籍调查、测绘、信息化建设，全力推进宅基地及农民房屋确权登记颁证工作，尽快完成此项工作。实现农民房屋产权清晰，登记完整，保障农民的房屋权利，为农民房屋进入市场自由交易奠定坚实的基础。

（三）实现城乡住房一体化管理

1978 年开始的第一轮农村土地制度改革的核心是两权分离，最终实现了农

[①] 参见《关于进一步加快推进宅基地和集体建设用地使用权确权登记发证工作的通知》（2014 - 08 - 01）。

村集体土地所有权和家庭土地承包经营权的分离，并逐步实现了国有土地的资本化与市场化。而从2015年开始的新一轮农村土地制度改革，将重点探索和推动集体土地的资本化和市场化，并逐步确立和实现"同地、同权、同酬"的城乡土地市场一体化。① 土地和房屋同属不动产，且房屋离不开土地。城市的住房从选址、设计、建设、施工、验收到交付每一个环节都有严格的规范，制度比较健全，建筑质量有保障。而我国农民住房建设管理制度缺失，农民建房普遍"无规划选址、无地质勘察、无建筑设计、无施工图纸、无专业施工队伍、无过程监理、无质量验收。"② 怎能保证房屋的质量？其根本原因还是城乡住房管理的"二元体制"。反观美国、英国、法国、日本、韩国等国家，城市和农村的房屋质量和管理没有任何差别，实行统一的法律法规、建设标准、建设程序和管理体制。因此，建议我国对城乡住房尽快实行一体化管理。实行城乡住房一体化管理是统筹城乡经济发展的需要，是实现农民房屋与城市居民房屋产权属性和社会功能等同化的需要；也关系到人民群众对其房屋财产合法权益不受非法侵害，关系到城乡一体化和可持续发展。考虑到我国区域之间经济发展的不平衡，城乡住房的一体化管理进程必然是分阶段、分步骤逐步推进。可以先在经济发达地区和自然灾害频发地区进行试点，总结经验修改完善后，再有步骤、有计划地由点到面，逐步全面推行。一要理顺管理体制。要借鉴城市房地产管理体制，逐步完善我国农村房地产市场的管理，以城带乡，实现我国农村房地产市场规范化。要逐渐让农村房地产管理体制向城市房地产体制靠拢，实现城乡房地产管理并轨，最终实现城乡房地产一体化管理。二要制定管理制度。建议由住房和城乡建设部、农业农村部联合制定《农村住房规划建设管理办法》，对农村住房从管理机构、选址、规划、设计、施工、监理、验收、法律责任等方面做出全面系统的具体规定，进一步明确农村住房建设基本程序，从管理制度上提供法制保障。三要明确办证机构。明确自然资源部门不动产登记局是农村房屋的统一登记机关，借助信息化手段在乡镇或村设立办事处，充分利用其专业化的房产测绘、产权登记及房产档案职能队伍，按规定为农村住房办理产权证书，尽快改变目前农村住房产权

---

① 陈新建. 城镇化下"新土改"的九大趋势［N］. 中国经济时报，2014 – 09 – 22（6）.

② 周相吉. 人大代表呼吁破除城乡住房建设管理"二元结构"［EB/OL］. http：//www. xinhuanet. com//politics/2015lh/2015 – 03/12/c_ 127575179. htm.

管理混乱局面。四要健全房管队伍。房产管理人员要增强学习的自觉性，深入学习现代经济、法律、建筑、房产管理等知识，要坚持理论联系实际解决房产管理中的重大疑难问题。鼓励在房屋管理实践中学习并提高管理水平，通过举办各种形式的业务培训班和定期选送部分人员到高等院校进修的方式提高业务水平。五要完善档案管理。实行全国统一标准化的产权证书式样，对房屋的产权、产籍、档案实行标准化规范化管理。① 城乡房屋一体化管理将农民财产从土地上解放出来，逐步缩小城镇居民与农村居民的差距，为我国城乡统筹发展奠定了基础，同时也为我国农民住房自由化买卖创造了条件。

七、本章小结

通过对现行法律法规和规章政策的梳理，法律法规并未禁止农民住房的对外转让以及受让人的范围，而规章政策却一直禁止城镇居民购买农民住房。司法实践中，最高人民法院和部分高级人民法院的会议纪要和指导意见基本保持了与规章政策的一致性。现有农民住房转让受让人范围的限制性规定导致了纠纷难以处理，村集体内部无人愿买，损害了农民的财产权益，违背了平等公平原则，阻碍了农村经济市场化发展。在对受让人放宽的地方实践中，只有浙江义乌将受让人的范围放宽到市域内的农民，大多试点地区只放宽到县域内的范围，这已是对现行政策的一大突破。但作者认为我们应用历史的眼光、开放的眼光、发展的眼光来看待农民住房自由处分的问题，应将农民住房抵押权实现时受让人的范围完全放开，包括城镇居民在内的所有人都可以不受限制地进行买卖。城乡一体化的快速发展，农房买卖从隐形走向阳光，体现法律平等和公平原则，大力增加农民财产性收入，城镇居民对环境休闲养老的需要等多方面已说明放开受让人范围是必要的。而且从农房对房屋拥有完整所有权、农村深化改革、户籍制度改革等方面来看，放开受让人范围也是可行的。因此，建议修改现行农房转让规定，彻底放

---

① 余斌. 浅析房产管理城乡一体化的现状与对策［J］. 成都电子机械高等专科学校学报，2005（2）：79－81.

开受让人范围；加快农房确权登记进度，促进农房的自由交易；改革城乡房屋管理体制，最终实现城乡住房的一体化管理。

当然，现行规章政策一直未放开城镇居民购买农民住房的主要担心仍是农民房屋占用范围内的宅基地问题，这是问题的主要症结所在。在农村社会保障体系未完全建立和宅基地制度改革未完全市场化的背景下，现行宅基地的制度设计有其正当性和合理性。但宅基地分配时的身份性和福利性，并不能完全否定宅基地使用权作为一种用益物权的财产属性。作者坚持认为农民住房转让时受让人的范围完全放开，应在现行法框架下通过"房地分离"的制度设计，使宅基地之上的农民房屋在流转后，受让人在取得房屋所有权的同时，与宅基地使用权人建立"法定租赁权"关系，也即出卖房屋的农民并不丧失宅基地使用权，以此来解决农民住房转让中"房地关系"的主要矛盾，这也是下章所要重点展开论述的问题。

第五章　农民住房抵押权实现中
"房地分离"的制度构建

由于我国城市中房屋转让采取"房地一体"原则，而农民住房由于宅基地的成员身份和福利保障性质短期内无法实现对外自由流转，那么农民住房的抵押转让能否采取"房地分离"模式呢？即受让人只取得房屋的所有权，而对房屋占有范围内的宅基地与农民形成租赁关系，以此来解决农民住房受让对象完全放开背景下房地关系的构建。本部分通过对土地与房屋的关系及其国外的立法例考察，在论述"房地一体"形成与发展的基础上，重点对日本和我国台湾地区"房地分离"制度进行考察和分析，论证我国农民住房转让采取"房地分离"原则的必要性与可行性，并对"房地分离"模式下"法定租赁权"的制度进行了具体设计，为我国现阶段农民住房抵押贷款试点工作的顺利开展提供理论基础。

一、土地与房屋的关系及其立法例考察

人类社会的生产生活无法离开土地与房屋，土地和房屋一直以来都是人类社会最基础、最重要的财产。土地是一切生产和一切存在的源泉，是人类不能出让的生存条件和再生产条件。《汉书·货殖列传》中就有"各安其居而乐其业"的说法。因此，世界各国都在立法上给予土地与房屋极大的重视和关注，甚至大多数国家还专门对土地与房屋单独立法进行管理和规范。人们一谈到土地，大多会先想到土地上面有没有房屋，以及土地和房屋的关系。从自然属性和物理形态上看，所有房屋都必须建造在一定的土地之上，房屋无法脱离土地而变成"空中楼阁"。以前，不动产的范围主要是土地。随着人口的逐渐增加和聚集，在

土地上建造房屋的现象越来越普遍，也就产生了土地与房屋的关系问题。一般情况下，土地大都能够单独存在，但建造有房屋的土地一般来说价值更大，特别是在现代大城市土地商业化综合化利用下的房屋，已经成为不动产价值的最典型特征。

土地和房屋的关系较为复杂，主要是由土地和房屋在物理属性、经济状态和法律关系等方面的复杂性导致的。（1）在属性方面，两者相互依存。任何房屋都必须建立在一定土地之上，房屋不可能脱离土地而存在；如果土地上没有建造房屋，则土地的利用价值和使用效率就会大大降低，土地为人们提供住所和居住的功能也会大大减弱。（2）在开发方面，两者相继进行。土地开发与建造房屋总是相伴而生，同时进行，建造房屋前必须对土地进行开发，而土地开发大多数情况下往往以建造房屋为其目的。（3）在价值方面，两者价值可分。房屋的价值包括土地自身价值和房屋建造成本两部分，房地产的经营活动中现有的技术和手段能够对土地和房屋单独计价、综合评估。（4）在作用方面，两者密切联系。土地是建造房屋的基础载体，而房屋大多数又是土地的用途体现和最终目标，土地和房屋关系密不可分。①

尽管土地和房屋在物理属性上具有不可分割的紧密关系，但土地与房屋的关系在法律意义上有不同模式。特别是针对土地与房屋是否能够成为各自独立物，由于各国的法律文化、法律传统和风俗习惯的差异，从比较法角度看有两种不同的立法体例。一是一元主义模式，也称为结合主义或统一主义，即一般认为房屋不能作为单独不动产，而是土地吸附房屋，房屋只能是包含在土地中的一个组成部分，土地和房屋之上只能成立一个土地所有权，作为房屋不能成立单独所有权。这种立法模式最早起源于罗马法，是以民法的添附制度为理论基础，也受罗马法中所有权绝对原则的较大影响，被后世的德国、法国和瑞士等大陆法系国家继承。另外，德国还根据城市人口大量聚集和居住而导致的土地紧张以及随着住宅公寓化的快速发展，单独制定了《地上权条例》与《住宅所有权和长期居住权法》，逐步赋予房屋作为独立的物权，改变了房屋绝对地附合于土地所有权本身的事实。可见，德国住宅地上权和住宅所有权制度的设立对于现代社会生活中

---

① 赵红梅. 房地产法论［M］. 北京：中国政法大学出版社，1995：6.

处理好土地与房屋关系具有重要的借鉴意义。① 二是二元主义模式，也称为分离主义或分别主义，即法律上承认土地和房屋为各自独立的物，土地和房屋可以各自成立土地所有权和房屋所有权，日本与我国台湾地区《民法典》均采用此种体例。一元主义与二元主义各有优点：一元主义确保了房屋的土地权源，使土地和房屋间的法律关系大大简化，促使不动产登记更加便利和更有效率；二元主义便于土地和房屋价值的各自实现，满足了权利人不同的权利需求，提高了物的流转效率。②

我国实行土地的公有制制度，土地的所有权根据法律规定只能由国家和集体享有，其他任何主体都不能享有土地所有权，土地所有权也不能进入产权市场进行交易。而土地上修建的房屋的所有权可以由法人、自然人以及非法人组织私人所有，房屋所有权主体并没有特殊限制。从所有权层面来看，便形成了土地和房屋为各自不同不动产的立法条例。在国家和集体层面，土地与房屋的所有权是一致的，但对国家和集体以外的房屋所有权人而言，却不能拥有房屋占用范围内的土地所有权，这就引发了房屋所有权无正当土地权源的问题。为了破解这一问题，我国在 20 世纪 80 年代改革开放之初借鉴经济领域"所有权"与"经营权"两权分离理论，创造性地在土地制度领域也创立了"土地所有权"与"土地使用权"两权分离理论，设置"土地使用权"来解决国家和集体以外的房屋所有权人占用土地的权源问题。随着实践情况的发展和理论研究的深入，到 2007 年《物权法》对土地的权属又采用了城市和农村的划分，最终采用"建设用地使用权"和"宅基地使用权"来取代早期的"土地使用权"概念，使土地和房屋间的利用关系协调顺畅。可以说，这种土地制度体系设计既参考和借鉴了其他国家和地区成熟的立法模式与体例，又体现了我国在特定历史时期的现实国情和特点。③

---

① 苏斐. 我国土地与建筑物关系立法完善 [D]. 河南大学硕士学位论文，2012：16 - 17.
② 段则美，孙毅. 论土地与地上物关系中的分别主义与一体主义 [J]. 苏州大学学报（哲学社会科学版），2007 (6)：46 - 49.
③ 高圣平. 土地和建筑物之间的物权利益关系辨析 [J]. 法学，2012 (9)：36 - 44.

二、我国"房地一体"的形成与理论基础

（一）"房地一体"的内涵与特征

从立法模式上看，我国对土地与房屋适用的是二元主义立法模式，鉴于国家和集体以外的主体不能拥有土地所有权，最终我国土地与房屋形成了城市和农村不同的关系，即在城市形成了房屋所有权与建设用地使用权之间的关系，在农村形成了房屋所有权与宅基地使用权之间的关系，以此来破解房屋占用范围内土地的正当权源问题。同时，为了避免房屋转让时出现与建设用地使用权或宅基地使用权主体不一致的情况，从而出现土地与房屋法律关系的复杂化与权利冲突，我国在房地关系上确立了"房地一体"原则，又称为"地随房走"或"房随地走"，即转让房屋时，该房屋占用范围内的建设用地使用权跟着一同转让；转让建设用地使用权时，该土地上的房屋所有权跟着一同转让；使房屋所有权与建设用地使用权的主体保持一致。由此确立了我国土地与房屋的特色制度，在立法上虽然采取房地分离模式，却坚持房地一体处分原则。[①]

"房地一体"的主要特征体现在以下两个方面：（1）主体同一。这是对"房地一体"从静态方面做出的规定，即在权利归属上，一般情况下房屋所有权与建设用地使用权或宅基地使用权的主体保持一致，或者说房屋所有权人当然享有房屋占用范围内的建设用地使用权或宅基地使用权。（2）一同处分。这是对"房地一体"从动态方面做出的规定，即在权利处分上，一般情况下应对房屋所有权与建设用地使用权同时处分，这种处分也包括抵押在内，抵押权变现也是抵押物的处分。但是仅仅抵押建设用地使用权的，抵押后土地上新增房屋不在抵押权范围之内，在抵押权实现时需要将新增房屋一同处分，只是抵押权人无权优先受偿新增房屋的价值部分而已。

---

① 房绍坤. 物权法用益物权编 [M]. 北京：中国人民大学出版社，2007：184.

（二）"房地一体"的形成与发展

我国在政策上对"房地一体"的规定最早可以溯源于最高人民法院在1984年颁布的《关于贯彻民事政策法律若干问题的意见》中第六十四条的规定。① 1988年，宪法修正案第一次明确了土地使用权有偿转让制度，1990年实行的《城镇国有土地使用权出让和转让暂行条例》在借鉴香港立法经验的基础上，首次在行政法规层面确立了"房地一体"原则。② 1994年颁布的《城市房地产管理法》使"房地一体"原则在法律层面得以确立。③ 1995年颁布的《担保法》也明确规定了"房地一体"原则在抵押担保领域的适用。④ 2007年颁布的《物权法》更是从基本法的角度进一步强化了"房地一体"原则。⑤ 另外，为了解决和协调房屋所有权的无期限性与土地使用权的有期限性之间的矛盾和冲突，现行法律还明确禁止租赁土地上修建永久性建筑物和构筑物，⑥ 以及当住宅建设用地使用权期限届满后自动续期的规定。⑦ 同时，为了解决土地与房屋转让时的登记问题，法律上又规定了房地处分时的登记一体主义。⑧ 至此，从司法解释到行政法规，从法律到基本法律，从转让到抵押，从处分到登记，使土地与房屋利用关系的"房地一体"原则在我国逐步确立，也成为司法实践中解决和处理房地纠纷案件的基本原则。

（三）"房地一体"的理论基础

我国房屋所有权与建设用地使用权在法律上规定为同一主体，转让房屋时其占用范围内的建设用地使用权必须一同处分。主要有以下两个原因：

1. 房依地建，地为房载

王利明认为，土地和房屋本身是不可分割的，没有土地就无法建造房屋。从

---

① 参见《最高人民法院关于贯彻民事政策法律若干问题的意见》第六十四条的规定。
② 参见《城镇国有土地使用权出让和转让暂行条例》第二十三条、第二十四条的规定。
③ 参见《城市房地产管理法》第三十一条、第四十一条、第四十七条第一款、第五十一条的规定。
④ 参见原《担保法》第三十六条、第五十五条的规定。
⑤ 参见原《物权法》第一百四十六条、第一百四十七条、第一百八十二条、第一百八十三条、第二百条、第二百零一条的规定。
⑥ 参见《划拨土地使用权管理暂行办法》第二十一条的规定。
⑦ 参见原《物权法》第一百四十九条的规定。
⑧ 参见《城市房屋权属登记管理办法》第六条的规定。

自然形态上看，土地和房屋形成了"房依地建，地为房载"。[①] 正是在自然属性上土地与房屋具有互为一体与不可分离的特征，采用房地一体原则才会避免"空中楼阁"尴尬局面的出现。[②] 朱晓喆认为，我国采用"土地所有权"与"土地使用权"两权分离制度的目的就是用来解决房屋的土地利用权问题，这就决定了一般情况下房屋所有权与土地使用权在开发利用上、市场交换上和权利归属上要始终捆绑在一起，房屋离开了土地将会导致空中楼阁，而土地离开了房屋则会失去经济目的和法律目的。[③]

2. 降低成本，减少纠纷

"房地一体"原则可以使土地与房屋的关系明晰化与简单化，便于土地和房屋的使用与经营，避免出现建设用地使用权和房屋所有权相互分离导致纠纷，节省不必要的成本。[④] "房地一体"原则进一步简化了土地与房屋之间的关系，法律制度构造上则采用强行性手段对民事主体自由转让房地产的意思自治进行规制，目的是减少甚至限制因房地分离而产生纠纷，不仅有利于自然资源和房屋主管部门提高管理效率，也便于司法实践中统一此类案件的解决。[⑤] 司法实践也证明，房地一体原则确实使法律关系进一步明确化、简单化。[⑥] 另外，鉴于建设用地使用权和房屋都有独立价值，如果在转让或抵押建设用地使用权的同时不转让房屋所有权，就会出现建设用地使用权和地上房屋所有权主体不一致的现象，导致土地与房屋关系的复杂化，进而可能引发土地和房屋之间的冲突和矛盾，对物的充分利用和社会秩序的稳定都无益处。[⑦]

---

① 王利明. 物权法研究（下卷）[M]. 北京：中国人民大学出版社，2007：60.

② 全国人大常务委员会法制工作委员会民法室编. 中华人民共和国物权法条文说明、立法理由及相关规定 [M]. 北京：北京大学出版社，2007：272.

③ 朱晓喆. 房地分离抵押的法律效果——《物权法》第一百八十二条的法律教义学分析 [J]. 华东政法大学学报，2010（1）：15 - 31.

④ 王利明. 物权法研究（下卷）[M]. 北京：中国人民大学出版社，2007：161.

⑤ 张春宁. 我国房地权利分离处分规则研究 [D]. 暨南大学硕士学位论文，2013：12.

⑥ 黄琳，姚宝华. 统一的房地分离抵押裁判规则的构建——谈物权法第一百八十二条的理解与适用 [J]. 人民司法，2013（5）：80 - 83.

⑦ 孟勤国. 物权法开禁农村宅基地交易之辩 [J]. 法学评论，2005（4）：25 - 30.

三、日本及我国台湾地区"房地分离"的一般考察

虽然在立法上我国对房地关系确立二元主义体制，但在处分和登记时却坚持房地一体原则。有学者对房地一体原则进行了批评，认为采用房地一体原则与民法关于所有权的一般原理出现冲突，违背了民法平等自愿原则，不符合效率原则，不利于房地产的转让和抵押，也不利于保护相关权利人的合法权益。[①] 在适用范围上，大多数学者认为不仅城市国有土地使用权及房屋的流转适用房地一体原则，农村集体土地使用权及其房屋的流转也同样适用。[②] 也有学者认为，房地一体原则只能适用于城市房地产的流转，而不适用于农村房地产的流转。[③]

针对房地一体原则存在的缺陷以及学界的批评，我们可从典型国家和地区的法律制度和做法中寻求经验借鉴。考察、比较和借鉴不同国家和地区的成熟法律制度，对一个国家相关法律制度的立、改、废以及完善具有重要意义。通说认为，日本和我国台湾地区在土地与房屋的关系上也采用分离主义立法模式，不仅把土地和房屋作为独立的不动产，还规定土地和房屋可以单独转让和抵押，通过设定地上权或法定租赁权的方式来规范各方的权利义务。特别是我国台湾地区于2010年3月修订了用益物权内容，其修法经验更值得我们重视和参考。当然，选择日本和我国台湾地区的土地与房屋立法进行借鉴主要有两个原因：一方面，日本和我国台湾地区对房地关系不仅采用分离体例而且还可以单独处分，这种立法体例在其他国家和地区几乎没有，具有典型性和特殊性；另一方面，日本和我国

———————

① 林平. 房地一体原则的冲突及我国的立法选择 [D]. 厦门大学硕士学位论文，2006：9 - 13；陈甦. 论土地权利与建筑物权利的关系 [J]. 法制与社会发展，1998 (6)：32 - 35.

② 江平. 物权法教程 [M]. 北京：中国政法大学出版社，2011：283；陈小君、田野、实证与法理：中国农村土地制度体系构建 [M]. 北京：北京大学出版社，2012：135；高圣平. 不动产统一登记视野下的农村房屋登记：困境与出路 [J]. 当代法学，2014 (2)：47 - 55.

③ 杨俊，张晓云，汤斌. 深化改革背景下农村房屋买卖路径探析 [J]. 中国土地科学，2015 (6)：67 - 74；彭诚信，陈吉栋. 农村房屋抵押权实现的法律障碍之克服——"房地一致"原则的排除适用 [J]. 吉林大学社会科学学报，2014 (4)：38 - 47；韩世远. 宅基地立法问题——兼析物权法草案第十三章"宅基地使用权" [J]. 政治与法律，2005 (5)：30 - 35.

台湾地区的民法都继承于大陆法系德国民法，在吸收德国法的基础上形成了自己的特色。日本与我国一衣带水，地理位置相近，我国清末制定《大清民律草案》也是学习借鉴日本民法，可以说日本民法对我国的影响较为深远；我国台湾地区"民法"特别是不动产制度方面与日本民法较为相似，而台湾又为中国之一部分，法律传统与文化与大陆相近或相同。因此，深入研究日本和我国台湾地区民法中有关土地与房屋关系的特殊规定对我国的立法完善和司法实践都有较强的参考价值和借鉴意义。

在日本民法中，土地作为所有权客体是以一区划为单位进行，范围上及于土地的上下。土地的定着物是指符合某种经济目的具有交换价值而持续依附于土地上的物，房屋就是最典型的定着物。根据日本不动产登记规则，土地和房屋均为单独的客体，所有权采取各自分开登记，任何情况下土地所有权都无法吸收房屋所有权。[①] 即使土地和房屋的所有权归同一人所有，土地和房屋也只能单独成为各自所有权的客体。[②] 这一点不同于德国法的规定，德国民法规定，如果土地上未承载他人权利时，土地所有权当然吸收建筑物所有权，这时建筑物被当成土地的一个组成部分。日本民法中的地上权是以种植竹木或拥有工作物而使用收益他人土地的权利。地上权人要向土地所有人支付定期地租或佃租，当地上权消灭时，土地所有人可以行使优先购买权。在日本民法立法过程中，地上权原本只是针对一般住宅用地，但《民法典》债权编中把所有不动产都看成租赁权的对象，导致以建造和拥有建筑物为目的而使用他人土地的权利也被纳入租赁权。这就使为了建造和拥有建筑物而利用他人土地签订合同产生的法律问题，都被纳入租赁权的范围。[③] 日本民法把地上权当成独立物权，即使地上作业物或建筑物灭失而地上权并不消灭。地上权人不受土地所有人的限制，可以自由转让或转租地上权。在日本民法中，房屋占用范围内的土地权源既可以是地上权，也可以是债权性质的租赁权。房屋与地上权一般情况下均能分别让与，但是否需要分别转让由双方当事人自己决定，只有双方当事人对单独转让没有约定或约定不明确时，才推定地上权随其房屋转让一同让与。这种分别转让主要包括以下两方面原因：一

---

① 参见日本《不动产登记法》第十四条、第十八条的规定。郭永银．日本不动产登记制度研究 [D]．山东大学硕士学位论文，2012：15.

② 邓曾甲．日本民法概论 [M]．北京：法律出版社，1995：48.

③ [日] 田山辉明．物权法 [M]．陆庆胜译．北京：法律出版社，2001：199.

是基于租赁权的物权化发展趋势而产生的；二是早期日本的房屋大多采用木质结构，房屋拆除后的剩余物一般无法再利用，加之在征税对象上法律只对土地征税，房屋并没有包括在内。因此，土地和房屋也是采用分别登记的模式。① 随着城市化进程的快速发展，日本在 1992 年颁布了修订后的《借地借房法》，对地上权制度作了较大的变动。例如，规定地上权消灭时，地上权人可以恢复土地原状，收回地上工作物和竹木。《借地借房法》还允许借地权人在借地权存续期间届满而建筑物仍有存余价值时，可以对借地权期限请求延长，借地人没有正当理由不得拒绝。当期限届满借地权人没有更新或重新签订合同时，可以请求借地人以相当市场价格购买地上建筑物。同时，日本民法为了保护土地所有人的合法权利，规定当借地人同意以市场价格购买地上建筑物时，地上权人没有正当理由不得拒绝。可见，日本民法通过规定地上权人的收回权、合同更新权、建筑物购买请求权以及借地人的购买请求权，较好弥补了因房地分离而导致的土地所有权虚化的缺陷，促进了土地的有效利用。②

我国台湾地区《民法典》中由于采取土地与房屋各自独立、互不吸收的立法体例。为了解决土地和房屋异主时房屋占用范围内土地的正当权源问题，早期民法也规定了因抵押、拍卖而导致房屋及其坐落土地的所有权人不一致时，赋予房屋所有人拥有法定地上权。我国台湾地区民法的地上权制度，基本上是借鉴和参考了日本法的地上权制度。1999 年我国台湾地区"债法"修订时增加了第四百二十五条之一，规定因买卖关系而出现房屋及占有范围内土地异其所有人时，受让人对房屋坐落的土地享有租赁权，并可进行地上权登记，租赁期限不受第四百四十九条的规定。③ 因房屋自由转让而导致土地和房屋所有权由原来一人所有变成各自单独所有时，推定此时土地所有人和房屋所有人之间成立租赁合同关系，由于这一租赁合同关系是法律明文规定的，学说上称其为"法定租赁权"。④ 2010 年 2 月我国台湾地区《民法典》物权编用益物权部分公布了修改内容，用

---

① ［日］铃木禄弥. 关于不动产物权法的日中比较研究［C］. 二十一世纪物权法国际研讨会论文集，2000；转引自屈茂辉，蒋学跃. 法定地上权探讨［J］. 法制与社会发展，2001（3）：55 - 60.
② 黄钊. 论民法上的土地与建筑物的关系——以大陆法系为研究对象［D］. 中国政法大学硕士学位论文，2004：22 - 26.
③ 参见我国台湾地区《民法典》第四百二十五条之一、第四百四十九条的规定. 刘凯湘. 法定租赁权对农村宅基地制度改革的意义与构想［J］. 法学论坛，2010（1）：36 - 41.
④ 刘凯湘. 法定租赁权对农村宅基地制度改革的意义与构想［J］. 法学论坛，2010（1）：36 - 41.

益物权修订的重点包括"修正地上权之类型与内容，展现全新之风貌"等，其八百三十八条规定因强制拍卖导致房屋及其坐落土地所有权人不一致时，赋予房屋所有人以法定地上权。① 对于"法定地上权"和"推定租赁"之间的关系，我国台湾地区学者间也有不同的认识，有学者认为推定租赁只能适用债的关系，应该分别规定推定租赁和法定地上权。② 有学者却认为，推定租赁和法定地上权之间的区别仅仅只是前者适用自由转让行为，后者适用于法院拍卖行为，只是自愿转移与强制转移的区别而已。③ 当然，不管是推定租赁抑或是法定地上权，都是为了破解房屋与其占用范围内的土地异主时的正当权源问题。但是房屋是否能够与其地上权或租赁权出现权利主体不一致，我国台湾地区民法学者之间分歧较大。史尚宽认为，地上权原则上应当与地上房屋一同转移，这是由附合原则决定的，房屋无法离开土地而存在，其经济作用的发挥只有两者结合才能完成。④ 而谢在全却认为，房屋的单独所有权并非不能与地上权各自转让，但为了保全和发挥其经济效用，应探求当事人转让时的真实意思表示，尽可能避免此类情况发生。⑤ 而在我国台湾地区《民法典》债权编修订后，学者间大多认为地上权或租赁权不能与地上房屋分离而分别转让或设定其他权利。⑥ 谢在全在其《民法物权论》修订五版中也认为：地上权的主要功能是协调土地与房屋之间的利用关系，建筑物与工作物没有办法脱离土地而单独存在，两者只有紧密结合才能发挥和体现其经济效用；但又考虑房屋所有权对基地利用权应该加以强化，以保障居住权之社会需求、土地与建筑物之各项物权复数存在之复杂性、建筑物构造因土地立体利用所生之高层化、坚固化之因素，故地上权与其工作物的转让或设定抵押权，应一并为之，以维持工作物对土地利用权之单纯性，进而避免地上工作物失去土地之利用权，违背地上权设置的目的。第八百三十八条第三项规定的"地上权与其建筑物或其他工作物不得分离而为让与或设定其他权利"应当成地上权与

① 参见我国台湾地区《民法典》第八百三十八条的规定。谢在全. 民法物权论（下册）［M］. 北京：中国政法大学出版社，2011：1249，1347.
② 朱柏松. 论房地异主时房屋所有人之土地使用权［J］. 月旦法学杂志，2000（2）：184－194.
③ 林诚二. 法律推定租赁关系［J］. 月旦法学杂志，2002（2）：109－130.
④ 史尚宽. 民法物权［M］. 北京：中国政法大学出版社，2000：198.
⑤ 谢在全. 民法物权论（上册）［M］. 北京：中国政法大学出版社，2011：370.
⑥ 温丰文. 基地承租人之地上权登记请求权［J］. 月旦法学杂志，2001（2）：10－11.

其工作物一体处分的基本原则。① 甚至黄阳寿认为，中国大陆民法上强制规定土地使用权和房屋所有权应当同时转让或抵押，房地一体颇能防止土地与房屋产权出现分离，值得吾人参考和借镜。②

通过对日本和我国台湾地区民法中房地分离、地上权与租赁权制度的考察，虽然法律文化、法律习惯、土地所有制不同，学者之间也有不同看法，但却对我国农民住房转让或抵押权实现提供了一种可参考和可借鉴的新思路。

四、农民住房转让采取"房地分离"模式的可行性

我国法律规定城市土地的所有权由国家享有，农村土地的所有权由集体享有，但民事主体不管对在国家所有还是集体所有土地上建造的房屋都拥有合法的财产所有权。由于土地所有权不能进入市场交易，所以土地和房屋的关系便形成了城乡不同的二元体制，在城市是房屋所有权与建设用地使用权的关系，在农村是房屋所有权与宅基地使用权的关系。房屋制度改革最早从城市开始，由于建设用地使用权没有身份性差异，其转让交易已经形成相对成熟的一套规则，建设用地使用权随着房屋的转让而一同转让，这在理论、制度和实践上不存在障碍。但是由于宅基地使用权的限制流转（只能在农村集体内部流转）使得农民的房屋转让显得困难重重，随之而来的就是严格管制农民房屋的转让，这就出现了农民对自己的房屋拥有"法律"上的所有权，却由于"房地一体"原则而无法进行转让。这或许是由于我国特殊的土地所有权制度设计，无法从理论上对房地分离抵押转让提供相对完善的后续制度设计，而只能从源头上对房地分离抵押转让进行控制与禁止，要求房地一体处分和最终权利人保持一致，以此来保证房屋受让人享有合法的土地使用权。③ 而《全面深化改革决定》和《两权抵押指导意见》中都提到"慎重稳妥推进农民住房抵押担保转让试点"，特别是《两权抵押指导

---

① 谢在全. 民法物权论（中册）[M]. 北京：中国政法大学出版社，2011：450–451.
② 黄阳寿. 民法总则 [M]. 作者自版，2003：314.
③ 彭诚信，陈吉栋. 农村房屋抵押权实现的法律障碍之克服——"房地一致"原则的排除适用 [J]. 吉林大学社会科学学报，2014（4）：38–47.

意见》中还提到"农民住房（含宅基地使用权）抵押贷款的抵押物处置应采取不同于商品住房的差别化规定"。这一对矛盾如何处理？如何为农民住房抵押权实现时单独处分房屋寻找法律根据？如果继续适用"房地一体"原则，则会与目前的农村住房制度改革有所背离，如果排除适用"房地一体"原则，反过来采用"房地分离"模式应是目前宅基地使用权不能完全市场化流转的背景下，既为农民住房的自由处分提供了具体路径，也为各地试点农民住房抵押贷款奠定了理论基础。作者认为，可以把"房地分离"模式当成政策中"差别化规定"，这里的"房地分离"是指农民住房抵押权实现时的房屋受让人不是本集体成员时，其只能拥有房屋的所有权，对房屋占用范围内的属于农村集体成员的宅基地使用权不能同时取得，而是取得债权性质的宅基地租赁权，从而实现农民住房的自由转让。可以说，"房地分离"模式较好地契合了现阶段宅基地使用权限制流转的政策目标，既能满足农村房屋所有权人自由转让其房屋的需要，又能充分发挥物的效用实现农民财产性收入增长和社会效益最大化的要求。笔者认为，采用"房地分离"模式破解农民住房自由处分主要有以下几点理由：

（一）维护我国农村集体土地所有制的客观需要

农民住房抵押权实现的关键是要让农房达到自由转让，在农村金融深化改革的新形势下更需要政策与法律上的突破。但是，在未来较长时期内，由于国家在意识形态领域和政治经济体制上的导向，农村集体土地所有制应是我国长期坚持的一项方针政策。农村集体土地所有制不仅有法律规定，也得到了广大农民的普遍认可。改革开放40多年来，亿万农民没有对现行农地制度提出过质疑。在农户平均经营规模较小的经济发展阶段，无论是提高农业竞争力、推进农业现代和可持续发展水平，还是减少二元经济结构转型过程中的冲突，土地集体所有制都有土地私有制不可替代的长处。我国现行农村集体土地所有制在实现形式上有很强的包容性和灵活性，这种包容性和灵活性能够使集体土地的产权结构按照适合生产力发展的要求和水平做出相应调整。试想，如果集体土地所有制是一个不切实际的农地产权制度，怎么可能使中国农业维持长达30多年的稳定持续增长？① 因此，不但农村

---

① 常青. 农地改革、农民权益与集体经济——中国农业发展的三大问题［M］. 北京：中国社会科学出版社，2015：1 - 2.

土地所有权的市场化交易不可能突破，就连农村宅基地使用权的对外自由转让也是短期内难以实现的目标。习近平总书记强调，不管怎么改，都不能把农村集体土地所有制改垮了，不能把耕地改少了，不能把粮食生产能力改弱了，不能把农民利益损害了。[①] 这"四个不能"就成了目前深化农村改革中无法跨越的底线。而要实现农民住房的抵押融资功能，宅基地使用权自由流转的问题又无法绕开。因此，在不触动和不改变农村基本土地制度的前提下，根据农村经济社会发展趋势和实现农民财产性收入增长的实际需要，通过房地分离在保留农民宅基地使用权的前提下来逐步推行农民住房抵押贷款，应是现阶段一个理性而又现实的选择，并为立法机关制定全国统一的农民住房抵押贷款法规奠定理论基础。

（二）房地一体原则只适用城市土地与房屋关系

我国现行法律对房地一体原则的规定最早来源于 1990 年实行的《城镇国有土地使用权出让和转让暂行条例》，随后颁布的《城市房地产管理法》《担保法》《物权法》均对房地一体原则进行了明确规定。从这些规定中可以看出，房地一体均是对城市土地上建设用地使用权及其上房屋所有权之间的物权利用关系进行法律调整，并没有调整农村宅基地使用权与其上房屋所有权之间的关系。特别是原《物权法》中规定宅基地使用权的条文较少且又简单，转而适用《土地管理法》等法律和国家有关规定。而《土地管理法》中一方面规定农民房屋转让后（政策规定只能村内转让），不能再次申请宅基地；另一方面却规定禁止宅基地使用权出让和转让。因此，从《土地管理法》对宅基地使用权对外转让的禁止性规定，进而从源头上对农民住房对外转让进行限制可以看出，其并没有对宅基地使用权与其上房屋让与的一体性进行明确规定。由于农民房屋是其私人的合法财产，其自由转让不应因为宅基地使用权限制转让而受到影响。这样，农村宅基地使用权与农民房屋所有权的分别转让就成为通过农民住房抵押贷款而实现农民财产性收入增长的重要现实路径之一。

（三）房地价值可分离性是实行房地分离的基础

抵押权在性质上属于为确保债权实现而在债务人或第三人特定物上设定的担

---

① 赵永平，常钦．"三农"发展"改"是动力［N］．人民日报，2016－05－25（2）．

保物权,债权无法清偿时通过变现抵押物来获得价值补偿,而无法通过获得抵押物所有权使其抵押权得以实现。因此,只要能够从价值上把土地与房屋进行分割,并通过价格评估确定其价值,房地分离转让就具备可行性。① 《民法典》物权编对建设用地使用权单独抵押的,要求抵押权实现时一并变卖地上房屋,但土地上新增房屋因为不属于抵押权标的,抵押权人只是对房屋的价值无权优先受偿而已。可见在城市房地产转让与抵押制度中,土地与房屋的价值分离与确定已无法律上的障碍。同理,随着农村集体经营性建设用地的入市流转,在土地与房屋评估技术与规则日益成熟和完善的今天,农村宅基地与其上房屋价值的分离与确定也就变得相对容易。因此,房地价值的可分离性与可确定性是推行房地分离的基础。

(四) 宅基地使用权性质是实行房地分离的根本

我国现行的宅基地使用权制度具有较强的身份性特征,它与农村集体经济组织的成员权密切联系在一起。同时,农村宅基地还把"人人有其居所"的居住保障作为其基本目标,是国家基于对农民的生存和居住保障而赋予的一种普惠性权利,具有明显的保障性和福利性,也成为我国几亿农民维系其基本生存权利的基础。② 正是由于这种身份性、保障性和福利性决定了农民房屋处分时宅基地使用权无法与其上房屋采用"房地一体"而同时转让。但宅基地使用权的这种身份性、保障性和福利性只能适用于宅基地的初次取得和分配环节,不能因此就否定了已经取得的宅基地使用权本身属于用益物权的财产性质,即保障性与财产性并不是矛盾的。这同时也说明我国现行法律在设计宅基地制度之初,就把保障功能放置在首要地位而进行优先考虑,而宅基地使用权的财产性功能几乎是被忽略或者说是被冻结的。③ 现行限制和禁止宅基地使用权自由流转的设计从名义上讲是为了确保农民的基本居住权和生存权,维护农村社会稳定,但实际上却把亿万

---

① 王直民,孙淑萍. 基于"房地分离"的农村住房抵押制度研究 [J]. 农村经济,2012 (10):22-25.

② 史卫民. 农村发展与农民土地权益法律保障研究 [M]. 北京:中国社会科学出版社,2015:153.

③ 陈龙江. 制度功能视角下农村宅基地使用权制度改革探析 [J]. 河南省政法管理干部学院学报,2008 (3):156-159.

农民禁锢在了农村土地上。随着城乡一体化的快速推进、乡村振兴与城乡融合的发展、国家层面探索农民住房抵押转让以及宅基地自愿有偿退出试点，似乎宅基地使用权对外转让有了逐步松动的迹象，但同时宅基地使用权对外自由流转短期内无法实现，如何解决这一矛盾就显得极为迫切。如果能有一种制度设计既能实现农民房屋的自由转让，又能让农民不丧失其宅基地使用权，而房地分离恰好可以破解这一矛盾，并使现行限制和禁止宅基地对外流转的理由不复存在。因此，宅基地使用权的身份性、保障性和福利性短期内无法彻底消除是推行宅基地与其上房屋分离转让的根本所在。

（五）房地分离是解决农房买卖纠纷的现实选择

由于现行法规政策限制农民住房只能在村集体内部转让，而现实生活中却大量存在着农民住房突破村内向外转让的现象，在一些大中城市郊区和经济发达地区更加突出和普遍。而一旦遇到房屋拆迁、棚户区改造、土地征收、城市建设或因为土地增值而出现房屋补偿价格远远高于原先房屋出卖价格时，在利益驱使下一些出卖人就认为原房屋买卖无效，并向人民法院起诉，从而引发了大量的农民房屋买卖纠纷。而法院在处理此类案件时大多以宅基地使用权的身份属性和"房地一体"原则以及现行法规政策规定认定买卖合同无效，这样的裁判效果使背信弃义的违约方得到了法律支持，极大损害了法律的公平性、权威性和正义性，也产生了较差的社会效果。如果采取"房地分离"模式即可破解这一问题，即宅基地上房屋所有权不论由谁受让，只要符合合同一般有效要件即可认定房屋买卖合同有效，农户的宅基地使用权并不发生转移，宅基地使用权人与房屋受让人对宅基地成立租赁合同关系，这不仅有利于农民住房财产性价值的实现，保护善意受让人的合法权益，稳定现有的宅基地权利关系，也有利于规范农民住房出卖人事后再主张无效的行为，树立良好的诚信观念和契约精神，也为解决农民住房买卖纠纷和推行农民住房抵押转让提供现实的路径选择。

五、"房地分离"模式下法定租赁权的具体制度设计

为了破解农民住房抵押权实现时的房地关系障碍，认为采取房屋所有权和宅基地使用权分离转让的模式是可行的现实选择。本节将对"房地分离"视角下法定租赁权的具体制度设计，包括采用法定租赁权形式的主要理由，法定租赁权费用的缴纳与管理，集体土地所有权人、宅基地使用权人与房屋买受人的权利关系，法定租赁权的登记，房屋买受人的权利保障，法定租赁权的用途限制，法定租赁权的消灭等问题进行深入分析研究，以期为实践中提供针对性强的具体操作建议和方案。

（一）采用法定租赁权的形式

从土地和房屋的自然属性来看，虽然宅基地和其上的农民房屋均为独立的不动产，但建造在宅基地上的农房仍然是无法脱离宅基地而单独存在，当实现农民住房抵押权时，宅基地上农房的所有权可以由任何人取得，而具有农村集体经济组织成员身份和保障属性的宅基地使用权仍然由农户保留。但考虑到任何建筑物都离不开其占用范围内的土地使用权，此时宅基地使用权人与房屋所有权人不一致的情况下，非集体成员的房屋买受人对占用范围内的宅基地使用权在法律上是否有正当权源？目前，理论上有四种不同的观点和看法：一是国有土地使用权说。即农房转让时，房屋相对应的宅基地由原来的集体所有变更为国家所有，由房屋买受人享有国有土地使用权。[①] 二是地上权说。即抵押农房实现时，宅基地使用权不跟着地上房屋一同转让，房屋买受人取得法定或约定地上权。[②] 三是地役权说。即宅基地使用权与抵押农房分离转让时，房屋受让人对宅基地享有地役权。[③] 四是法定租赁权说。即抵押农房实现时，不转移宅基地使用权，房屋受让

---

① 赵俊臣. 农民财产权抵押方案如何设计？［J］. 决策，2014（4）：36-38.

② 王卫国，朱庆育. 宅基地如何入市——以画家村房屋买卖案为切入点［J］. 政法论坛，2014（3）：92-99.

③ 冯张美. 地役权于农村房屋买卖之可行性研究［J］. 法治研究，2011（1）：56-60.

人取得宅基地租赁权。①

以上四种主张各有各的道理，特别是地上权说与地役权说还借鉴域外典型国家的相关法律进行说明和论证。由于各国的法律文化、法律习惯和法律传统不同，移植和吸收国外相关立法例需要进行本土化的改造和调整，否则就会与本国现有的法律体系和制度相冲突，带来实践中的种种问题。我国作为社会主义公有制国家，只能由国家和集体享有土地所用权，并且任何形式的土地所有权交易都被禁止，由此形成了土地使用中的所有权和使用权相互分离并采取城市和农村不同的土地二元立法体制。而国外许多国家采取土地私有制，土地和房屋的利用关系主要用来解决土地所有权和房屋所有权的关系，这和我国存在本质的区别。因此，破解我国农民住房抵押权实现时房屋占用范围内的土地正当权源问题，必须在牢牢把握农村集体土地所有制底线和宅基地使用权短期内无法对外自由转让的前提下，结合现阶段我国农村土地实际利用状况来进行制度设计，为深化改革农村土地制度提供理论依据和法律保障。总体来看，采用法定租赁权来破解房地异主时土地权源问题应是现实选择。

1. 国有土地使用权说不符合改革精神

当抵押权实现时买受人在取得农房所有权的同时，其房屋占用范围内的宅基地就由集体所有转变成国家所有，那么如何保障村集体的土地权益？长此以往，大部分农村集体土地都转化成国家所有，那就严重损害了农村集体的土地权益，因为土地是农村集体最重要最基础的资源和财产。这明显与国务院《两权抵押指导意见》中要求制定农民住房抵押物变现采取不同于商品住房的差别化规定背道而驰，不符合农民住房抵押改革的精神。

2. 地上权说会导致与现行法出现冲突

日本和我国台湾地区《民法典》中对法定地上权的规定都是为了解决房地异主时的土地正当权源问题，在房屋便卖或强制执行而出现房地异主时，房屋买受人视为在房屋占用范围内的土地上设定地上权，其范围、地租、期间、消灭均由当事人协商解决，不能协商或协商不一致时由法院判决。而土地及房屋属于同

---

① 房绍坤. 农民住房抵押之制度设计 [J]. 法学家，2015 (6)：15 - 24；彭诚信，陈吉栋. 农村房屋抵押权实现的法律障碍之克服——"房地一致"原则的排除适用 [J]. 吉林大学社会科学学报，2014 (4)：38 - 47；韩世远. 宅基地立法问题——兼析物权法草案第十三章"宅基地使用权" [J]. 政治与法律，2005 (5)：30 - 35.

一人所有是地上权设定的前提，即最终解决的是房屋所有权与土地所有权不一致的问题，房屋买受人获得的地上权与土地所有权人之间形成法律关系。而我国实现农房抵押权时与此情形却截然不同，假如采用地上权说，就等于变相承认房屋买受人取得了相应的宅基地使用权，也就是说可以处分宅基地使用权，这就导致与现行法出现矛盾和冲突。① 另外，我国《民法典》物权编立法中，经过长时间论证和讨论最终没有采纳地上权制度，由于我国政治体制和土地制度设计的限制以及现阶段农村深化改革的发展趋势决定了不会设立地上权制度。

3. 地役权说不符合地役权的设立目的

传统民法中地役权作为一种用益物权，目的是为了提高自己不动产利用效益和便利而使用他人不动产的权利。一方面，地役权设定目的是为了让需役地发挥效益。地役权需要存在需役地和供役地，一般还要求有一定的距离。而作为宅基地上房屋本身与宅基地就不可分离，对宅基地的用益在房屋建成后已经穷尽，抵押农房变现后的买受人已经无法再次利用房屋占用范围内的宅基地，对房屋的利用价值也无法提高。作为宅基地使用权人在抵押农房变现后，也不存在继续利用宅基地的可能。因此，很难说宅基地与其上的房屋之间存在地役权。另一方面，设定地役权后供役地上就有了限制或负担。因为需役地只有利用供役地上的限制或负担才可能提高自己不动产的使用效益，为需役地人带来便利。而在抵押农房变卖后，已经无法在宅基地上设定任何的负担或限制，宅基地上的房屋也没有办法再提高自身的使用效益。因此，在宅基地和其上农房之间根本就不是地役权的调整范围，也无法达到地役权的设立目的。

法定租赁权可以较好地处理和解决农房所有权与宅基地使用权的分离问题，使房屋买受人的所有权能够拥有房屋占用范围内的土地正当权源。主要有以下四点理由。

1. 转让农民房屋所有权不要求必须转让宅基地使用权

宅基地使用权是农房所有权的土地权源，宅基地及其上房屋都是相对独立的不动产，农房所有权处分或存续的唯一权源条件不一定必须是宅基地使用权。如果从宅基地使用权中能够分离或派生一种权利照样可以支撑房屋所有权的效力，

---

① 彭诚信，陈吉栋. 农村房屋抵押权实现的法律障碍之克服——"房地一致"原则的排除适用 [J]. 吉林大学社会科学学报，2014（4）：38-47.

那么农民房屋转让时就不必要求和宅基地使用权一同处分，即转让农房所有权时可以依托分离或派生的权利而进行移转。① 这种权利就是租赁权，除法律有特殊规定或者当事人有特殊约定外，在抵押农房变现时买受人仍然可以继续占有使用房屋范围内的宅基地，但同时应向宅基地使用权人支付相应对价，从权利性质上看属于租赁权，这种租赁权在房屋占有使用期限内可以不受传统租赁合同期限的限制，从而破解新的房屋买受人享有其占用范围内宅基地使用权的权利基础。

2. 租赁权的债权性质并不违反物权法的规定

租赁权的法律性质是债权，在法定租赁权的制度框架下，抵押农房变现时买受人在取得农房所有权的同时，对该房屋占用范围内的宅基地与原农户形成债权性质的"宅基地租赁权"，而不能取得拥有村民身份利益的"宅基地使用权"，房屋买受人可以继续占有和使用该宅基地，从而达到"用益"目的。这一结果不是建立在房屋买卖当事人意志自由的基础上，而是基于法律直接规定而当然产生的结果。② 由于《民法典》中物权法定原则规定物权的种类和内容只能由法律创设，当事人不得随意设立。而法定租赁权没有涉及宅基地的处分，只是在宅基地使用权上分离或派生出一个租赁权，也没有违背物权法定原则。设立宅基地租赁权相对简单易行，操作性较强，既能够保证不丧失宅基地使用权的保障功能，宅基地租赁关系消灭后农户仍然能够再次恢复对宅基地的占有；又能使宅基地的财产功能得以充分发挥，使农民获得宅基地上房屋自由转让的财产性收益，是一种价值最为可取的现实解决方案。

3. 租赁权的物权化趋势有利于保护房屋所有人的利益

租赁权的物权化是指租赁债权的效力得以强化，使其具有排除力、对抗力、处分权和永续性。③ 一方面，租赁权期限具有长期性。设定法定租赁权主要目的是为了破解宅基地上农房能够较长时间使用宅基地的土地正当权源问题，其在宅基地使用权人与房屋买受人之间形成的租赁权也就具有了物权化性质。虽然《民法典》合同编对租赁权的期限规定最长不得超过 20 年，但房屋占用范围内的土

---

① 王卫国，朱庆育. 宅基地如何入市——以画家村房屋买卖案为切入点 [J]. 政法论坛, 2014 (3)：92 - 99.

② 韩世远. 宅基地立法问题——兼析物权法草案第十三章"宅基地使用权" [J]. 政治与法律, 2005 (5)：30 - 35.

③ 郑玉波. 民法债编各论（上册）[M]. 台北：三民书局, 1978：202.

地租赁期限应该考虑宅基地使用权的期限或房屋的使用寿命。由于现行宅基地使用权是一种无期限性用益物权，加之房屋的使用寿命一般也较长，这就使得房屋买受人对宅基地的租赁权也具有了长期化特征。另一方面，租赁权具有对抗性效力。对抗性表现在承租人对在租赁期内通过转让取得租赁物所有权或其他物权的人，得以继续主张占有、使用和部分收益的权利。[①] 即使宅基地使用权由于继承、转让等原因发生转移时，房屋买受人仍可在租赁期限内对新的宅基地使用权人产生对抗效力。

4. 国有土地租赁中建筑物所有权土地权源的先例可循

一般情况下，在城市国有土地上建设的房屋的所有权归建设用地使用权人所有，但在例外情况下或有相反证据证明时，建设用地使用权可以与房屋所有权发生分离。如果房屋建设在国有租赁土地上，其土地权源就不是建设用地使用权，而是来自于国有土地租赁权。[②] 既然国有土地上房屋所有权的土地权源可以是国有土地租赁权，那么集体土地上买受人房屋所有权的正当权源也可以是宅基地租赁权。

在农民所有财产中占比最大最重要的私有财产就是建立在农村宅基地之上的房屋，实践中农民几乎都会倾其所有用来盖房，房屋也对广大农民开展生产和安居乐业起到了重要的保障作用。如果一味固守禁止农民对外转让房屋不但无法保障农民的切身利益，也无法给村集体和房屋买受人，甚至整个社会带来任何正面利益。在农村土地制度深化改革和乡村振兴发展的关键时期，虽然重大改革要依法有据，但来自法律的制度规定不应阻碍改革的进行。农民住房抵押转让制度的创新之道在于，在不突破农村土地集体所有与农户宅基地使用权的制度前提下，采取"房地分离"模式赋予农民对其房屋自由转让，借助权利层级构造方式，在宅基地使用权上派生设立"法定租赁权"制度，从而为破解农民住房抵押流转以及实现农民住房抵押权难题提供可行方案和具体路径。这一制度设计既不突破农村集体土地公有制和宅基地使用权福利性保障性的底线，又实现了国家深化土地制度改革和农民住房抵押转让的现实需要，也为广大农民开辟了增加财产性收入的新途径，实现了资源的优化配置，缓解了农村贷款难问题。

---

① 崔建远. 合同法 [M]. 北京：北京大学出版社，2013：486.
② 崔建远. 物权：规范与学说（下册）[M]. 北京：清华大学出版社，2011：571.

（二）法定租赁权费用的缴纳

在房地分离模式下，如何缴纳法定租赁权的费用存在不同的观点。大多数学者主张租金应交给农村集体经济组织，即宅基地所有权人；[①] 也有学者建议缴纳的租金应在国家、集体和农户之间进行分配。[②] 当租金缴纳没有约定或当事人协商不成时，由法院判决。问题是法院如何判定以及如何具体支付并未提出明确可行的操作办法。因此，只有明确了租赁关系、租金数额缴纳与管理、支付方式、租赁期限、房屋买受人的权利保障、法定租赁权的登记、法定租赁权的用途限制等问题，提出明确较强操作性的具体制度设计才能为实践中破解农民住房抵押流转以及实现农民住房抵押权的法律障碍提供参考借鉴。

1. 租赁当事人

租赁权作为债权是相对性的权利，一般只有出租人与承租人两方主体。在采取房地分离模式下的法定租赁权制度中，从法律关系来看似乎涉及宅基地所有权人、宅基地使用权人与宅基地租赁权人三方主体：一是农村集体经济组织，即代表宅基地的所有权人；二是农户或农民，既是宅基地使用权人和农房出卖人，同时也是宅基地的出租人；三是受让人，既是新的房屋所有权人，也是宅基地的承租人。但实际上租赁关系仍只存在于宅基地使用权人（出租人）和宅基地租赁权人（承租人）两方主体之间，只是由于我国目前宅基地使用权的初始取得基本采用无偿情形下，需要将因宅基地增值而产生的租金中部分收益由宅基地所有权人分享而已。因为农户从村集体那里无偿申请到宅基地后，作为用益物权性质的宅基地使用权就成为其个人的一种合法财产权，农户对其宅基地就享有法律赋予的占用、使用、收益和部分处分的权利。农户转让宅基地上的房屋后，买受人获得房屋的所有权，并就宅基地和原农户形成租赁关系的同时，与作为宅基地所有权人的农村集体并没有直接关系。因此，在法定租赁权租赁关系中宅基地使用

---

① 刘凯湘. 法定租赁权对农村宅基地制度改革的意义与构想［J］. 法学论坛，2010（1）：36－41；韩世远. 宅基地立法问题——兼析物权法草案第十三章"宅基地使用权"［J］. 政治与法律，2005（5）：30－35；刘华富. 房地分开、租税分流——农村房屋流转的途径与办法初探［J］. 成都行政学院学报，2009（5）：65－67.

② 高圣平. 宅基地制度改革试点的法律逻辑［J］. 烟台大学学报（哲学社会科学版），2015（3）：23－36.

权人仍应作为出租人,而不是宅基地所有权人的村集体,新的房屋所有权人,即房屋买受人为承租人。

2. 租金数额

既然法定租赁权的租赁主体是宅基地使用权人(出租人)和房屋所有权人(承租人),租金就应该由宅基地使用权人收取。此时宅基地所有权人的村集体能否分享因宅基地增值而产生的租金收益,应区分宅基地使用权的初始取得是有偿还是无偿。由于曾经一段时间宅基地采取过有偿取得,后来虽被叫停,但实践中经济发达地区、城郊农村、宅基地紧张地区或明或暗仍存在着部分有偿取得现象。参照城市建设用地使用权出让和城市商品房买卖规则,农户将有偿取得的宅基地上的农房转让后,承租人缴纳的租金不需要交给村集体进行分配,应全部归宅基地使用权人的农户所有。但在实践生活中,宅基地的无偿取得应占绝对比例,也是较为普遍的现象。在无偿取得情形下,宅基地使用权作为用益物权虽然是农民的合法财产权,但农户收取的租金却属于因宅基地增值而产生的收益,应适当给宅基地所有权人的村集体进行收益分成。从最大化让利于农民和地方政府大力支持农民住房抵押转让的角度考虑,政府不宜再对这部分收益分享,而应该通过征收房屋交易契税的方式参与分配。这时就需要进一步明确租金缴纳标准和给村集体的分成比例两个问题。租金标准先由当事人双方协商解决,协商不成时法院如何判决也得有一个具体的操作办法。先来分析城市商品房买卖价格中地价的占比情况,2009 年 6 月原国土资源部负责人表示,全国商品房交易中地价约占房价的 23% ,这也是权威部门首次正面对"地价推高房价"争论的回应。经过抽样调查和审计抽查,可以看出一般地价约占房价总比的 30% 左右,不同时期不同地区会有所差别,但地价对房价波动的贡献不足 10% 。① 总体来看,城市商品房交易中地价大约占到房价的 20% ~ 30% 。鉴于农民大多是无偿取得宅基地,农房转让时大多只考虑了建房成本和收益部分,宅基地的价格一般不包含在房价中,建议宅基地的租赁价格参照城市商品房地价的一半来确定,即按照房价的10% ~15% 确定,由承租人尽量和房价一次性缴纳给出租人。确定好宅基地租赁价格标准后,其增值收益部分应适当给村集体进行分成,分配时要具体根据租金收取数额、当地人均年平均收入、经济社会发展状况、农民基本生活保障水平等

---

① 艾经纬. 房价中地价究竟占几何?[N]. 第一财经日报,2015 – 05 – 25(A15).

多种因素综合确定。参照 2016 年 6 月 9 日财政部和国土资源部颁布的土地增值收益调节金征收办法中对土地增值收益征收 20% ~ 50% 的规定,[①] 本着最大化让利于农民,同时兼顾村集体利益的原则,建议租金中 20% 由村集体分享,即农民和村集体按照 8∶2 的比例对出租人缴纳的宅基地租金进行分配,让农民获得最大限度的宅基地财产性收益。这也符合《关于农村土地征收、集体经营性建设用地入市、宅基地制度改革试点工作的意见》中提出的 "建立兼顾国家、集体、个人的土地增值收益分配机制,合理提高个人收益" 的指导意见,国家通过间接税收的方式参与宅基地租金的分配;作为宅基地所有权人的村集体,就宅基地增值收益部分分配全部租金的 20%;作为宅基地使用权人的农民,享有通过自己建房投资产生的全部宅基地增值部分租金的 80% (见图 5 - 1)。以笔者在陕西洋县谢村镇下溢水村调研为例,一座 4 间 2 层带厨房和院子的房屋建造成本约为 25 万元,如果甲将此房以 30 万元价格卖给县城的乙,其中宅基地租赁价格按房价 10% 计算,买房人乙需要再支付宅基地租金 3 万元,这其中的 80% 即 2.4 万元归甲方,20% 即 0.6 万元归村集体,最终甲拿到 32.4 万元,村集体拿到 0.6 万元。

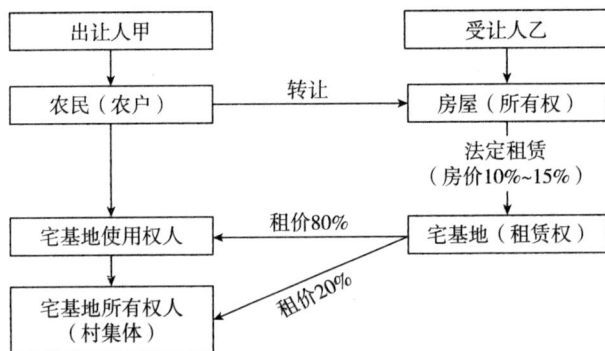

图 5 - 1 租赁费用缴纳及三方关系

3. 支付方式

宅基地租赁合同既可以在房屋买卖合同中作为部分条款存在也可以单独签

---

① 参见《农村集体经营性建设用地土地增值收益调节金征收使用管理暂行办法》(财税〔2016〕41号)第 6 条的规定。

订。租金支付方式由双方当事人协商确定，既可以分期分批支付也可以一次性付清。从便利性角度出发，避免日后引发纠纷，尽量一次性支付。交给村集体的那部分租金应在房屋交付时一次性付清，最晚在房屋变更登记前付清，否则村集体不予协助办理变更登记手续。如果无约定或约定不具体不明确不清楚则应随房价款一次性支付，同时应明确规定具体支付方式（现金、转账、支票）、支付时间和逾期支付的违约责任。

4. 租赁期限

我国《民法典》合同编规定租赁合同最长期限不超过 20 年。考虑到宅基地租赁不同于一般租赁合同的特殊性，为了稳定和简化宅基地租赁关系，笔者建议宅基地租赁期限不受现行法律 20 年最长期限的限制，应在房屋使用年限内一直存在。所谓"房屋使用年限"一般指该房屋通常耐用年限，视房屋性质结构材料而有所不同。但此耐用年限，应遵循自然损耗原则，不得有改建及增强年限等延期之情形。① 宅基地租赁权随房屋的拆除、毁损、灭失等终止，终止后应将宅基地返还给宅基地使用权人。但考虑到目前宅基地改革正在试点推进，为平衡宅基地所有权人、宅基地使用权人和新的房屋受让人之间的利益，给新的房屋受让人一个明确的权利预期，建议可以参照城市建设用地使用权和房屋产权期限的做法，先给新的房屋所有权人预设 20 年的最长期限，不突破租赁合同最长 20 年期限的规定，进行一段时间的试点后根据具体情况再另行安排。毕竟 20 年后农村经济社会发展肯定比现在更好，20 年后的人也会有更多更好的办法解决此问题。

（三）法定租赁权费用的管理

法定租赁权费用的管理主要是指给村集体缴纳的那部分租金如何进行收缴、管理和监督的问题。（1）收缴。给村集体缴纳的租金属于集体收益，缴纳时村委会或村集体经济组织的财务人员应开具加盖村委会或集体经济组织公章的收据或票据给缴纳人，作为以后房屋过户登记的证明。（2）管理。对缴纳的宅基地租金应统一纳入村集体账目进行集中管理，主要用于村内公共道路、土地整理、农田水利、文化设施、环境美化、养老医疗等各项基础设施、公共利益以及公共

---

① 林诚二. 法律推定租赁关系［J］. 月旦法学杂志，2002（2）：109－130.

活动方面的支出。明确经费支出审批和签字程序，对 1 万元以内的经费支出由村委会主任审批签字；对 1 万元以上 5 万元以下的经费支出须经村两委会人员集体研究决定并附会议纪要；5 万元以上的经费支出须经村党支部会议以及村民代表大会2/3 以上成员同意并附会议纪要，同时报乡镇农村集体资产管理办公室备案。考虑到全国各地农村经济发展的差异性，建议西部地区农村在此基础上可以适当下浮 20% 审批签字；东部发达地区农村和大中城市郊区农村在此基础上可以适当上浮 20% 审批签字。（3） 监督。要进一步完善村务公开制度，通过村务公开栏、通知、告示、广播、电视、网络等多种方式让广大村民知晓，充分保障村民的知情权和监督权。发挥村民监督委员会的内部监督作用，对重大经费支出尽量做到事前、事中、事后全程监督。健全村官任期和离任经济责任审计制度，涉嫌经济犯罪的，依法追究其刑事责任。

（四） 法定租赁权的登记

受让人获得房屋所有权后需要对房屋所有权和宅基地法定租赁权进行一体登记。现行立法对宅基地使用权登记问题未有明确规定。目前，农村宅基地使用权和住房所有权的确权登记工作已在全国展开。我国现行立法对不动产原则上采取登记要件主义，以登记对抗主义为例外，特别是在城乡融合发展和构建全国统一建设用地市场的大背景下，城市建设用地使用权及其上房屋所有权和农村宅基地使用权及其上住房所有权应统一采用登记要件主义模式，不能再实行两套不同的登记效力规则。在农民住房抵押权实现时获得房屋所有权的非本集体成员同时获得房屋占有范围内的宅基地法定租赁权，为了区分与宅基地使用权人的权利登记不同，应在受让人的房屋所有权登记时在登记权证上"权利其他情况/其他"一栏具体登记为"非集体成员的宅基地法定租赁权"，以便和作为集体成员资格的宅基地使用权能够加以区分。也为以后农民宅基地上权利负担消灭后回归宅基地使用权人，以及作为宅基地所有权人的村集体对该宅基地后续处理和管理提供依据。特别是通过强制性的登记要件主义，可以明确宅基地上的所有权、使用权、法定租赁权等权利数量和真实状态，有效追踪宅基地的具体流转,[1] 也为强化宅基地所有权的监管、厘清宅基地使用权人的权利义务、保证房屋所有权人和宅基

---

[1] 陈小君. 宅基地使用权的制度困局与破解之维 [J]. 法学研究，2019（3）：48 − 72.

地法定租赁权人的合法权利提供保证。

（五）受让人房屋权利的保障

农民住房抵押权实现后取得房屋所有权的受让人，由于其对房屋占用范围内的宅基地与原宅基地使用权人形成租赁关系，和一般的商品房转让和农民房屋的村内转让差别较大，其对买受房屋享有哪些权利，如何在法律上进行保障，目前几乎没有研究。作者认为买受人对买受房屋拥有所有权、转让权和拆迁补偿权。

1. 房屋所有权

房屋受让人对买受的房屋拥有完整的所有权，包括占有、使用、收益和处分权。在房屋所有权变更登记时，需要查验房屋出卖人（农户）给村集体缴纳部分租金的依据，未缴纳的不予登记，补缴后再进行登记。登记时应在备注栏将宅基地性质登记为租赁，租赁期限为房屋存在年限。在房屋使用期间，除房屋必要的维修或双方有特殊约定外，原则上不能对房屋进行大规模改建、扩建和重建，应该尽可能保持房屋原状。

2. 再次转让权

虽然再次处分权已经包括在了房屋所有权中，但由于适用房地分离原则，仍然与一般的房屋转让有所差别。一方面，出租人对再次转让房屋享有同等条件下的优先购买权。作为宅基地使用权人和租赁权人的出租人，使其享有优先购买权能够保证房屋所有权与宅基地使用权的统一，从而使房屋和宅基地的权利义务关系简单化和一体化，适用优先购买权时遵从相关立法和司法解释的规定。如果出租人不愿行使优先购买权，不得干涉房屋所有权人向其他人的再次转让。另一方面，房屋再次转让时的买受人同时承受房屋所有权和宅基地承租权，但无须支付租赁费用给出租人。宅基地上房屋的初次内部转让和房地分离模式下房屋的再次对外转让差别较大，宅基地上房屋的初次内部转让不但不受限制也符合法律和政策的规定，拥有村集体成员身份的村民同时获得房屋所有权和宅基地使用权。而采用房地分离下的法定租赁权本身是为解决农房对外转让而设计的，享有宅基地租赁权的房屋买受人在受让房屋时已经向宅基地使用权人的农户和宅基地所有权人的村集体缴纳了房屋使用年限内的全部租赁费用。因此，不论再次转让给村集体成员还是村集体以外的其他成员，再次受让人在支付的房价中已经包含了宅基地租赁的全部费用，无须另行支付。再次受让人获得房屋所有权后，原房屋所有权人退出，再次受让人取代原房屋所有权人成为新的宅基地承租人，与宅基地使用权人的农户之间重新形成宅基地租赁关系。这样处理不但保障了房屋所有权人的权利，而且简化了房地关系，便于操作执行。

3. 拆迁补偿权

买受人在房屋正常使用年限内，如果遇到房屋的拆迁或宅基地的征收，此时补偿款是支付给房屋所有权人还是宅基地使用权人或是在两者间按比例分配就容易产生纠纷。如果补偿款中能够分清房屋的价值和宅基地的价值，那么房屋价值部分的补偿应全部归房屋所有权人，宅基地价值部分的补偿由于房屋所有权人通过有偿取得，并已经缴纳了房屋使用年限内的全部租金，应在房屋所有权人与宅基地使用权人之间按照7∶3的比例分配；而实践中一般不区分房屋和宅基地的价值或者很难区分，都是把房地作为一个整体进行补偿的，此时双方在当时房屋买卖时如果预见到了以后可能会拆迁补偿并对补偿分配进行了明确约定的，应按约定处理；如果没有约定或约定不明确不具体不清楚，鉴于宅基地租赁权是房屋所有权人有偿取得并已全部缴纳了租赁费用，可以按照公平原则在衡量和评估双方损失的基础上，将全部补偿款在房屋所有权人与宅基地使用权人之间按照8∶2的比例分配。作为宅基地所有权人的村集体在宅基地租赁时已经分享部分增值收益，此时不再分配征收补偿款。

（六）法定租赁权的用途限制

不管是城市的房屋还是农村的房屋，不仅是人们安居乐业和保障居住的生活必需品，也是具有交换价值的重要商品，农民房屋也是农民价值最大的财产。当前城乡房屋差价较大，特别是随着乡村振兴战略的推行和城乡融合的快速发展，可以预见会有相当一部分人去购买农村的房产。如果对农民住房抵押权实现时非本集体成员通过法定租赁权购买农民住房的用途不加限制的话，势必也会出现城市资本和工商资本到农村大肆炒房炒地的严重后果。[①] 2016年12月底举行的中央经济工作会议首次提出，要坚持"房子是用来住的、不是用来炒的"的定位。

① 刘国臻，刘芮. 宅基地"三权分置"下宅基地上房屋转让制度改革路径［J］. 学术论坛，2019（2）：54-62.

这虽然是对城市房地产市场的调控措施，对农村日益增多的房屋私下买卖和住房抵押实现时房屋买卖同样具有重要意义。2017年12月底中央经济工作会议提出，要加快建立多主体供应、多渠道保障、租购并举的住房制度。这是首次提出将租赁和购买放在同等重要位置的重大举措，对农民住房抵押权实现时非本集体成员通过法定租赁权获得宅基地上房屋提供了政策依据。2018年中央一号文件特别强调，严格实行土地用途管制，不得违规违法买卖宅基地，严格禁止各类资本下乡利用农村宅基地建设别墅大院和私人会馆。在全面深化农村改革和乡村振兴背景下，国家推动农民住房财产权抵押以及治理闲置宅基地和住房，不是鼓励城里人到农村去买房置地，而是吸引人才、资金、技术等各项要素充分流向农村，使农民住房成为发展乡村旅游、民宿、休闲、文化、教育、电商、康养、养老等产业的有效载体，促进农村经济健康可持续发展。因此，对农民住房抵押权实现时非本集体成员通过法定租赁权购买的农村房屋进行用途限制，应以满足房屋买受人的实际居住需求为导向，不应为了投资需求而购买农民房屋，坚决贯彻"房住不炒"的定位，对购买宅基地上房屋的使用和用途等进行合理规制，特别是严禁买受人购买农民房屋后通过拆除、改建或重建的方式建造私人会馆和别墅大院。

（七）法定租赁权的消灭

法定租赁权作为一种债权，虽具有物权化的发展趋势，但当租赁的客体宅基地以及其上房屋灭失时，均可以导致法定租赁权的消灭。具体消失事由包括：（1）房屋消灭；（2）宅基地使用权人重新买回房屋；（3）房屋买卖无效或被撤销或因解除而消灭；（4）受让人抛弃房屋；（5）宅基地消灭或被征收。① 前四种属于房屋消灭或买回或恢复或抛弃，法定租赁权消灭后，原宅基地使用权人重新恢复对宅基地的使用状态。宅基地消灭或被征收后，法定租赁权的法律关系不复存在。

---

① 刘凯湘. 法定租赁权对农村宅基地制度改革的意义与构想［J］. 法学论坛，2010（1）：36－41.

六、宅基地三权分置下房地分离构建的思考

（一）宅基地三权分置的提出

2018 年 1 月 15 日原国土资源部部长姜大明在全国国土资源工作会议上说，我国将探索宅基地所有权、资格权、使用权"三权分置"，落实宅基地集体所有权，保障宅基地农户资格权，适度放活宅基地和农民房屋使用权，这是一项重大创新。这也是继土地承包经营权"三权分置"后官方首次提出宅基地也将实行"三权分置"。随后 2 月 4 日发布的 2018 年中央一号文件《中共中央 国务院关于实施乡村振兴战略的意见》中正式提出探索宅基地所有权、资格权、使用权"三权分置"，成为新时代深化宅基地制度改革创新和推进乡村振兴战略的重要着力点。实际上，宅基地三权分置改革也是最早起源于农村基层的实践。早在2015 年 4 月浙江省义乌市在农村宅基地改革试点中就提出了宅基地所有权、资格权、使用权的"三权分置"制度设计。① 2019 年中央一号文件《中共中央 国务院关于坚持农业农村优先发展做好"三农"工作的若干意见》中在深化农村土地制度改革部分对宅基地改革提到"稳慎推进农村宅基地制度改革，拓展改革试点，丰富试点内容，完善制度设计"。可见，宅基地制度改革不同于土地承包经营权制度，国家采取了稳妥谨慎的态度。

（二）宅基地三权分置的争论

土地承包经营权"所有权、承包权、经营权"三权分置实践中争议较少，

---

① 《义乌市农村宅基地使用权转让细则（试行）》（义委办发〔2016〕103 号）第 7 条第 1 款规定："已完成新农村建设（含更新改造、旧村改造、"空心村"改造、"异地奔小康"工程，下同）的村庄，经村民代表会议同意，所在镇人民政府（街道办事处）审核，报国土局、农林局（农办）备案后，允许其农村宅基地使用权在本市行政区域范围内跨集体经济组织转让。"第 7 条第 2 款第 2 项规定："跨集体经济组织转让实行宅基地所有权、资格权和使用权相分离，转让后使用年限最高为 70 年，使用期满后受让人可以优先续期，并实行有偿使用。"

并且被 2018 年 12 月 29 日修订的《农村土地承包法》予以确认。而自 2018 年中央一号文件正式提出宅基地三权分置后，学界争议较大。从宅基地所有权和宅基地使用权的"两权分离"到宅基地所有权、资格权、使用权的"三权分置"，应是一个渐进的制度演进，是在延续和强化"两权分离"制度优势的基础上进行的制度创新。"两权分离"注重集体经济组织成员之间的公平分配，确保宅基地为农民提供最基本的生活保障，具有一定的社会福利性和保障性。而"三权分置"更加注重体现宅基地及其上房屋的财产价值和利用效率，避免了宅基地及其上的房屋成为"沉睡的财产"。① 实行宅基地所有权、资格权、使用权三权分置，主要是实现由村集体、农户、其他权利主体对宅基地的充分利用。而理论与实践中对"资格权""使用权"的法律性质和权利内容存在重大分歧。"资格权"是一种身份权还是一种财产权？"使用权"是否等同两权分离下的"宅基地使用权"？目前，学界对宅基地资格权的含义大致有四种不同的观点：一是"取得资格说"，即农户对宅基地的一种取得分配资格，本质上是将资格权纳入成员权的范畴；② 二是"剩余权利说"，即农户让渡一定期限宅基地使用权后的剩余权利；③ 三是"取得资格兼使用权说"，即农民不仅享有取得宅基地的资格，而且能对宅基地行使占有、使用、收益乃至部分处分权能；④ 四是"宅基地使用权说"，即资格权是一项具有身份属性的财产权利，就是现行法律上的"宅基地使用权"，有利于农地权利体系的构建和统一。⑤ 当然，宅基地三权分置下的"使用权"肯定也不等同于两权分离下的"宅基地使用权"，参照土地承包经营权的三权分置，宅基地三权分置的目的也是要在坚持"农村土地集体所有"的这一

---

① 刘国栋. 农村宅基地"三权分置"政策的立法表达——以"民法典物权编"的编纂为中心［J］. 西南政法大学学报，2019（2）：17 - 28.

② 岳永兵. 宅基地"三权分置"：一个引入配给权的分析框架［J］. 中国国土资源经济，2018（1）：34 - 38；李凤奇，王金兰. 我国宅基地"三权分置"之法理研究［J］. 河北法学，2018（10）：150 - 162；李凤章. 宅基地资格权的判定和实现——以上海实践为基础的考察［J］. 广东社会科学，2019（1）：231 - 238；陈小君. 宅基地使用权的制度困局与破解之维［J］. 法学研究，2019（3）：48 - 72.

③ 李凤章，赵杰. 农户资格权的规范分析［J］. 行政管理改革，2018（5）：39 - 44.

④ 宋志红. 宅基地：三权分置的法律内涵和制度设计［J］. 法学评论，2018（4）：142 - 153；宋志红. 宅基地"三权分置"：从产权配置目标到立法实现［J］. 中国土地科学，2019（6）：28 - 36.

⑤ 陈耀东. 宅基地"三权分置"的法理解析与立法回应［J］. 广东社会科学，2019（1）：223 - 230；刘国栋. 农村宅基地"三权分置"政策的立法表达——以"民法典物权编"的编纂为中心［J］. 西南政法大学学报，2019（2）：17 - 28；韩松. 宅基地立法政策与宅基地使用权制度改革［J］. 法学研究，2019（6）：70 - 92.

底线条件下，让没有身份属性的社会主体得以充分利用宅基地，以发挥和彰显宅基地资源的财产属性。① 特别是政策中采用了"适度放活宅基地和农民房屋使用权"，一方面是"适度放活"而不是"完全放开"，既说明了目前宅基地对农民居住保障的功能仍很重要，也说明了国家对宅基地"三权分置"采取谨慎稳妥的态度。"适度放活"目的是把决定权交给农户自己，宅基地及其上房屋如何流转以及采用何种方式进行流转，均由农民自己决定。② 另一方面放活的不应主要是"宅基地"而重点是"农民房屋使用权"，笔者坚持认为现阶段城乡发展的实际和农村社会保障制度的不完善，仍无法做到宅基地的完全去身份化，应在解决宅基地的社会保障功能与财产属性发挥不足之间寻求平衡。③ 因此，应把重点放在放活农民房屋使用权上，在满足"居者有其屋"的前提下充分发挥农民房屋的财产属性和价值功能，解决社会主体拥有房屋所有权的同时处理好房屋占用范围内的宅基地正当权源问题。

而实践中宅基地"三权分置"的试点与探索也并不顺利。2018 年 12 月 23 日国务院在给十三届全国人大常委会第七次会议提交的《关于农村土地征收、集体经营性建设用地入市、宅基地制度改革试点情况的总结报告》中特别讲到：2018 年中央一号文件作出探索宅基地所有权、资格权、使用权"三权分置"的改革部署后，山东禹城、浙江义乌和德清、四川泸县等试点地区结合实际，探索了一些宅基地"三权分置"模式。但是，目前试点范围较窄，试点时间较短，尚未形成可复制、可推广的制度经验，且各有关方面对宅基地所有权、资格权、使用权的权利边界和性质认识还不一致，有待深入研究。因此，建议在实践中进一步探索宅基地"三权分置"问题，待形成较为成熟的制度经验后再进行立法规范。④

（三） 宅基地三权分置下房地分离的构建

目前，学界对宅基地三权分置的认识还不一致，特别是对宅基地三权分置中

---

① 宋志红. 宅基地：三权分置的法律内涵和制度设计 ［J］. 法学评论，2018（4）：142 – 153.
② 刘国栋. 农村宅基地"三权分置"政策的立法表达——以"民法典物权编"的编纂为中心 ［J］. 西南政法大学学报，2019（2）：17 – 28.
③ 韩松. 宅基地立法政策与宅基地使用权制度改革 ［J］. 法学研究，2019（6）：70 – 92.
④ 国务院关于农村土地征收、集体经营性建设用地入市、宅基地制度改革试点情况的总结报告 ［EB/OL］. http：//www. npc. gov. cn/npc/c12491/201812/3821c5a89c4a4a9d8cd10e8e2653bdde. shtml.

"资格权"的权利名称分歧较大，"资格权"本身不是一种实体财产权利，不符合宅基地三权分置是要逐步发挥宅基地的财产价值目的，无法和宅基地所有权、宅基地使用权并列进入宅基地"三权分置"的权利结构。资格权作为一种分配和取得宅基地的前提条件，一旦行使便归于消灭，其结果是取得财产权的宅基地使用权，也不存在将宅基地使用权全部或部分流转给他人后还保留宅基地资格权的问题。为此，学界对宅基地三权分置的权利结构设计有以下主要观点：一是采用"宅基地所有权—宅基地使用权—宅基地租赁权（债权）或宅基地经营权（物权）"的结构；① 二是采用"宅基地所有权—宅基地使用权—宅基地经营权（次级用益物权）"的结构；② 三是采用"宅基地所有权—宅基地使用权—宅基地批租权"的结构；③ 四是采用"宅基地所有权—宅基地使用权—宅基地法定租赁权"的结构；④ 五是采用"宅基地所有权—宅基地使用权—宅基地法定租赁权（民用）或集体经营性建设用地使用权（商用）"的结构。⑤ 概括来看，基本上采用"宅基地所有权—宅基地使用权—宅基地法定租赁权"和"宅基地所有权—宅基地使用权—宅基地经营权"两种结构。多数学者认为，两权分离下的宅基地使用权在法律上已有固定的含义和权利义务内容，这一名称已经采用多年也被社会各界广泛接受。加之"资格权"在语义和内容上本身应包括在宅基地使用权之中，为避免社会各界对宅基地制度改革的误解和歧义，考虑到相关法律对权利名称的固有表述和现有体系的稳定性，从政策的延续性角度来看，建议继续采用"宅基地使用权"的名称，而不采用"资格权"的名称表述。

至于宅基地三权分置后发挥宅基地财产属性的派生权利，笔者认为应采用"法定租赁权"的名称，而不采用"宅基地经营权"或"集体经营性建设用地使用权"的名称。主要理由有三点：一是现阶段法律政策上宅基地使用权无法对社会主体完全放开。宅基地不同于土地承包经营权，土地承包经营权分置出的"土地经营权"完全可以放开，不管是土地承包人自己经营，还是由社会主体的种粮

① 宋志红. 宅基地：三权分置的法律内涵和制度设计［J］. 法学评论，2018（4）：142－153.
② 刘国栋. 农村宅基地"三权分置"政策的立法表达——以"民法典物权编"的编纂为中心［J］. 西南政法大学学报，2019（2）：17－28.
③ 刘国臻，刘芮. 宅基地"三权分置"下宅基地上房屋转让制度改革路径［J］. 学术论坛，2019（2）：54－62.
④ 陈小君. 宅基地使用权的制度困局与破解之维［J］. 法学研究，2019（3）：48－72.
⑤ 韩松. 宅基地立法政策与宅基地使用权制度改革［J］. 法学研究，2019（6）：70－92.

大户、专业合作社、农业企业等进行经营，不会影响到耕地安全，不会威胁到粮食安全。特别是现有城乡发展现状和农业技术条件下，国家还大力鼓励工商资本、家庭农场、农业企业等利用优势规模种植，提高土地的生产力和产出效率。而宅基地就不同，在目前城乡发展和社会保障仍不健全的背景下，宅基地仍发挥着农民居住保障的"蓄水池"和"稳定器"的重要作用。二是宅基地三权分置的主要目的是"适度放活宅基地和农民房屋使用权"，重点是放活"农民房屋使用权"而不是"宅基地使用权"。农村现阶段的发展现状也就决定了短期内不可能完全放开宅基地使用权，允许社会主体利用宅基地财产价值或者说取得的权利自然就集中在宅基地上的房屋权利之上。如果采用"宅基地经营权"的名称，会给人造成一种误解或印象，似乎宅基地也可以像土地承包经营权一样，完全可以放开由社会主体进行完全经营或开发了，这本身也不符合宅基地三权分置的目的。如果采用"集体经营性建设用地使用权"的名称，就会和目前农村改革中的集体经营性建设用地入市相混淆。现行农村集体经营性建设用地入地改革主要利用的是原乡镇企业、工矿企业、租赁企业、集体企业等的废弃用地，主要是在缩减征地范围、构建城乡统一的土地市场、提高土地利用价值、缓解城市房屋高价、实行租购并举的住房改革上发挥作用。虽然目前政策上也允许闲置宅基地和住房可以纳入农村集体经营性建设用地范围进行流转，而仅仅是闲置宅基地和住房，未包括没有闲置的宅基地和住房。宅基地作为公益性建设用地，主要目的在于保障农村集体成员的居住，和土地承包经营权制度一同发挥着"耕者有其田"和"居者有其屋"的功能。三是"法定租赁权"是放活"农民房屋使用权"的最佳路径选择。从宅基地三权分置中"放活农民房屋使用权"到 2018 年中央一号文件中提出"保障农民房屋财产权"，作者认为政策指向应为与"允许农民对外转让宅基地上房屋"大致相当或基本一致。在实行登记要件主义的房地一体宅基地使用权登记制度下，单独对外转让宅基地使用权或设置抵押意义不大，也很难实现。[①] 因此，既要限制宅基地使用权单独转让，又要放开宅基地上房屋所有权的转让，使之成为可以直接转化为农民收益的财产性收入，能够同时满足这两大目标的权利应是房地分离下的宅基地法定租赁权。宅基地法定租赁权的核心在于"法定"和"租赁"，"法定"强调该权利的取得是基于法律直接规定而不是

---

① 陈小君.宅基地使用权的制度困局与破解之维 [J].法学研究，2019 (3)：48 - 72.

当事人的意思表示,"租赁"则反映了该权利仍然是债权性利用,只是因法定而产生了物权化效应。① 虽然宅基地使用权是取得宅基地上房屋所有权的基础,但由于宅基地使用权的对外限制转让和其上房屋所有权的对外完全转让在"房地一体"原则下形成制度死结。不同于城市房屋转让,农村宅基地上房屋转让中"房"和"地"却属于私法和公法两大法域。"房"是农民的合法财产所有权,完全可以按照自己的意愿进行处分,属于农民私法自治的范畴;"地"是农村集体成员基于身份而取得,不仅要保障农民的基本居住,还涉及乡村治理秩序和土地管制等内容,不能完全实行意思自治原则,其公法色彩比较浓厚。② 不管是宅基地两权分离还是三权分置,重点都是通过明确界定"房"和"地"的权利边界,实现农民对其宅基地上房屋转让而获得财产性收益。因此,宅基地法定租赁权正好解决了宅基地上房屋转让后受让人拥有房屋下宅基地使用权的正当权源问题。既拓展了农民获得财产性收入的渠道,减少了宅基地上闲置住房带来的资源浪费,又满足了无力负担高房价的部分城镇居民的"住房梦",也为促进乡村振兴解决人才引进和发展乡村旅游休闲等产业奠定了基础。

在宅基地三权分置下采用法定租赁权制度的具体设计中,有学者提出应由村集体和新的房屋受让人签订租赁合同,收取租赁费用。③ 笔者认为出租人应确定为宅基地使用权的农户,由其与房屋受让人签订租赁合同,收取租赁费用。一方面,农户的宅基地使用权是具有财产价值的用益物权,农户拥有占有、使用、收益和一定的处分权能,农户在转让房屋所有权的同时与新的房屋受让人签订宅基地使用权租赁合同并收取一定的租赁费用是宅基地使用权财产功能的具体体现,也符合增加农民财产性收入的改革目的。另一方面,作为宅基地所有权人的村集体主要享有分配、规划、收回、监管、收益共享等权能,不宜介入微观的租赁环节。目前农村集体经营与管理的现状也很难去和每家每户转让房屋时与新的房屋所有权人签订租赁合同,宅基地上房屋转让属于农户意思自治范围内的事宜,农户在签订房屋转让合同时一并签订宅基地租赁合同或在房屋买卖合同中设定租赁

---

① 陈小君. 宅基地使用权的制度困局与破解之维 [J]. 法学研究, 2019 (3): 48 – 72.

② 刘国臻, 刘芮. 宅基地"三权分置"下宅基地上房屋转让制度改革路径 [J]. 学术论坛, 2019 (2): 54 – 62.

③ 韩松. 宅基地立法政策与宅基地使用权制度改革 [J]. 法学研究, 2019 (6): 70 – 92; 陈小君. 宅基地使用权的制度困局与破解之维 [J]. 法学研究, 2019 (3): 48 – 72.

条款即可解决，农户和受让人没有必要签订买卖合同，村集体和受让人签订房屋占用范围内宅基地使用权租赁合同。这两个合同本身不可分离，租赁合同应看成是宅基地上房屋买卖合同的附属合同，应由同一主体同时签订买卖合同和租赁合同。如果由村集体与房屋受让人签订租赁合同，也就意味着租赁费用应缴纳给村集体或者大部分交给村集体，这也不符合宅基地改革中增加农民财产性收入的目的。前已述及，农户收取宅基地使用权租赁费用后，绝大部分归农户自己所有，其中一定比例或少部分属于土地增值收益由村集体分享，相当于土地收益调节金的性质一样。这样既保证了让农民增加财产性收入，也兼顾了村集体的利益共享权能。

七、本章小结

采用"房地分离"模式下"法定租赁权"制度较好契合了现阶段宅基地使用权流转受限的政策目标，在不突破现行土地法律制度原则下，不改变农村宅基地所有权和宅基地使用权主体，不损害农民土地权益的前提下，为实现农民住房的自由转让抵押以及破解农民住房抵押权实现时的法律障碍提供了操作性较强的现实路径，既满足了广大农民的迫切融资需求，发挥了宅基地的财产价值效用，为促进农村经济发展和乡村振兴提供了资金来源；又满足了城市居民休闲养老的需求，拓展了城市居民的投资空间，为发展健康养老产业和促进城乡文明融合奠定了坚实基础，是破解目前宅基地问题的现实选择，也将为深化农村土地制度改革提供经验借鉴。现阶段宅基地制度深化改革的指导思想就是要"保障农户宅基地用益物权"，"逐步推行农村宅基地使用权的有偿使用和流转制度，发挥市场机制在资源配置中的基础作用"。[①]《两权抵押指导意见》也提出"探索农民住房财产权抵押担保中宅基地权益的实现方式和途径"。笔者认为，可以把"房地分离"模式下的"法定租赁权"制度当成现阶段农房抵押担保中宅基地权益实现

---

① 徐绍史. 健全严格规范的农村土地管理制度——《中共中央关于推进农村改革发展若干重大问题的决定》导读本［M］. 北京：人民出版社，2008：142.

的具体方式和途径,将房屋收益部分直接归农民所有,而将在宅基地使用权上设定法定租赁权的租金主要部分归农民所有,村集体经济组织作为宅基地所有权人分享少部分宅基地租赁收益,国家只对房屋交易环节征收交易契税,以满足各方的利益需求。但笔者坚持认为"房地分离"模式下"法定租赁权"的制度设计只是解决目前宅基地使用权自由流转受限政策下的权宜之计或是过渡措施,一旦将来宅基地使用权实现完全市场化流转之后,其应与建设用地使用权具有相同法律地位,为简化房地关系仍应继续坚持"房地一体"原则。但笔者认为实现宅基地使用权自由化市场流转并非短期可以实现,仍需要一个漫长的过程和时间。只有当农民有了城乡统一相对稳定的住房、就业、医疗、养老等社会保障,较高质量的教育保障,城镇化率基本实现城乡一体化(按照国家规划 2020 年户籍人口城镇化率达到 45%,常住人口城镇化率达到 60%,参照"十二五"时期我国城镇化率年均提高 1.23% 计算,[①] 到中华人民共和国成立 100 年即 2050 年前后户籍人口城镇化率占到 80% 以上,常住人口城镇化率占到 90% 以上)目标时,预计宅基地使用权可以实现市场化自由流转,到那时转而实行城乡统一的"房地一体"制度,不再实行"房地分离"模式下的"法定租赁权"制度。

---

① 2015 年全国城镇常住人口达到 7.7 亿,城镇化率近 6 成 [N]. 北京青年报,2016 - 01 - 30 (5).

第六章　农民居住权利保障与债权人风险防范的冲突与平衡

农民住房抵押权实现时存在着抵押人的居住权利保障与抵押权人的风险防范一对矛盾，基于农民基本只有一套住房的特殊性，一旦农民住房被变卖实现，那么农民的居住权利如何得到保障？而如果保障了农民的居住权利，那么抵押权人的债权又如何实现？本章运用人权保障理论通过对农民住房强制执行的冲突分析，论述居住权利保障的法律价值，提出居住权利保障的完善措施；运用风险控制理论在分析抵押权人主要风险和国内实践的基础上，提出抵押权人风险防范的完善建议；并通过各自利益分析论述居住权利保障与抵押权人风险防范的利益平衡。

一、农民居住权利的保障措施

（一）农民住房强制执行的冲突分析

以农民住房设定抵押的抵押人在不能清偿到期债务或双方约定实现情形出现时，抵押权人就可以通过起诉或直接申请执行的方式来实现抵押权，而法院在强制执行农民住房时却会受到许多阻碍和压力，按照现行"一户一宅"的规定，农民基本上只有一处房屋，如何保障被执行人及其家属的基本居住和正常生活就成为法院在强制执行时面对的首要难题。根据最高人民法院 2005 年 1 月 1 日颁布的有关民事执行查封的相关规定：对被执行人及其家属生活必需的居住房屋可以查封，但不得进行拍卖、变卖或抵债；对超过生活必需的居住房屋，经执行人申请并在保障其最低生活标准必需居住房屋后可以执行。① 而根据最高人民法院2005 年 12 月 21 日颁布的有关抵押房屋执行的相关规定：法院可以查封设定抵押担保的房屋，经采取宽限期、提供临时住房后可以进行拍卖、变卖或抵债。② 最高人民法院执行办负责人认为，《抵押房屋执行规定》是针对已设抵押房屋应当如何执行做出的规定，属于特殊情形并规定了严格的条件和程序，没有对《民事执行查封规定》第六条进行修改，因此《民事执行查封规定》第六条规定的原则并无不当，仍然可以继续适用。③ 根据最高人民法院 2015 年 5 月 5 日实施的执行异议复议的相关规定，即使被执行人名下只有唯一一套住房，但超出了被执行人及其扶养家属生活必需的房屋范围，人民法院仍可以强制执行。④ 即使这些相关规定可以对农民设定抵押的住房进行强制执行，但在执行实践中，农民大多会以住房是赖以生存的最基本财产，如果强制执行将无处可住等理由来进行对抗或阻挠，甚至有时"以死相逼"来威胁执行；部分群众也认为因为欠钱就强制卖房是不合理不道德的行为，即使和自身利益无关也会跟着起哄或暗中阻止法院的强制执行。特别是当前农民的生活水平整体上还处于较低水平，农村的就业养老居住等社会保障体系还不健全，现行农村的土地制度和宅基地制度以及农村住房制度承担着农民生产生活和基本居住的社会保障功能。如果农民唯一的住房被强制执行变卖，作为被执行人的农民既不能重新申请宅基地建房，也无法纳入城市的住房保障范围。在稳定压倒一切的刚性政治环境下，一旦法院强制执行，矛盾和纠纷就会指向法院，从而引发一系列的对抗阻挠行为甚至上访告状，使法院在执行此类案件时难以执行下去，执行的强制性和权威性受到了严重影响。

一旦对农民抵押的住房不予强制执行，保证了农民居住权利的同时抵押权人的债权又如何实现？抵押权是一种担保物权，设定抵押的债权为优先债权，未设定抵押的债权为一般债权，这使设定抵押的住房和未设定抵押的住房在性质上截然不同。一方面，为债权设定抵押权是一种正常的市场行为，农民作为一种理性的经济人，在设定抵押时应当认识和预见到抵押的不利后果。如果其认为抵押的

① 参见《关于人民法院民事执行中查封、扣押、冻结财产的规定》第六条、第七条的规定。
② 参见《关于人民法院执行设定抵押的房屋的规定》第一条、第二条、第三条的规定。
③ 《最高法院执行办负责人就执行抵押房屋的规定的司法解释答记者问》［N］. 人民法院报，2005 - 12 - 21（5）.
④ 《最高法出台新规：被执行人名下唯一住房同样可以执行》［N］. 光明日报，2015 - 05 - 06（7）.

风险太大，完全可以不用住房抵押向抵押权人借款，而现在不能还款时却以居住权利保障为由阻止强制执行其抵押的住房，这使得抵押制度的权威性如何体现？另一方面，作为抵押权人的金融机构的风险就会进一步加大，就会挫伤和打击金融机构对农民住房抵押贷款的积极性，这也会与国家大力推行农民住房抵押贷款和鼓励金融机构向农民贷款解决融资难的制度政策背道而驰。毕竟通过住房抵押向银行贷款的农民是少数，即使这部分农民的住房被强制执行而无房居住也不会影响到整个农村社会的稳定。特别是对被执行人及其家属提供最基本的住房属于社会保障的范畴，属于政府履行公共服务的职责范畴，不应牺牲抵押权人的正当利益来满足抵押人的居住保障。

（二）农民居住权利保障的法律价值

1. 居住权高于债权

人权是人为了其自由生存和发展基于自然属性和社会属性应当平等享有的权利，人权最终由人们的物质生活条件决定，并受经济和文化发展条件的制约。[①]而人权中最基本最重要的又是生存权，如果连生存权都得不到保障，其他一切人权均无从谈起。正如恩格斯所说：人们首先必须吃、喝、住、穿，然后才能从事政治、经济、科学、文化、艺术、宗教等等。[②] 这说明居住权利又是生存权的基本内容，在民事执行程序中，生存权和债权的冲突在所难免，有时难以取舍。但是现代法治国家的民事诉讼法中大都规定了对强制执行的限制，在强制执行时需要重点考虑被执行人的基本生存利益。我国现行《民事诉讼法》在执行部分也体现了此精神，这说明生存权高于债权，在农民抵押住房强制执行时居住权利高于债权应作为法院强制执行的一种价值判断，在保障被执行人及其所赡养、扶养、抚养的家庭成员必需的、基本的、维持最低生存状态的住房条件下，实现抵押权人的债权利益。保障农民住房抵押中农民基本居住权利既符合《两权抵押指导意见》和《农户抵押暂行办法》中倡导的"慎重稳妥推进"农民住房抵押的要求，也是社会法治文明进步的体现。

2. 符合良法善治精神

法治是法律之治，也是良法之治。法治社会的法要得到社会大众普遍的认

---

① 费聿辉，苏红. 论法治的人权内涵［J］. 甘肃政法学院学报，2004（6）：28 - 32.
② 孙代尧.《在马克思墓前的讲话》要点解析［J］. 前线，2014（12）：72 - 76.

可、遵守和服从，前提是此法必须是良法。党的十九大报告强调，"以良法促进发展、保障善治"。良法在价值层面上应体现社会正义和对人权的尊重和保护。良法不仅可以拉近国家与公民之间的距离，也使公民对国家产生高度认同感和坚定民众对法律的信仰，同时法律也能得到有效实施。从 2019 年中央一号文件可见，农村改革将继续推进，改革的最终受益者应该是农民、农业和农村，农民住房抵押制度的改革和推进莫不如是。宅基地上所建之农民住房依然担负着社会保障的功能，对农民来说，宅基地及宅基地上的住房不仅仅是财产，住房首先是居住功能的满足，是生存的一种保障。如若农民不能按时还款即对农民住房强制执行，农户将面临失去房屋及住无所居的窘境，国人自古以来就对自有住房有着近乎执拗的偏好，更别说"住无所居"的状态，如此，必然造成抵押人的愤恨和不满，甚至引发恶性事件。因此，国务院及六部门发布的相关规定均强调在农民住房抵押贷款中实现抵押权时，应在保障农民基本居住权利的前提下，通过多种方式处置抵押物。此规定是对良法善治的法治精神的具体诠释。使得农民在乡村振兴战略和深化土地制度改革背景下敢于突破、敢于改变、敢于践行，同时有获得感和保障力，国家和社会才能在深刻的变革中繁荣而有序发展。[①]

3. 尊重当地的习俗

我国各地农村在长期的历史发展中逐渐形成了具有一定地域特色的风俗习惯，为了保证法院对农民抵押住房的顺利执行，执行中一定要尊重当地的风俗习惯。一是尽量保留祖业。我国农村的宗族和香火观念很强，人们常常以家大业大为荣，以出卖祖遗住房为耻，甚至被认为是对祖上的大不敬，不到万不得已不会出卖祖遗住房。而农民的住房大多是在继承祖遗住房的基础上翻新改建而来，如果被法院强制变卖，就会采取各种手段和措施阻挠、抗拒执行，甚至有时还会报复执行人员。[②] 因此，为了避免矛盾激化，执行中尽量保留被执行人的祖上住房，采取其他措施实现抵押权人的债权利益。二是赋予房屋回赎权。即使农民抵押的住房被变卖实现，但考虑到农民对住房故土难离的感情因素、地域因素以及长期居住因素，建议赋予农民在有能力时或有条件时以合理价格赎回变卖住房的

① 孟存鸽. 农房抵押强制执行与农民基本居住权的实现［J］. 甘肃社会科学, 2019（4）: 231 - 236.

② 吴萍. 农村房产执行的法律障碍及其出路［J］. 法学论坛, 2007（6）: 75 - 81.

权利，来维护农民的居住利益。至于价格的合理性，要考虑该住房的购买成本、增值收益以及市场潜力等因素由双方协商确定。

4. 保障优先购买权

在对农民住房强制执行时，还应体现住房作为物权的共性，保障与住房有一定关系人员的优先购买权。一是保障共有人的优先购买权。如果农民抵押的住房属于共有关系，应保障共有人同等条件下的优先购买权。共有人的优先购买权是一种法定权利而不是双方约定的权利，主要目的是保护现存的共有关系，确保共有关系的稳定以及维护所有共有人的利益。根据物权法定原则，共有人的优先购买权具有物权性质。共有人的优先购买权也是一种期待权，只有在其他共有人出卖自己份额和共有物时，共有人才能在同等条件下有优先购买的权利。二是保障承租人的优先购买权。如果农民抵押的住房上有租赁关系，在变卖时应通知承租人，承租人在同等条件下有优先购买权。根据《民法典》合同编的相关规定，承租人的优先购买权只限在房屋租赁合同中，是一种法定的权利。对承租人的优先购买权予以承认并加以保护是我国的一贯政策，主要目的在于保护和稳定承租方对租赁房屋的居住和使用关系，减少承租方另行寻找房屋和搬家的麻烦，从而提高房屋的使用效率，降低合同的交易成本；相比房屋所有人来说，也是对房屋租赁人这一社会弱势群体的法律保护。三是保障集体经济组织的优先购买权。由于农民的房屋在村集体所有的土地上建造，与集体经济组织的关系最为密切，应赋予村集体优先购买权。四是保障近亲邻居的优先购买权。在我国法律史上，房产变卖时对亲房的优先购买权早有规定。《唐律》规定：房产买卖须先问近亲，次问四邻，最后才能卖与别人。[①] 在农民抵押房屋变卖时，应先征求近亲四邻的意见，保障近亲四邻的优先购买权。五是保障同村村民的优先购买权。同村村民与被执行人同属村集体的成员，生产生活关系密切，加之现行政策规定农民房屋只能在村内转让，因此，应赋予同村村民优先购买权。由于我国《民法典》物权编实现物权法定主义，法定的优先购买权只包括共有人和承租人，当优先购买权出现冲突时，应依次按共有人、承租人、村集体、近亲四邻、同村村民的顺序予以保障。

---

① 朱岩. "宅基地使用权"评释——评《物权法草案》第十三章［J］. 中外法学, 2006（1）: 86-91.

（三）农民居住权利保障的完善措施

基本住房权利不仅是一项最基本最重要的人权，更关系到每个人的人格尊严与社会稳定问题，[①] 现阶段开展农民房屋抵押贷款更要把保障农户的基本住房权利放在首位。但"基本住房权利"的内涵是什么？如何保障农户的"基本住房权利"？"基本"一词源于《汉书·谷永传》："王者以民为基，民以财为本……是以明王爱养基本。"此处"基本"一词作"根本"之解。在《新华字典》中"基"表示建筑物的根脚，"本"解释为草木的根；《汉语大词典》将"基本"解释为根本的。由此可见，"基本"一词是指根本的、必需的、必不可少的。农民住房抵押强制执行下农民的基本居住权利中的"居住权利"不同于传统的"居住权"概念。传统的居住权仅指特定人因居住需要而使用他人房屋的权利。显然，农民住房抵押强制执行中农民基本居住权利的内涵和外延均较传统的居住权更加丰富，不限于他人的房屋，也包括自己的房屋即抵押房屋。[②]"基本住房权利"应是能够满足农户基本生活必需的最低限度的住房面积或标准的权利，但不应将农户一定要享有房屋所有权或拥有宅基地使用权作为唯一判断要素，只要能够保证其基本居住，强调的是农户对房屋的使用权而不是所有权，方式可以多种多样。笔者认为现阶段可从以下七个方面来保障农户的基本居住权利。

1. 确定生活必需房屋标准

在民事执行中应当为被执行人及其家属保留最基本的生活必需的居住房屋，也即维持最低生存状态的居住房屋。确定生活必需的房屋有两个标准：一是参照当地廉租房的标准。以当地城镇居民廉租房居住面积与被执行人及其家属的人数相乘，得出其生活必需的房屋面积，如果等于或小于此面积的不应执行。例如，西安市2015年度廉租房申请标准为人均居住面积低于7平方米。考虑到农户的农业生产工具对空间的需求，应扩大农民的人均居住面积。例如，作为第一批入市的15个试点之一的贵州省湄潭县就规定对于符合分割登记条件的农房，保障人均居住面积35平方米后可以将多余面积进行转让。二是明确抚养家属的范围。

---

① 高海. 论农民住房有限抵押［J］. 中国农村观察，2017（2）：27 – 40.
② 孟存鸽. 农房抵押强制执行与农民基本居住权的实现［J］. 甘肃社会科学，2019（4）：231 – 236.

被执行人抚养家属的范围仅包括依赖被执行人抚养并一起共同生活的父母、配偶和未成年子女，除此以外的亲属不在此范围内。当基本居住权利的标准确定后，债权人或人民法院可依此标准为被执行人提供住房。结合我国现阶段实际情况，通过多种方式实现户有所居的目的，保障农房抵押强制执行中被执行人的基本居住权利。

2. 提供临时住房保障居住

按照《执行抵押房屋规定》的相关规定：一是执行前给予 6 个月的宽限期。法院对设定抵押的住房在裁定拍卖、变卖或抵债后，应当给予被执行人 6 个月的宽限期，宽限期届满仍未迁出的才能强制执行。这在一定程度上缓和了双方的矛盾，也有利于被执行人有足够的时间另行找房或腾房。二是提供临时住房保障居住。被执行人在强制迁出时仍不能解决住房的，经过执行法院调查核实后，可要求申请执行人为其提供临时住房。临时住房的标准参照当地最低收入家庭廉租住房中规定的面积标准确定。临时住房也要收取相应租金，具体标准可由双方协商确定，协商不成的由执行法院参照当地廉租房或当地房屋租赁市场平均租金标准进行确定。对临时住房中"临时"期限的理解，应解释为被执行人自己能够解决住房为止，更多的是一种导向，具有宣示性作用。不能认为临时就是短时间的，半年或一年就不再提供，如果被执行人自己最终仍不能解决房屋居住问题，也只能一直居住在临时住房内。①

3. 采取房屋置换保障居住

房屋置换这一概念及做法早已存在，通俗地说就是老百姓常讲的"差价换房"。从实践来看，此种房屋交易方式目前更多地用于城市地区，当事人往往采取远换近、旧换新、小换大的置换形式来达到改善住房条件的目的。源于传统农村受血亲、宗亲、熟人社会及相关法律制度的强行约束则较少进行，现今，随着现代化和城镇化的进一步发展，乡村也已经由熟人社会慢慢演变为半熟人社会，经济的发展和人口结构的改变为农村房屋置换提供了基础和可能。可以将这种成熟的房屋置换方式引入农村地区，助力乡村振兴战略，激发市场要素和活力。如果执行的房屋价值较大或难以分割，可考虑对被执行房屋采取面积上以大换小，

---

① 王飞鸿.《关于人民法院执行设定抵押的房屋的规定》的理解与适用 [J]．人民司法，2006 (1)：21 – 23.

质量上以好换坏，距离上以近换远，地段上以好地段换差地段的方式进行置换，具体执行中法院应结合不同案件的实际情况进行综合考虑妥善谨慎处理，尽量保障被执行人及其家属的基本居住问题。

4. 强制管理执行租金收益

由于强制执行农民住房容易引发对立情绪，加之农民住房许多没有产权证容易引发权属纠纷，可以考虑对城郊周边、风景旅游区周边、乡镇村中心地段等具备一定商业价值的农民住房采取强制管理执行租金收益的方式来实现债权，即不改变农民房屋所有权的情况下，由法院对被执行房屋出租，以租金来清偿债权，履行完毕即将房屋返还给被执行人。这种执行方式既发挥了房屋的最大价值，最大限度实现了债权人的利益，也保全了农民的房屋，从长远来看农民并未丧失房屋，也使执行工作达到了社会效果与法律效果的有机统一。采用强制管理执行租金收益方式实现债权，实务中应注意以下二个问题：一是适用条件。执行前法院应征求各方当事人的意见，如果债权人不愿适用强制管理措施或者不愿垫付前期有关费用的，原则上不适用强制管理措施；如果仅有少部分债权人不同意或不垫付前期费用的，可以采取，但不同意的债权人不能从所得租金收益中受偿。二是管理主体。强制管理房屋的主体可由执行双方协商委托或指定代管人，协商不成的根据属地原则和便利原则可由当地村委会履行代管职责，执行法院履行监督职责。三是实现方式。强制管理措施一般采取租赁方式实现收益，可以考虑对租赁权进行公开拍卖，既能实现拍卖过程的公开公正，又能实现房屋的最大经济价值，租金尽量在房屋交付承租人时一次性付清。如果在一个月内租赁不成功的，终结强制管理程序。当然，在无人租赁的情况下，如果申请执行人有需求或愿意使用该房屋，也可以由申请执行人租赁或使用该房屋，按照当地此类房屋平均租金标准支付，与债权相应部分进行抵销。

5. 相对独立房屋分割拍卖

在农民抵押住房执行中，有的房屋结构上是二层半或三层半，有的房屋为每间各自独立的单层或双层住房，有的房屋底层为门面房上层为居住房，这类房屋在执行时可利用建筑物区分所有权理论进行分割拍卖，将一、二层或独立房间进行拍卖，保留上层或满足最低居住要求的独立房间供被执行人居住，这样既能顺利实现债权人的利益，也能保证被执行人的最低居住问题，实现双赢。例如，贵州省湄潭县兴隆镇的一起房屋分割案例：刘某房屋位于兴隆镇集镇上，宅基地占地面积 220.32 平方米，房屋面积 729.18 平方米共 4 层，家庭人口 6 人。一层为 4 间门面房用于出租作为商用，二、三、四层居住。本镇另一村集体成员陈某为了方便子女入学，租用刘某该房屋的三楼，后陈某咨询了该镇的国土资源所得知可以通过农村集体经营性建设用地入市改革方式办理过户手续。双方协议后，刘某向股份合作社提出申请，要求分割登记入市，本人书面承诺，保留 210 平方米作为基本居住保障并不再申请宅基地建房。经逐级审批后，陈某以总价 17.5 万元购得刘某三楼一套住房（114.41 平方米）及底楼一间门面房（55.09 平方米）共 169.5 平方米。陈某按规定缴纳土地评估金给集体经济组织作为土地收益金后，参照国有建设用地划拨转出让方式，陈某取得 169.5 平方米的房屋所有权和 16.62 平方米土地使用权。① 此案例给予了我们很好的经验启示，验证了相对独立房屋分割买卖的实际可行性。在农民住房抵押强制执行中，完全可以参考该试点的做法，留足抵押人最低居住部分，多余独立部分进行分割拍卖。

6. 加快农村保障住房建设

我国目前农村的土地制度和房屋制度仍然承担着一定的社会保障功能，这种保障功能在短期内不可能消失。而这种保障功能限制和影响了农民房屋资本功能的发挥，制约着农民房屋转让、抵押工作的深入开展。为了促进农民房屋财产功能实现，鼓励金融机构通过农房抵押向农民贷款，破解农民住房抵押权实现时的难题，政府应加快建立农村公共住房体系，建立农村住房保障制度。

（1）发挥政府住房保障主导作用。农村住房保障应属于政府提供的公共服务范畴，政府也应对农民这类弱势群体给予更多的关注。因此，政府应在农村住房保障体系建立和发展中承担主要责任，发挥主导作用。农村住房保障是国家城乡住房保障的重要组成部分，如果没有统一的政策与制度，农村住房保障的建立与实施就无法进行。因此，从国家层面建立与经济社会发展水平相互适应、基本统一、覆盖城乡的完整住房保障制度是政府的主要职责，我国应建立政府主导型的农村住房保障制度，② 并根据经济发展水平、人们住房需求和农村实际情况不断地进行动态调整。逐步改变以宅基地分配为主的单一住房保障模式，建立适应

---

① 全国首例宅基地分割登记入市 ［EB/OL］. http：//www. zunyi. gov. cn/sy/qxdt/201712/t20171229_728940. html.

② 刘文斐. 论我国农村住房保障法律制度的构建 ［D］. 海南大学硕士学位论文，2015：24 - 25.

现代住房保障理念，针对农民不同家庭具体情况的多元化、多方式、多层次农村住房保障体系。要明确中央政府和地方政府在农村住房保障政策与制度方面的职责范围，制定农村住房保障制度的主要目标、基本原则、覆盖范围、保障方式、资金支出、实施机构、监管机制和法律责任，做到依法建设，分工明确，规范管理。①

（2）加大农村住房保障资金投入。农村住房保障是政府为了保障住房公平而采取的保障手段，这就决定了财政投入应是农村住房保障的主要资金来源。政府应在每年的财政预算中划拨一定比例资金作为保障，并根据农村保障住房的实际建设情况和政府财政收入的增长情况进行不断调整和增长。同时，应安排专项资金对农村住房困难群体进行救助，对农村危旧房改造进行资金支持。当然，政府的资金毕竟是有限的，各级政府应考虑将社会资金引入农村住房保障建设中来，通过发挥财政资金的杠杆效用，制定相应的财政激励政策，使社会各类资金有利可图，达到多方共赢。另外，还可以考虑在农村集体经营性用地流转收益中规定 10% ~20% 的比例直接转化成农村住房保障资金，加大资金保障力度。

（3）健全住房保障金融支持力度。农村住房保障既然是一项保证广大农民"居者有其屋"的普遍性公共服务项目，仅靠政府的资金投入是远远不够的，要调动和发挥社会力量的广泛参与和支持也是必不可少的，而金融机构的支持就显得尤为重要。要加大金融机构对农村住房保障建设的资金支持力度，在政府和社会资金投入的基础上，金融机构应对广大农民和困难群众提供一定的政策性金融支持，如低息贷款、长期贷款、信用贷款等，在防范金融风险的基础上尽可能向农村保障住房建设倾斜。

（4）加强村庄规划和宅基地整理。从政策上支持和引导农村村民通过集资来合作建房，改变宅基地实物分配单一模式，逐渐向住房实物分配过渡。对城市化和工业化发展水平和程度较高的农村，可通过集中居住的方式支持和引导农民共同出资建设容积率较高适合农村特点的多层和高层住宅，由"一户一宅"到"一户一房"。通过集中居住和集资共建不仅可以有效控制目前宅基地规模不断扩张的趋势，减少耕地红线保护的压力，还能促进农村居住的适度集中，改善农村的居住生活环境，提高农民的居住质量。通过宅基地整理和置换结余的宅基

---

① 叶佩娣. 城乡统筹发展背景下中国农村住房保障政策研究 [J]. 农业经济, 2016 (11)：73 – 75.

地，如果不符合村庄总体规划和建设规划的，应当进行复垦来补充耕地。另外，在村庄规划和宅基地整理置换中，应当充分考虑和尊重农民生产生活的需要，农村的历史发展传统和特定乡村风俗习惯，防止为了片面追求集中居住和土地利用效率而损害农民利益。[①]

（5）探索建设农村公共租赁住房。和城市居民相比，农民除可以申请宅基地建房外不再有其他住房保障，从城乡统筹的角度出发，国家应对城市居民和农村居民一视同仁逐步建立统一的最低住房保障制度。一方面，地方政府应抓住农村集体建设性用地入市的好机会，在收取的土地增值收益调节金基础上，通过国家投入一些、地方补贴一些、使用集体积累一些以及捆绑使用扶贫帮困基金在农村集体建设用地上集中建设公共租赁住房，然后以低租金的方式租赁给农村住房困难家庭、低收入家庭、征地拆迁家庭以及抵押失去房屋家庭，来保障他们的最低住房要求。另一方面，地方政府可以对迁往城镇农民闲置的宅基地有偿收回作为保障性住房用地。随着农村大量劳动力到城镇居住，农村出现了宅基地闲置甚至空心村的现象，造成了土地资源的大量浪费，地方政府和村集体可以对退出宅基地的农户通过货币补偿的方式收回宅基地，由地方政府和村集体出资建设保障性住房，通过收取少量租金甚至免费的方式让住房困难家庭居住。当住房困难家庭经济状况好转不再需要廉租房时，政府或村集体可以收回廉租房租给其他困难家庭使用，提高廉租房的使用效益。

7. 适当放开城镇廉租房公租房

廉租房和公租房是向城镇低收入家庭或困难家庭提供的低租金住房，是城镇住房保障体系的重要组成部分。在国家大力推进城乡一体化的进程中，可以分步骤渐进地先对进城务工农民、农村教师、征地拆迁农民、农民住房抵押后失去房屋农民等群体进行开放，再逐步面向全体农民开放，既解决了他们的住房问题，又促进了城镇化的进程。安徽省自 2015 年起将农村教师的住房全面纳入全省保障房建设范围，通过建设公共租赁住房，逐步解决农村教师的"住房难"问题，取得了良好效果。[②]

---

① 吴志宇. 我国农村多元化住房保障体系构建探析 [J]. 现代经济探讨，2012 (5): 40 - 44.
② 杨玉华. 安徽: 将农村教师住房全面纳入保障房范围 [N]. 新华每日电讯，2015 - 04 - 11 (2).

二、抵押权人的风险防范

（一）农房抵押权人的主要风险

在农民住房抵押贷款中，作为抵押权人主要面临法律风险、信用风险、操作风险和市场风险等多重风险。

1. 法律风险

农民住房抵押贷款中抵押权人面临的法律风险主要体现在以下三个方面：

（1）现行法律对农房抵押贷款的限制。在农民住房抵押贷款设立上，《土地管理法》通过"一户一宅"也表达了禁止宅基地抵押的立法意图，从而间接地限制了宅基地上农民房屋的转让抵押。由于我国实行物权法定主义，物权的种类和内容只能有法律规定，这就使得农民住房抵押权设立的合法性依据不足。在农民住房抵押权实现时，现行的法律法规政策规定农民房屋只能在村集体内部流转，不得向外转让，这就使得农民住房抵押权实现时困难重重。

（2）大多农房无产权证抵押登记困难。我国农村地域宽广，人口众多，住房分散，相比城市住房而言，农民住房的登记本身就难度很大。目前我国农民住房的登记相对混乱，有的地方农民房屋有产权证，有的地方农民房屋只有宅基地使用权证；有的地方农民房屋采取自愿申请登记，有的地方农民房屋就没有登记；这就导致我国农村大多数农民住房都没有产权证。虽然国家正在大力推进农民住房确权颁证，但难度较大，进度不一。我国不动产抵押采取登记要件主义，即登记为不动产抵押权的成立要件。而农民住房大多无产权证就使得登记困难，加大了抵押权人的风险。

（3）农房抵押贷款纠纷案件难以处理。一旦农民住房抵押权设立，在抵押人不能按期清偿债务或双方约定实现情形出现时，双方无法达成债务清偿一致意见时抵押权人就会向法院起诉解决，在农民住房抵押的法律禁令下，法院面对法律与政策的冲突对这类纠纷案件较难处理。实践中有的法院为了回避矛盾，对此类案件就不予受理；有的法院根据现行法律规定判决抵押权无效；有的法院出于稳定大局考虑，在政府和司法机关的支持下虽判决抵押权人胜诉，但在执行中不予执行或暂缓执行，最终风险还是由抵押权人承担。

2. 信用风险

农房抵押中的信用风险是指抵押人因各种原因不能按期清偿到期债务导致债权人不能获得预期收益而产生损失的可能性。信用风险主要是债务人的违约风险，引起农房抵押中的信用风险主要包括以下三种：

（1）抵押物不实引发的风险。我国农村由于数量众多，居住分散，农民房屋的状况相对复杂，农民房屋的权属、结构、面积、质量、式样、位置、交通、环境、年限等状况十分庞杂。许多房屋本身就无产权证，有的房屋属于小产权房，有的房屋位置偏僻交通不便，有的房屋年代久远属于破旧老房，这会引发农房抵押中的权属纠纷、登记困难、价格波动、变现困难等风险因素。抵押期间如因抵押人的原因而导致房屋价值贬损也会引发房屋价值降低的风险，这都加大了抵押权人的信贷风险。

（2）抵押人欺诈引发的风险。农房抵押中抵押人可能会利用国家推行农房抵押贷款试点的政策和机会采取欺诈行为、隐瞒真相、虚构事实以及其他不正当手段进行住房抵押，骗取根本无还款能力或超过还款能力的贷款。[①] 如对农民住房虚假抵押、重复抵押、租赁房抵押、征收房抵押、查没房抵押以及法律明确禁止抵押的房屋来抵押贷款，甚至由于农户的信用状况不佳，在经营失败或不能还款时而主动违约，加剧债权人的信贷风险。

（3）信用资料少引发的风险。由于农村地区的金融网点较少，服务品种较少，受众面狭窄，办理业务也少，建立在农村金融服务基础上的农民信用档案几乎没有。银行在办理农民住房抵押业务需要调查农民信用状况、评定信用等级时很难找到相关信息资料，这在一定程度上也制约着农民住房抵押贷款业务的顺利开展。

3. 操作风险

农房抵押中的操作风险是指由于不完善的内部操作流程、人员素质、办理经验以及其他外部事件可能造成信贷损失的风险。引起农房抵押中的操作风险主要包括以下两种：

---

① 王悦，霍学喜. 农房抵押贷款风险成因及预防策略［J］. 河北学刊，2014（2）：119－122.

（1）详尽操作流程缺失引发的风险。目前办理农房抵押贷款业务的金融机构主要是地方农村金融组织，除农行和邮储银行外，其他商业性银行较少涉足。由于业务量少，即使办理贷款业务的银行大多也没有制定明确详尽的操作性强的农房抵押贷款管理办法和操作流程，经办人员大多是比照城市房屋抵押贷款和根据自身办理业务经验习惯进行操作，没有形成规范的操作流程和系统体系。加之部分农村地区金融机构业务人员整体素质不高，法治意识淡漠，对国家新近出台的金融政策和银行内部的管理办法学习理解不到位，容易出现失误而给银行带来风险。

（2）业务较少经验缺乏引发的风险。由于农房抵押贷款业务仅在全国少部分县区进行试点，试点地区大多以地方性文件的形式开展业务，参与的银行较少，办理的业务也较少。加之中央银行也未制定农房抵押贷款的具体实施细则，业务开展中既没有一套切实可行的规范操作程序，也没有一套缜密的风险防范机制，可能会因一些专业性、规范性、技术性难题而给银行造成风险。

4. 市场风险

农房抵押中的市场风险是指由于农村产权交易市场缺失而导致农房变现困难可能引发银行预期收益落空的风险。引起农房抵押中的市场风险主要包括以下三种：

（1）农村产权交易市场缺失引发的风险。目前广大农村还没有建立起公开的农民住房交易市场，已成立的一些农村产权交易中心主要是土地承包经营权、林权和集体建设用地使用权的交易，实践中农房的交易大多是私下以签订书面合同的形式完成，甚至有的农房交易连合同都没有直接交付完成。缺乏完整的规范的农房交易市场带来的直接不利后果就是抵押物的处置难和变现难，想卖的人无处可卖？想买的人无处可买？加之由于农房的特殊性，银行又不能以房抵债，由此给银行带来的风险是显而易见的。

（2）农民房屋价值评估较难引发的风险。农房的实际价值直接影响到农民向银行贷款数额的多少，相比城市房屋农民房屋的价值评估难度较大。由于农房及宅基地的自身特征，各个地方农民房屋的地理位置、建筑结构、使用材料、房屋质量、交通条件等方面千差万别，对每个房屋单独区别核定评估存在较大难度。加之没有科学严谨的评估依据、具体参照的评估标准以及专业权威的评估机构，使得农民房屋评估的主观判断成分多，随意性大，同一房屋不同机构评估价值不同，经常出现农民房屋评估价值往往低于实际价值，给银行农房抵押贷款业务开展带来困难和风险。

（3）贷款用途投向农业经营引发的风险。目前，包括农房抵押在内的农村产权抵押贷款用途大多要求投向农业或与农业有关的产业发展项目，而农业产业由于受到自然风险和市场风险的双重约束具有天然的弱质性，容易受到频繁多发的自然灾害破坏，使得农民的生产经营也面临较大的不确定性和风险，这种风险很容易通过信贷链条传导给贷款银行，因农民的经营性收益下降或还款能力降低而给银行信贷资金造成风险。

（二）抵押权人风险防范的国内实践

近年来，为了回应新形势下农民迫切要求以其房屋抵押贷款的现实需求，使农民房屋由"沉睡的资源"向"流动的资本"转变，拓宽农村融资渠道，实现农村资产资本化，全国已有重庆、成都、宁波等多地开展了农民住房抵押融资试点改革尝试，特别是在抵押权人风险防范方面从建立专门制度、农房确权颁证、风险补偿基金、建立担保公司等多方面展开改革实践并探索可行路径，为其他地方开展农房抵押贷款风险防范提供了有益的经验。

1. 重庆农房抵押中风险防范的主要做法

重庆早在 2009 年抓住统筹城乡改革先行先试的机遇，积极开展农民住房抵押这一新型贷款担保方式，特别是在风险防范方面形成了许多富有特色的创新做法。

（1）建立制度规范体系。重庆自 2010 年以来先后颁布了加快推进农村金融服务改革创新意见、农村"三权"抵押贷款实施意见、农村"三权"抵押登记实施细则、农民房屋抵押贷款管理办法、农村"三权"抵押融资风险补偿资金管理暂行办法、加快推进农村产权抵押融资意见等一系列规范性文件、意见、制度和细则，明确了农房抵押贷款过程中的确权、登记、评估、流转、处置等环节的具体要求和操作流程。并对市农委、国土房管局、财政局、人民银行以及银监局等相关部门的职责进行了明确规定，确保了农房抵押贷款工作的规范操作，保障了抵押人和抵押权人的合法权益。

（2）农房确权颁证在先。凡是用来抵押贷款的农民住房必须先进行确权登记，已经取得《集体土地使用权证》和《房屋产权证》（或者是《房地产权证》）的房屋且和宅基地使用权主体相一致的房屋才可以办理抵押贷款。并要求集体经济组织书面同意房屋和宅基地一同抵押，房屋变现拍卖时的同意转让等条件。①

（3）设立风险补偿基金。为了降低银行办理"三权"抵押贷款的风险，重庆市在全国率先探索建立了"三权"抵押贷款风险补偿基金。重庆市财政局印发了农村"三权"抵押融资风险补偿资金管理办法，市、区县两级财政出资7亿元设立风险补偿专项基金，当农民无法偿还贷款时政府给予部分补偿，其中市、区县财政承担损失部分的35%（市级20% + 区县15%），银行自行承担65%，②以此来提升金融机构办理农房抵押贷款的积极性和减少信贷损失。

（4）成立融资担保公司。重庆市在2011年成立了注册资本30亿元的兴农融资担保公司，专门为包括农房抵押在内的农村产权抵押融资提供担保服务。同时，由兴农融资担保公司组建农村资产经营管理公司，对无法变现或无人受买的不良资产进行收购，再通过市场交易平台进行流转或处置，进一步降低了贷款银行的风险。

重庆在农民住房抵押权风险防范方面的一系列做法，有效推动了农民住房抵押贷款的顺利开展。截止到2017年3月底，3个"农民住房抵押贷款试点"区县，融资余额为11.36亿元，同比2016年增长1.3%。③重庆在制度规范、风险补偿、融资担保等方面的创新做法为农民住房抵押权的顺利实现提供了有力保障。

2. 成都农房抵押中风险防范的主要做法

成都在获批国家统筹城乡综合配套改革试验区后，自2009年底开始推动农村产权抵押融资试点工作，先后下发了农村产权抵押融资总体方案、农村房屋抵押融资管理办法等规范性文件，为农村产权抵押融资试点提供政策依据和指导意见。成都在农房抵押贷款工作中防范风险的做法主要包括以下四个方面：

（1）"一保一同"防范风险。成都在农房抵押融资中采取"一保一同"的措施来防范抵押物处置时抵押权人的风险，即抵押人要保证抵押房屋在偿还债务后

①　王立兴，赵荣俊. 从"积极试点"走向"逐步规范"——对农村房屋抵押贷款的思考［J］. 中国土地，2013（8）：44 - 45.

②　向婧. 三权抵押：让"沉睡的资源"变成"流动的资本"［N］. 重庆日报，2012 - 02 - 25（4）.

③　黄光红. 我市"两权"抵押贷款试点初见成效［N］. 重庆日报，2017 - 06 - 08（1）.

仍然有适当的居住场所，且需要村集体经济组织同意抵押。"有适当居住场所"主要防范抵押房屋变卖时抵押人以拍卖房屋为其唯一必须居住房屋来阻止变现，"集体组织同意"包括抵押设立的同意和抵押房屋处置的同意。

（2）设立风险补偿基金。抵押权实现时抵押物的处置难一直是影响农房抵押贷款业务开展的瓶颈之一，成都通过设立和完善农房抵押融资风险补偿机制来化解和减少抵押权人的风险。2009 年底，成都设立了"农村产权抵押融资风险基金"，风险基金由市和区县两级政府财政按一定比例出资设立，初始规模为市级 3000 万元，区县不低于 400 万元，并可以根据风险基金使用情况和新增贷款余额按比例进行补充，年末结存至下年度继续使用，专门用于收购无法清偿债务的抵押房屋和补偿金融机构农房抵押贷款业务产生的实际损失。如果被抵押的农民房屋在处置或变现过程中出现明显损失或者仍然无法清偿所有债务，由此产生的实际损失由风险基金承担80%，贷款银行承担20%，[1] 尽量控制和减少贷款银行的风险。

（3）健全风险分担机制。除设立风险补偿基金外，成都还积极引导商业保险机构开发设立针对农房抵押贷款的专业保险产品，与贷款银行共同研究制定合理的风险分摊方案，以此来逐步提高农房抵押贷款的市场化程度。同时，成都还积极试点开展政策性农业保险和农村小额人身保险，增强农业和农民的抗风险能力，[2] 从而发挥保险为农房抵押贷款的保障作用。这些风险分担机制降低了银行的经营风险，提高了银行办理农房抵押贷款业务的积极性，成为推动农房抵押贷款实践的重要措施。

（4）创立产权交易市场。农民房屋抵押权实现必须依靠农村产权交易流转市场这个平台，没有成熟的农村产权交易市场，抵押物的拍卖或变卖都很难实现，也加大了金融机构债权实现的风险。成都在 2008 年 10 月在全国率先成立了第一家农村产权交易所，并建立了市、县、乡三级交易网络，为土地承包经营权、集体建设用地使用权、农村房屋、林权等农村产权的信息收集、登记、交易、处置等提供综合性服务。同时，成都还进一步发展农村产权价值评估中介组

---

① 陈丘. 成都市农房抵押货款模式及其配套制度研究 [D]. 四川农业大学硕士学位论文，2012：31 - 32.

② 陈丘. 成都市农房抵押货款模式及其配套制度研究 [D]. 四川农业大学硕士学位论文，2012：32 - 33.

织，开展农村信用体系试验区建设，推动信用户、信用村、信用镇创建活动，加大金融产品和服务的创新力度，为农房抵押贷款工作开展提供良好的配套制度和信用环境，多方面化解和分散金融机构的信贷风险。

成都在农民住房抵押权风险防范方面的一系列做法，使得农民住房抵押贷款工作稳步推进，成效显著。截止到 2015 年 6 月底，成都市共发放农民住房抵押贷款 2244 笔，金额 6.5 亿元，相比 2014 年同期均有较大幅度增长。① 成都在风险补偿、风险分担、产权市场完善等方面的创新做法为农民住房抵押权的顺利实现提供了有力保障。

3. 宁波农房抵押中风险防范的主要做法

浙江省宁波市自 2009 年以来在全国率先开展"两权一房"抵押和质押贷款，允许农民将股份经济合作社股权、土地承包经营权和农村住房作为抵质押物进行贷款，而农村住房抵押贷款占到"两权一房"贷款中的近三分之二，既激发了农户的创业热情，也有力促进了当地的经济发展。宁波在农房抵押贷款工作中防范风险的做法主要包括以下四个方面：

（1）做好房屋确权和价值评估。宁波市在区县、街道（镇）成立"两权一房"抵押和质押贷款工作领导小组，由农工委、国土局、建设局、财政局等有关部门组成，并成立农村房屋确权颁证协调机构，为借款人办理农村房屋所有权证书，作为农房抵押贷款的前提条件。同时，为了准确评估确定抵押房屋的价值，由城乡建设部门办理农村住房抵押贷款申请核准表，根据房屋的质量、位置、折旧、市场行情和处理费用等综合情况确定房屋价值，贷款额度最高不超过房屋评估价值的 60%，贷款期限最长不超过 5 年。

（2）利用村委会的信息优势。宁波市在农房抵押贷款中充分发挥乡镇政府和村委会的作用，利用村支部村委会的地域优势和信息优势，将村支部和村委会确定为第一责任人。由于村干部对有贷款需求农户的家庭收入、资金需要、贷款用途、产业发展、还款能力、信用状况等情况非常了解和熟悉，可以更好地发挥审核和监督职能，降低贷款人和金融机构之间的信息不对称，减少潜在的贷款违

---

① 韩利. 创新农村金融改革　成都农村获产权抵押贷款超 120 亿元［N］. 成都商报，2015 – 10 – 18（2）.

约风险，有效预防和控制贷款银行的风险。①

（3）建立"创业项目库"和风险基金。为了进一步提高农民的创业能力，宁波市还建立了"创业项目库"，收集了多个可供选择的创业项目，为通过农房抵押贷款准备创业的农民提供专业指导以解决创业项目的成功转化率问题，提高还贷能力。同时，宁波市还建立风险补偿基金，补偿农房抵押贷款业务中银行产生的实际损失。宁波市江北区政府出资300万元设立风险基金，市区按1∶6的比例配套投入，按照实际损失的15%补偿贷款银行。

（4）制定不良贷款调解处置制度。宁波江北区政府为了顺利实现农民住房抵押权，专门设置了调解制度处置农民住房的变现问题。当贷款农户确实无力还贷时，先由信贷员与农户进行沟通清偿，之后由信用社出面联系农户所在村委会讨论还款方案，接着信用社联合农水局、建设局、国土局等部门联合进行调解，调解失败时信用社再向当地法院起诉，由法院做出调解或判决。即使仍然无法履行一般也不提请法院强制执行，再次以柔和的方式与借款农户及村委会进行沟通调解，寻求借款人适当履行债务的方式方法。②

宁波在农民住房抵押权风险防范中的一系列做法，激发了农户的创业热情，有力促进了当地的经济发展。仅在宁波市江北区，截止到2015年7月底，"两权一房"抵押贷款累计金额达3.7亿元，农村住房抵押贷款占到近三分之二，至少盘活了6亿元的沉睡资本，并且未出现一笔不良贷款记录。③宁波利用不良贷款调解处置制度、建立创业项目库和设立风险基金的做法顺利推进了农房抵押权的实现。

4. 各地农房抵押中风险防范的经验启示

通过对重庆、成都、宁波三地农民房屋抵押贷款工作开展情况及风险防范的调查与分析，给我们提供了有益的经验与启示。

（1）制度先行是风险防范的前提。由于农房抵押贷款仍存在一些法律障碍，

---

① 褚保金，陈畅. 农村抵押贷款创新模式的探讨——来自"两权一房"抵押贷款的启示 [J]. 中国农村金融，2010（6）：41 – 43.

② 蒋萍丽. 宁波江北区农村住房财产权抵押困境与对策研究 [D]. 宁波大学硕士学位论文，2017：11 – 12.

③ 阎庆民，张晓朴. 农村土地产权抵质押创新的实现路径 [M]. 北京：中国经济出版社，2015：155.

如果处理不好不仅会给金融机构带来较大风险，也会阻碍农房抵押贷款创新业务的开展，甚至会引发抵押纠纷激化社会矛盾。因此，各地在试点中都把出台规范的制度政策文件作为风险防范的前提条件。重庆、成都、宁波都先后出台了农房抵押贷款管理办法、农房抵押登记实施细则、农村产权抵押融资风险补偿资金管理办法等一系列规范性文件和具体措施，明确了农房抵押贷款的抵押标的、抵押条件、贷款主体、操作流程、抵押登记、债权实现、风险防范以及配套措施。同时，建立相关部门协调配合机制，共同推进农房抵押贷款业务的顺利进行。实践证明，规范的制度体系不仅是激励金融机构开展农房抵押贷款业务的前提条件，也是防范和控制金融机构信贷风险的前提条件。

（2）确权颁证是风险防范的基础。土地等产权是否清晰关系到农业投资和农业生产力的发展，[1] 而农房产权清晰则是开展农房抵押贷款业务的基础条件，否则，抵押房屋的变现难将会给贷款银行带来巨大风险。各地在农房抵押贷款业务实践中都把农民房屋所有权证作为贷款的基础条件，有的地方还专门成立协调机构，为农民房屋办理产权证。目前，我国正在推进农房确权颁证工作，各地应加快进度，按照国家要求时间节点尽快完成这项基础性工作，为开展农房抵押贷款业务创造条件，也为抵押权实现时抵押房屋的顺利变现提供条件。

（3）市场建设是风险防范的关键。完善的农村产权交易市场建设是农民房屋抵押权设立、登记、变现、处置的重要平台，也是顺利实现银行抵押权减少信贷风险的关键。成都在全国率先成立了第一家农村产权交易所，重庆也成立了农村土地交易所，为包括农民房屋在内的农村产权交易流转提供专业服务。同时，各地还大力开展农村产权价值评估、农村信用体系建设等工作，既保障了农房抵押贷款业务的顺利进行，也降低和分散了金融机构的信贷风险。

（4）风险基金是风险防范的保障。目前，开展农民住房抵押贷款业务的地区在发展初期普遍把政府出资设立的风险补偿基金作为风险防范的重要保障，对贷款银行的实际损失进行一定比例的补偿，进一步降低贷款银行的信贷风险。同时，还积极设立农村资产管理公司，加大农村政策性保险力度，开发专门的农房抵押贷款保险产品，构建全方位多层次的风险防范和分担机制。

---

[1]　Gershon Feder & David Feeny. Land Tenure and Property Rights：Theory and Implications for Development Policy ［J］. *World Bank Economic Review*，1991（1）：135 – 153.

（三）抵押权人风险防范的完善建议

针对农民住房抵押中抵押权人存在的法律风险、信用风险、操作风险和市场风险，在借鉴国内农民房屋抵押试点地区风险防范经验和启示的基础上，应从法规制度层面、金融机构层面、风险控制层面和中介服务层面做好风险预防和控制措施。

1. 法规制度层面：完善抵押法规制度，加快农房登记进程

我国现行法律法规对农民住房抵押转让的限制，已经无法适应社会经济快速发展的需要。法律法规设计之初的目的是保障农民的基本生活，而现在情形已发生了重大变化，在解决了农民温饱和基本生活的生存问题后，发展就成了农村经济发展和社会和谐稳定的第一要务，继续坚持禁止流转的规定既妨碍了农民通过房屋流转实现更大财产收益的目的，也对整个农村经济的发展毫无益处。因此，结合农房抵押试点实际，从法规制度层面重点从以下三个方面进行完善：

（1）完善抵押法规制度。一方面，对现行法律法规进行修改。对土地等产权的限制越多，投资的激励就越弱，产权的稳定性就越差。[①] 在强化用途管制的前提下逐步建立放开宅基地使用权和农民房屋流转的制度，扫清农民房屋抵押贷款的法律障碍，最大化地实现农民房屋的财产价值；修改《土地管理法》和国务院相关规章政策，放开农民房屋转让的范围，城镇居民和村集体以外其他成员都可购买。在过渡期内，可以采取"房地分离"的方式，受让人取得房屋所有权和宅基地租赁权，农民并不丧失宅基地使用权的"法定租赁权"制度解决此问题，逐步把农民的自有房屋推向市场。另一方面，可采取立法授权先行试点改革。由于修改法律的程序较为严格，修改时间较长，现阶段可以采取法律授权的方式继续试点先行，待条件和经验成熟时再修改法律。实际上目前我们也是按照此种思路正在进行试点，全国人大授权国务院在农民房屋抵押试点地区，暂停《土地管理法》等相关法律法规在试点期间相关条文的执行，并作出可以抵押的变通规定，以此来解决农房抵押贷款的合法性问题，做到重大改革于法有据，从而保障农房抵押贷款工作的顺利进行。

---

① Shouying Liu, Carter M. R, Yang Yao. Dimension and Diversity of Property Rights in Rural China Dilemmas on the Road to Further Reform [J]. *World Development*, 1998（10）：1789 – 1806.

（2）加快农房登记进程。明晰产权可以将资源配置给更有效率的用户，有效降低交易成本，提高生产力。① 农民房屋的产权清晰是房屋抵押流转的前提条件，没有房屋产权证就使农房抵押贷款工作难以进行。因此，地方政府应重视落实农村房屋确权登记的有关规定，按照国土资源部、财政部、住房和城乡建设部、农业部等部门下发的确权登记发证工作通知，结合国家实施的不动产统一登记制度的要求，尽快对农民房屋统一调查、统一登记、统一发证。完善农村房屋初始登记、变更登记、担保登记的规范管理，强化登记的公示效力。目前地方政府需要进一步加快土地、房屋确权登记发证工作进程，按照国家要求保质保量地完成登记工作，为农民房屋抵押贷款工作的顺利开展创造条件。

（3）提供相应司法保障。农房抵押贷款是一项具有较强探索性的改革创新工作，政策性强，涉及面广，推行中不仅需要立法支持，也需要司法机关提供相应的司法保障。毕竟一项新制度或政策的推行肯定会与旧有的法律制度产生冲突，而司法的导向或保障功能应为具有创新意义的新制度或政策的试验、推行和确立提供宽松的环境。因此，人民法院在处理农房抵押贷款纠纷案件时，不宜简单以法律法规禁止抵押或法律法规无明确规定为由认定农房抵押无效，否定金融创新成果的合法性。而应遵循担保行为的特点、理念和习惯，在听取金融监管机构意见的基础上，妥善认定农房抵押的效力，在调解、审理、执行农房抵押贷款纠纷案件中，既要考虑抵押人的居住保障问题，又要合法保障抵押权人的债权利益，严格适用最高人民法院《执行抵押房屋规定》《执行异议复议规定》等相关规定，尽量做到抵押人和抵押权人的利益平衡。建议最高人民法院对农房抵押贷款试点地区出台司法解释，明确农民住房抵押设立、登记、实现、抵押物处置等方面的具体意见，允许试点地区人民法院根据试点地区实际情况，灵活审理和执行此类案件，为顺利推行农房抵押贷款金融创新业务提供强有力的司法保障。

2. 金融机构层面：细化抵押操作规程，加快信用体系建设

金融机构作为农房抵押贷款中的债权方，建立农房抵押的内部规范操作规程，加快农民信用档案和信用体系建设对贷款风险防范至关重要。

（1）出台贷款管理办法。在全国统一的农房抵押贷款管理办法出台之前，

---

① Tin Nguyen, Enjiang cheng, Christopher Findlay. Land Fragmentation and Farm Productivity in China in the 1990s [J]. *China Economic Review*, 1996（2）：169 – 180.

地方农村金融机构应根据各地具体情况先行制定本地区或本银行内部的农房抵押贷款管理办法，对贷款的主体、用途、期限、额度、利率、担保方式、还款方式、风险控制等进行详细规定，规范贷款流程，严守风险底线，确保农房抵押贷款业务规范发展。

（2）细化抵押操作规程。银行在办理贷款业务中的操作风险已成为信用风险之外的第二大风险因素。[①] 而银行内部控制制度在风险防范中起着关键作用，一个组织系统只有各部门协调配合，才能平稳有效运行包括硬件和软件设施。[②] 因此，银行内部明确、严谨、规范的操作规程是防范风险的重要步骤。首先，要做好贷前调查核实工作。贷款前要对借款人的财产状况、资信状况、经营状况、还款来源等进行详尽的调查、分析、评估，对抵押的合法性、贷款的安全性、银行的盈利性进行综合认定和评估。其次，要对抵押房屋的权属、价值、位置、结构、质量、是否已办理出租和抵押等情况进行现场调查核实，做好收益和风险方案的预测分析，尽职尽责做好贷前各项工作。再次，要规范合同签订抵押登记工作。贷前调查完成后确认可以放贷的，要按照格式合同要求规范借款合同和抵押合同的签订，确保合同内容准确、真实、完整、有效。在合同内容中，结合农民房屋的实际情况，建议贷款数额控制在农房评估价值的 70% 以下，贷款额度最高不超过 100 万元，贷款期限最长不超过 10 年，以此来控制风险。同时，及时到土地和房屋管理部门办理抵押登记，并进行公示，确保借款合同和抵押登记的合法性。最后，要严格贷后监测管理工作。贷后要严密监控抵押农房的使用状况、贷款资金的流向用途、借款人的生产经营状况，定期走访调查，发现异常情况，要通过追加担保措施或其他合法有效手段，确保银行信贷资金安全（见图 6 - 1）。

（3）加快信用体系建设。充分利用现有的征信管理系统扩大农户的信息采集和使用范围，大力推进农民、专业大户、专业合作社、家庭农场主以及涉农企业的信用档案资料建设，积极开展各类主体的信用等级评价工作，为银行办理农村产权抵押贷款提供及时、准确、完整、权威、便捷的信用信息服务。鼓励和引

① AS Markowski, MS Mannan, A Kotynia, et al. Application of Fuzzy Logic to Explosion Risk Assessment [J]. *Journal of Loss Prevention in the Process*, 2011（6）：780 - 790.

② Michael E. Walsh. Getting Project Manager Buy - in for Internal Control [J]. *Armed Forces Comptroller*, 2009（3）：24 - 27.

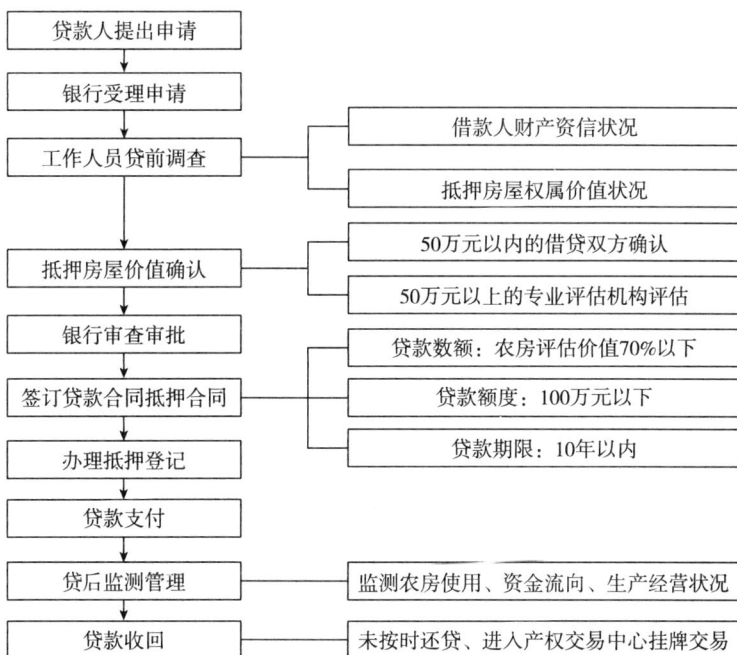

图 6-1 农房抵押贷款操作流程

导涉农金融机构出台和落实对信用主体的信贷激励措施和优惠扶持，做到额度放款，利率优惠，手续简便，加大金融产品和服务的创新力度。① 同时，加强银证、银企合作，积极开展农村信用宣传，共同推进信用户、信用村、信用乡镇建设，为包括农民住房抵押在内的农村产权抵押融资创造良好信用环境，进一步改善农村信用环境。

3. 风险控制层面：设立抵押风险基金，采用联合担保方式

农房抵押担保创新的前提就是风险可控，控制风险和减少损失永远都是金融机构贷款遵循的基本原则，既要鼓励金融机构通过农房抵押贷款支持农民发展经济，又要最大限度地减少和防范银行的风险，因此，应从风险基金、联合担保、农房保险多方面来控制和预防银行的信贷风险。

（1）设立抵押风险基金。应当借鉴农民住房抵押试点地区普遍设立风险基

---

① 叶兵. 制度障碍、局部试验与创新瓶颈——对成都试点农村产权抵押创新农村信用制度的思考[J]. 西南金融，2012（3）：20-22.

金的做法，由市县（区）政府财政出资设立农房抵押贷款风险补偿基金，对银行在农房抵押贷款中产生的实际损失给予合理补偿，或通过财政奖励、财政补贴和税收优惠等方式对其部分损失予以合理分担，提高银行办理农房抵押贷款业务的积极性。特别需要注意的是，政府通过设立风险基金分担农房抵押风险固然可以起到推动改革的作用，但是处理不当也会造成负面影响。政府风险基金的保障可能会使农民和银行对政府形成过度依赖，而这种依赖一旦形成就很难消除。因此，政府设立风险基金分担农房抵押贷款风险只能是一种过渡措施和权宜之计，不应长期坚持。政府设立的风险基金一旦完成农房抵押贷款初期的引导职责后就应逐步退出，最终回归到单纯的市场监管者的角色。[①] 另外，也可以考虑由政府出资设立农村资产管理公司，对银行无法变现或难以变现的农民房屋进行收购，由农村资产管理公司在农村产权交易平台挂牌交易，无人购买的房屋可设立为农村廉租房，由住房困难家庭或低收入家庭居住，既缓解了银行的负担，又实现了农村困难群体的住房保障。

（2）采用联合担保方式。为进一步分散银行的贷款风险，可采取联合担保的方式保障银行债权实现。实践中可采取"农房抵押担保＋担保公司担保"（农房抵押债务人不能清偿到期债务时，由担保公司清偿银行债务，之后取得农民房屋进行处理）；"农房抵押担保＋保证人担保"（农房抵押债务人不能清偿到期债务时，由保证人承担补充责任）；"农房抵押担保＋专业合作社担保"（农房抵押债务人不能清偿到期债务时，由专业合作社提供补充责任）；"农房抵押担保＋农户连保"（农房抵押债务人不能清偿到期债务时，由担保的其他农户按照与银行的约定清偿债务）；通过增加担保人等联合担保的方式进一步分散、转移和化解银行的信贷风险。

（3）建立农房保险制度。为增强农户的抗风险能力，应进一步扩大政策性农业保险范围，建立和完善农村住房政策性保险制度，不断扩大农村房屋保险的覆盖面，发挥农房政策性保险的保障作用，分散和控制农房抵押贷款风险。一是健全农房保险政策支持体系。我国目前没有农民住房保险的法律法规体系，一些地方的政策性农房保险试点不具有稳定性和长期性。建议省级人大常委会或政府结合各地实际出台农民住房保险的地方性法规或政策规定，明确职责分工，规范

工作程序，增加经费补助，给予税收减免，加强资金检查，确保农民住房保险工作顺利进行。同时，按照稳步推进，适度竞争的原则，积极探索引入竞争主体进入农房保险市场，逐步扩大农房保险覆盖面，提高服务水平。① 二是完善农房保险财政补助力度。目前我国农民的平均收入相比城市居民不但水平较低，而且差距很大，大部分农民只是解决了温饱问题，还谈不上给其房屋购买保险。政府应当在保费缴纳方面给予更多足够的资金补助和帮助，在政府的年度财政预算中留够一定比例的农房保险保费补贴，确保补助资金及时到位，并形成规范化和制度化的管理。三是建立农房巨灾风险分担制度。农村住房很大一部分位于地理位置偏僻、自然灾害频发的地区，遭受地震、台风、洪水、泥石流等巨灾风险的可能性较大，因此，开展和经营农民房屋保险的风险本身就很大，具有政策性和公共性的特征。为了使农民住房保险业务持续健康发展，就必须建立和完善巨灾风险分担机制，通过划拨部分财政资金、将其他保险盈余转入、留足一定比例保险备付金等方式建立巨灾风险准备金，增强保险公司的偿付能力。保险公司应通过再保险等方式，进一步分散和减少农民住房保险的风险。② 四是提高农民保险意识和主动性。我国农业生产力水平较低，农民的收入水平不高，农民对农房保险还不了解，特别是还没有形成利用保险的优势化解和分散风险的意识。因此，开展农房保险工作，拓展农房保险业务，应以地方政府为主导，保险公司密切配合，利用广播、电视、网络等各种方式进行大规模广泛的宣传动员，增强农民对农房保险的了解和认知，建立利用保险手段转移风险的意识和能力，进一步加大农民自愿投保农房保险的比例，保障农房保险的稳定持续发展。

4. 中介服务层面：加强市场平台建设，完善农房评估规则

从中介服务层面来看，健全的农村产权交易市场和完善的农房价值评估规则也是银行信贷风险防范的重要一环。

（1）加强市场平台建设。健全的农村产权交易平台和市场不仅是农房合法流转、获取交易信息和交易机会、促进资源优化配置的市场平台，也是银行处置不良贷款农房、降低交易成本、增强交易透明度，依法保障各方权益的市场平

---

① 陈庭甫，曾玲艳，刘玲. 江西省政策性农房保险的调查与思考［J］. 保险职业学院学报，2016（6）：61 - 63.

② 丁少群，庹国柱. 我国农房保险的发展模式和建议［J］. 保险职业学院学报，2009（3）：71 - 75.

台,应尽快建立和完善全国统一的农村产权交易市场建设,搭建服务平台,使其承担政策咨询、信息发布、对接洽谈、合同签订、抵押登记、资产评估、法律服务、纠纷调处等重要功能,推动信息平台实现网络资源共享,促进农村产权合理流动和优化配置,解决银行处置抵押财产的后顾之忧。报告将在下一章对农村产权流转交易市场的设立、运行、监管进行详细论述。

(2)完善农房评估规则。农民房屋价值评估是抵押贷款和实现的重要参照,一方面,要培育农房评估专业机构,明确资质条件,吸引和鼓励评估师事务所、会计事务所、律师事务所等第三方专业机构开展农房价值评估业务,使他们根据市场情况判断和提供评估结果,减少抵押双方的分歧。另一方面,农房价值评估涉及房屋结构、质量、成本、年限、区位、交通等多方面因素,建议地方相关部门加大对农房价值评估体系和标准的研究,科学确定评估的依据和标准,分类制定农房价值评估办法,建立较为统一的农房价值评估体系和政策指引,为评估机构和贷款银行提供参照标准。另外,可以借鉴土地承包经营权流转中政府制定土地片区综合价的方式,对农村某一相同或相似区域的农民房屋制定评估基准价和最低保护价,防止因信息不对称而侵害农民利益。

(3)健全农村社保体系。农房抵押贷款可能的后果之一就是农民最终失去赖以居住的房屋,进而失去生活保障,其最基本的生存权受到严重威胁。因此,加快建设农村社会保障体系,加大国家对农村社会保障的财政投入力度,建立健全以农村基本住房保障、医疗、养老、最低生活保障等为主的社会保障体系,使农民即使在失去房屋后依然能够有所居、有所医、有所养,解除农民后顾之忧,为农房抵押贷款工作顺利推行创造良好社会经济条件。一是完善社保法律法规。社会保障作为一种公共服务,完善的法律法规对其建立和发展具有重要作用。国外发达国家社会保障体系的建立和完善,除了其强大的经济实力外,完备的法律法规体系也是其成功的重要原因。我国农村社会保障体系缺乏明确的法律法规支持,健全和完善农村社会保障的法律法规对农村社会保障的顺利推行和持续发展就显得至关重要。对国务院已经出台的《城乡居民基本养老保险意见》《农村新型合作医疗保险条例》《农村居民最低生活保障条例》等规定要按照农村新型保障体系建设要求进行进一步完善,在此基础上可以考虑先行出台《农村社会保障法》,用法律形式将农村社会保障的对象、范围、保障标准、资金来源、机构设置、管理运行、监管机制等做出明确规定,使农村社会保障工作有法可依,强化农村社会保障的法治性、规范性和约束性。① 考虑到国家层面立法的长期性，城乡差别的现实性和农村社会保障的特殊性，也可以先由地方结合当地实际制定地方性法规，促进当地农村社会保障工作的顺利进行，为国家层面制定统一立法提供经验和借鉴。二是丰富社会保障内容。社会保障体系包括社会保险、社会福利、社会救助等多个方面，实际建设中应该保障基本，突出重点。要进一步完善农村社会养老保险，在强调和坚持以家庭保障为基础的同时，尽快建立较为完善的农村社会养老服务体系。要不断完善农村新型合作医疗保险，进一步加大对农村新型合作医疗的投入与支持力度，逐步缩小农村医疗与城市医疗卫生服务水平。要不断改革和完善农村社会救助体系，加大临时救助、五保户供养、特困户救助、扶贫脱贫救助、灾害救助等，结合各项救助措施分类制定保障的具体条件和范围。要逐步提高农村最低生活保障标准，各地应结合经济发展水平、政府财政能力、区域物价水平等因素综合确定农村最低生活保障标准，并逐步提高，确保真正困难群众享受到政府补贴。要完善其他特殊群体的社会保障项目，对留守老人、残疾人士、退伍老兵、失地农民、住房抵押失房农民等，让他们在医疗、休养、保健、再就业等方面享受更多的社会保障。② 三是加大资金筹措力度。构建完善的农村社会保障体系必须要有大量的资金作为前提和基础，而如何筹措到大量资金则是建设农村社会保障体系的关键问题。我国应建立国家、集体、个人三方共同负担、共担责任的相对稳定的多主体多层次保障资金筹措机制。鉴于现阶段农村的经济发展和农民的收入状况，除农民应缴纳个人部分之外，更要加大多方面的筹资渠道。首先，要加大政府财政支持力度。政府强有力的财政支持是社会保障持续发展的重要条件，国家应逐步提高和增大农村社会保障在财政总支出中所占比例，加大财政资金对农村社会保障的投入力度。其次，政府应强化社保基金的运营，拓宽社保基金投资领域，确保社保基金保值增值，提高社会保障能力。再次，要加大农村集体资金投入比例。将农村集体经济组织积累财产中的一部分用到社会保障事业中来，如每年划拨一定比例集体资产充实到保证资金中来，为困难群众、60 岁以上老人和残疾人士提供免费医疗，为全体村民提供公

---

① 河北金融学院课题组. 完善河北省农村社保体系的思考［J］. 金融教学与研究，2007（6）：31 -33.

② 郭腾贵. 成都市农村社会保障的现状、问题及对策探讨［D］. 四川师范大学硕士学位论文，2016：39 -40.

共卫生服务等。最后，应在社会慈善组织的投资收益和彩票公益金收入中争取一部分，用于农村社会保障体系建设。① 四是健全社保监管机制。农村社会保障体系的建立和健全不但要丰富保障内容，还要对其监管机制进行改进和完善。首先要充实各级监管力量。充分发挥各级财政监督部门、审计部门、监察部门的作用，确保社保基金专户运行、封闭运行和社会化发放。其次要建立长效公示机制。依法将年度社保基金的收支、运行、投资和管理向社会公开，接受群众和社会的监督。再次要加强稽查动态管理。对农村最低生活保障、特困群体补助等情况要进行动态检查，凡超过保障线或经济状况改变不再符合保障要求的要及时退出，确保有进有出，运作合理规范。② 最后要严肃追究法律责任。对在农村社会保障基金运营管理中有监守自盗、私自挪用、贪污受贿等违法行为并且情节严重的，直接移交司法机关追究其刑事责任。

三、居住权利保障与抵押权人风险的利益平衡

（一）居住权利保障与抵押权人风险的冲突分析

1. 作为抵押人农民的利益分析

农民作为农房抵押融资中最重要的一类主体，基于农民的弱势地位和农村问题的特殊性，应对其正当利益诉求进行特殊的关注。我国改革开放 40 多年来，特别是农村改革实践中形成了一个基本经验：充分尊重农民意愿，有效保护农民权益。③ 在农民房屋抵押融资实践中，也必须坚持和遵守这一基本原则。从禁止农民房屋抵押到逐步赋予农民房屋抵押权，并保证农房的财产价值得以充分体现，这不仅是农民财产性收入增长的具体途径，也是有效保护农民权益的具体体

---

① 周小英. 社会主义和谐社会视阈下的农村社会保障体系建设研究——以湖南省岳阳市的农村为例 [D]. 武汉纺织大学硕士学位论文，2016：31.

② 荣伏林，贾建方. 加强农村社保体系建设 构建社会主义和谐新农村 [J]. 农村财政与财务，2009（10）：19 – 21.

③ 刘广明. 农地抵押融资功能实现法律制度研究 [M]. 北京：人民出版社，2016：211.

现。农民在农房抵押融资功能实践中的正当利益诉求应着重包括以下几点：一是在抵押农房设立环节，充分尊重农民的意愿。将农房抵押设立的决定权完全赋予农民，要不要设立农房抵押，和谁签订抵押合同，抵押合同包括哪些内容，设立多长时间，借贷多少款项等全部由农民自己决定。二是在抵押农房实现环节，准确评估农房价值。一旦农民不能按期偿还贷款或双方约定情形出现时，在对抵押物房屋拍卖变卖时，要合理评估农房的真实价值，做到"物有所值"，不能损害农民利益。三是在抵押农房实现环节，要保障农民的基本居住权利。一旦农民房屋被强制执行拍卖变卖，农民的基本居住权利将受到很大影响，鉴于农民基本只有一套住房的事实，是保护农民利益优先还是保护债权人利益优先？国家提出"谨慎稳妥"进行农房抵押试点，似乎倾向于保护农民基本居住权利，但金融机构的损失如何降低到最少也需要重点考虑。

2. 作为抵押权人金融机构的利益分析

在农房抵押融资中，抵押权人应不限于农村金融机构，凡是能够提供贷款并愿意接受农民房屋抵押的民事主体都可以成为抵押权人，但在试点过程中以及从目前农村贷款实际情况来看，农村金融机构必然是贷款资金的主要提供者，其他一般民事主体的资金供给能力无法与农村金融机构相比。因此，也需要对金融机构在农民房屋抵押贷款中的正当利益诉求进行合理分析。作者认为应着重关注以下两点：一是贷款资金的安全性。农村金融机构要确保其投放的农房抵押贷款资金按时收回，这是其最基本的利益诉求。目前农房抵押处于试点阶段，加之法律法规不完善，金融机构面临着许多风险。金融机构应从内部、外部、政府等多个层面加强风险防范，确保债权到期时能够按时收回贷款。二是贷款业务的营利性。除过政策性金融机构外，其他农村金融机构大多是自负盈亏的营利性机构，追求盈利，通过开展农房抵押贷款业务获得不错的经济回报也是金融机构的利益诉求。如果金融机构不能从农房抵押贷款业务中获得合理利润，则会影响其贷款的积极性和主动性，甚至会影响农房抵押贷款业务的顺利开展。

农民住房抵押权实现时抵押人的基本居住保障与抵押权人的合法债权实现始终是一对难以调和的矛盾，特别是在农民房屋的特殊性，农村社会保障体系不健全的背景下，这对矛盾显得更为突出。一方面，政府希望通过农房抵押贷款实现农民财产性收入增长，解决农村融资难问题，发展农村经济；另一方面，由于法律障碍和制度缺失，金融机构又面临着抵押权实现中的一些不确定因素和巨大的风险。究其实质，这是安全与效率之间的矛盾，在追求稳定压倒一切的刚性政治环境下，到底是保护抵押人的基本居住权利重要，还是保护抵押权人的债权实现重要？

债务人与债权人的权利冲突并非只在农民房屋抵押权实现中存在，而是一个较为普遍的话题。曾经一段时间债权绝对保护的思想占据上风，后来渐渐认为也需要保护债务人的权利。20世纪80年代以来，消费者个人破产立法在许多国家兴起，更加强调对债务人的权利保护。但在美国，过于保护债务人的权利也引发了一些负面效果，遂又约束债务人个人破产的实施，出现了增加债权人利益保护的发展趋势。① 时至今日，人们普遍认为，不管是债权人还是债务人的合法权益都需要平等保护。一方面，对债权实施绝对保护而不顾债务人基本生存的观念应被抛弃；另一方面，保护债务人的利益应该也有一定限度，否则债权人的权利只是法律上的"一些虚饰的废话而已"，结果是"本来主动的债权人对债务人就好像一只永远追不上老鼠的病猫"。② 但对债务人与债权人的权利保护如何具体平衡协调仍未形成共识。

（二）居住权利保障与抵押权人风险的平衡标准

在农民住房抵押权实现中如何平衡抵押人的基本居住与抵押权人的债权实现的冲突，如果按照科斯的说法，我们到底是牺牲抵押权人的债权，保护抵押人的生存权还是相反，即哪个权利更为重要一些。③ 对抵押人和抵押权人的利益平衡从本质上讲是一种利益分配，偏重或加大对任何一方利益保护都意味着将损害另一方的权利，也会产生不公平的结果。在农民住房抵押权实现中，如果偏重对抵押权人的保护，将导致银行执行成本过高，因为变卖前需要6个月宽限期，甚至还要提供临时住房等，不符合效率原则；即使可以强制执行，可能会出现激烈冲突，导致部分农民居无定所，影响社会稳定与和谐，使银行扮演一个不道德、缺乏社会责任的形象。而反过来偏重对抵押人的权利保护同样会带来一些负面后果，作为抵押权人的银行是自主经营、自负盈亏的商业机构，追求的是股东利益

---

① See Tabb, Charles Jordan. Lessons from the Globalization of Consumer Bankruptcy [J]. *Law and Social Inquiry*, 2005 (4): 763 – 782.

② 闫仁群. 民事执行权论 [M]. 北京: 法律出版社, 2007: 141.

③ R. H. Coase. The Problem of Social Cost [J]. *Journal of Law and Economics*, 1960 (3): 1 – 44.

的最大化,其贷款资金大多来自公众存款,如果损失较大不仅会损害股东利益,也会损害存款人利益,严重的还会影响金融安全。同时也会让抵押人存在道德危机,出现恶意逃债的现象。因此,平衡抵押人和抵押权人的利益不仅要从法律方面进行分析,更要从经济、政治、社会、伦理、道德、习惯等多层面多角度进行考量,最优选择是尽可能让各利益相关方均能接受。①

抵押人和抵押权人之间权利保护的利益平衡应尽量协调安全与效率的标准,保障抵押农民的基本居住条件着眼于安全,必然会对农房抵押融资进行一些限制;而开展农房抵押融资却着眼于效率,必然会追求高效便捷利益最大化。作者认为,在现阶段农民生活水平总体较低,农村社会保障体系不健全的背景下,开展农民住房抵押贷款业务应以安全和稳定为前提,再追求经济效率。为了鼓励农民以自己房屋抵押贷款,激励金融机构开展农房抵押业务,地方政府可以采取一些激励措施先把农房抵押业务发展起来,如通过奖励和补贴措施,设立融资担保机构和资产管理公司,建立风险补偿基金,开展农民房屋保险业务等降低和控制银行的信贷风险。这些激励、补偿甚至兜底的措施在一定程度上是偏重对作为抵押权人的银行利益的保护,但这些措施可以为农房抵押业务开展和深化农村金融改革"保驾"一时,却无法"护航"一世,应是一种短期的暂时的权宜之计,不应作为一种长期的政策存在,应随着农村产权交易市场的完善和成熟而逐步弱化和退出。当然,一旦有抵押农民因各种原因最终无法清偿银行债务的,作为抵押权人的银行可以申请强制执行,在强制执行中先通过放宽限期、房屋置换、强制管理、提供临时住房等措施尽量保证其基本居住,如果通过这些措施仍然无法解决的,建议"银行效率"让位于"居住安全",通过延长债务期,甚至纳入银行坏账呆账体系予以债务豁免的方式保障抵押人最低的基本的居住条件。随着农民法律意识和市场意识的提高,农村住房保障制度的推行,农村社会保障体系的逐步完善,农房抵押贷款中的这一对矛盾和冲突将会逐步减少甚至消除。

---

① 鲁篱,万江.债权实现中的利益平衡——以汶川震后银行贷款处理为中心〔J〕.法学家,2009(1):103-112.

四、本章小结

农民住房抵押权实现时抵押人的居住权利保障与抵押权人的债权实现之间的矛盾始终存在，在对农民抵押房屋变现时，应遵循居住权高于债权、尊重当地的习俗、符合良法善治精神、保障优先购买权的法律价值，并通过确定生活必需房屋标准，提供临时住房保障居住，采取房屋置换保障居住，强制管理执行租金收益，相对独立房屋分割拍卖，加快农村保障住房建设等多种措施尽可能保障抵押人的基本居住权利，通过农房抵押贷款解决农村融资难发展农村经济的同时，维持农村社会的和谐稳定。

农房抵押贷款业务办理中作为抵押权人的银行主要存在法律风险、信用风险、操作风险、市场风险，如果不对这些风险进行预防、分散和控制，就无法激励金融机构办理农房抵押业务的积极性。通过对重庆、成都、宁波试点开展农房抵押业务中风险防范主要做法的调查和分析，制度先行是前提，确权颁证是基础，市场建设是关键，风险基金是保障为我们在农房抵押贷款业务中防范风险提供了有益的借鉴和启示。完善抵押权人的风险防范主要从法规制度、金融机构、风险控制、中介服务四个层面来进行，法规制度层面要完善抵押法规制度，加快农房登记进程，提供相应司法保障。金融机构层面要出台贷款管理办法，细化抵押操作规程，加快信用体系建设。风险控制层面要设立抵押风险基金，采用联合担保方式，建立农房保险制度。中介服务层面要加强市场平台建设，完善农房评估规则，健全农村社保体系。

抵押人和抵押权人权利保护冲突平衡与协调的标准应是安全与效率，笔者认为，在现阶段农民生活水平总体较低，农村社会保障体系不健全的背景下，开展农房抵押贷款业务应以安全和稳定为前提，再追求经济效率。待到各项配套制度和措施完备，农民的法律意识和市场意识整体提高，再由市场调节进行完全市场化的运作。

第七章 农民住房抵押权实现中农村产权交易市场的构建与运行

农民住房抵押权实现中农村产权交易市场对促进农房变现，降低交易成本，实现公平公正透明交易，保障各方主体合法权益都具有重要作用。目前我国农村产权交易市场建设存在建立时间较短、交易范围较小、信息化水平低、法律规范缺乏等问题，尽快建立全国统一运转协调的农村产权交易市场并进行法律规制就显得尤为迫切。本章运用产权交易市场理论通过对农村产权交易市场内涵、性质、功能、建设现状以及存在问题的分析与考察，重点就农村产权交易市场的设立、运行、监管进行论述，以期对优化农村产权资源利用配置和农村产权交易市场的规范化发展提供理论基础和实践价值。

一、农村产权交易市场的内涵与性质

（一）农村产权交易市场的内涵

1. 产权

产权是现代经济和社会的基础性概念，是现代经济社会有序发展的重要元素，也是维系产权市场正常交易的必要条件，对构建现代社会和经济运行秩序发挥着不可替代的作用。产权从文义解释的角度看，"产"指的是产业、财物，

"权"指的是权利、利益，① "产权"二字合在一起就是财产权利的意思。但是"产权"作为一个学术上的概念，在不同的专业领域其内涵不同，一般经济学与法学领域使用最多。而产权的概念和内涵在经济学和法学领域却存在不少分歧。从经济学角度讲，"产权"不仅是人们享有的权利，包括如何处置这些权利，也是一种资源与人、人与人之间的关系。其内涵是与生产要素密不可分的，主要是强调在有限的资源条件下如何进行分配的问题。费雪认为"产权是当它承担享受这些权利所支付成本时的自由权或享用财产的收益"②，佩乔维奇认为"任何资源都具有相对稀缺性和多种可替代性，人类社会必须解决资源配置和资源用途的两个根本生存问题"③。

相较于经济学意义上的产权概念，法学意义上其概念主要从财产所有权的角度进行界定。《牛津法律大词典》认为"产权也称为财产所有权，包括了占有、使用、转让和其他财产所有权的权利"。我国《民法典》认为"财产所有权是所有权人对财产依法享有的占有、使用、收益和处分的权利"。在法学领域人们更倾向于使用物权这个概念。强调是由国家强制力保障实施的"法定权利"，以便与"物"的归属问题进行区别，并不刻意强调实际上的控制或运营。

从某种程度上说，法学意义上的产权概念与物权是一致的，都是指法律主体对客体的权利，即主体与特定客体之间的一种法律关系。这种法律关系常常表现为主体对特定财产的排他性所有（包括占有权、使用权、收益权和处分权等），可以说产权是一个"权利束"，是一系列权利的集合。法学意义上的产权直接与"物"关联。这里的"物"可以是有形的实体，也可以是无形的拟制的物等。产权从权利本身来讲是一种法益，其内容是辩证统一的，一方面是主体对特定客体和其他主体的权能，即主体对特定客体或其他主体作为或者不作为的权利，另一方面是该主体通过对该特定客体和其他主体采取的法律行为从而获得什么样的利益。

2. 农村产权

对农村产权范围的研究不能仅局限于法学意义上的物权，但同时也不能将研

---

① 中国社会科学院语言研究所词典编辑室．现代汉语词典（第五版）［M］．北京：商务印书馆，2005：149.

② L. Fisher. Elmentary Principles of Economics［M］．New York：Macmillan，1923：2.

③ 黄勇．产权新解：法学与经济学的比较［J］．求索，2008（7）：43－51.

究范围无限扩大，而应当从法学与经济学交叉领域进行深入研究。因此，界定农村产权的内涵需要从生产生活实际出发进行全面考量。

土地是农村最重要的生产资料。这里的"土地"应作广义解释，包括：可耕地、山林地、草场、滩涂、渔业海域、建设用地和非建设用地等。无论是农民、牧民还是渔民，土地与他们的生产生活都息息相关，可以说土地就是他们的"命根子"。因此，土地与农村产权都密切相关，抛开土地来谈农村产权是不切实际的。

我国实行社会主义公有制的经济制度，宪法规定土地除国家所有的以外，农村和城市郊区的土地、宅基地、自留地、自留山、滩涂都属于集体所有。[①] 因此我国土地的所有权除了国有就是集体所有，其他任何主体都没有土地所有权。《土地管理法》把农村集体土地所有权主体划分成三级：乡（镇）、村、村民小组，但实践中村更多地承担所有权主体之职。在土地承包关系"长久不变"和再延长 30 年的背景下，对于农民个人而言实际上就是将集体土地分配到户进行利用。因此，农村产权是指农民对分配到户的集体资产除处分权外所具有的占有、使用、收益的权利，主要包括土地承包经营权、宅基地使用权、林权、滩涂水域养殖权、集体建设用地使用权、农业基础设施使用权等。随着农村土地制度的进一步深化改革和土地确权颁证工作的推行，土地产权制度改革也在向纵深发展，在确权颁证的基础上明确农村产权的划分可以保障农村产权的有效流转。农村产权制度改革是增加农民收入、保障农民权益、增强集体经济、促进乡村振兴的重中之重。

除集体所有的农村产权外，农民个人或者家庭所有的财产以及相关权益也属于农村产权的范畴，包括房屋、农作物、地上附着物、农机具、牲畜、农村集体经济组织中的股权等。这些权益不同于土地产权，农村土地产权是以集体土地所有权为核心的权利束，是对土地的支配权、绝对权，能够请求一般人为或不为一定行为的权利，其义务人为权利人之外的一切人。农村土地产权必须由法律进行规定，其变动一般采取登记要件模式。而农民自有产权除住房外一般为动产，其

---

① 罗亚海，张文臻. 农村宅基地流转及其法制研究：从法经济学的视角分析 [J]. 山东农业大学学报（社会科学版），2009（2）：62-65.

变动采取交付生效方式。① 总之，农村产权的范围与法学意义上的"产权"范畴有所不同，是法学与经济学相互交叉重叠的领域。农村产权理论的完善对统一农村产权交易市场、规范产权交易流转、保护农民财产权益乃至完善社会主义市场经济体制都具有重要的意义。

3. 农村产权交易

农村产权交易是指农村资源或资产的所有者或使用者通过产权交易市场有偿转让农村产权的一种经济活动。本书所称的农村产权交易是指出让主体在行使一定民主决策程序或政府审批备案程序后，通过农村产权流转交易平台发布出让信息，有偿转让产权的行为。农村产权交易和一般的商品交易类似，同样需要遵循等价交换原则和公平公正原则，一般都能通过货币来衡量。由于农村产权大多与经济学意义上的完整产权不同，特别是土地的开发使用会受到不同程度的限制以及严格的管制，因此农村产权交易一般要在政府的依法监管下进行。农村产权交易大多是围绕土地或以土地为基础进行，使产权交易中一般只变更农村产权的使用权、经营权或收益权。农村产权交易主体一般包括农户、农业生产企业和农业经济合作组织，特殊情况下农村集体经济组织也可参与交易。

农村产权交易方式主要包括协议转让、招标转让和竞价拍卖。协议转让是指交易双方通过协商、洽谈最终形成一致意见后签订转让合同，一方支付价款，另一方转移产权相关权利的交易方式。招标转让是向多名受让者以公开竞价的方式转让，通过评标与最优标者最终成交的产权交易方式。招标转让包括邀请招标和公开招标两种，其交易程序一般包括发布投标邀请书或招标公告、投标、开标、评标等环节。② 竞价拍卖是指通过公开竞价的方式，由出价最高者最终获得产权的交易方式。

4. 农村产权交易市场

一般来看，交易市场是买卖双方在固定时间和地点进行各种交易的场所。但是随着市场经济的发展和完善，市场具备了两种内涵：一种是指交易场所，如传统市场、股票、债券、期货市场等；另一种是指各种交易行为所形成的经济关系

---

① 陈本寒，艾围利. 物权公示前置主义之构建［J］. 烟台大学学报（哲学社会科学版），2011（3）：17-23.
② 张龙. 天津市宝坻区农村产权流转交易市场发展研究［D］. 天津大学硕士学位论文，2017：5-6.

的总称。因此，市场一词不光是指交易场所，也包括围绕市场交易行为而形成的经济关系。可见，产权市场是以各种产权作为交易对象的市场，它是所有产权交易关系的总和，所有产权发生交换和转移的经济关系都可以称为产权市场。

农村产权交易市场一般不能按地理位置来界定，不能说农村产权交易市场属于农村市场。实际上大多并不建在农村，相反往往建立在城市区域。因此，农村产权交易市场不仅是一个交易场所，也是以物权、债权、股权、农业知识产权等具有农村要素的产权为交易对象的出租、转让、抵押、入股、融资等各类交易行为构成的经济关系。从农村产权的交易范围来看，其农业农村要素特色非常凸显，交易对象既包括有形产品也包括知识产权等无形产品。建立农村产权交易市场不仅是为了推进农村土地的转让、规模经营、集约利用以及退出，还涉及宅基地使用权和房屋所有权、股权等的转让抵押。农村产权交易市场通过对所有产权交易的信息的汇总和提供，联通交易双方，实现交易主体的信息对称。同时利用其中介服务功能，简化交易手续，规范交易流程，缩短交易过程，进一步促成交易实现产权顺利流转。特别是农村产权交易市场逐步建立的程序、规则和惯例方便了交易的达成，大大降低了交易成本，有效平衡了供需矛盾，促进交易进行。因此，利益分配实际上是农村产权交易的核心，各类农村产权通过市场交易活动在不同主体间进行流转，使社会资源与财富以分配和再分配的方式促进社会的分配公平。

在市场交易中，商品生产者和经营者的经济活动一般都是遵循价值规律的自发调节依据商品价格的上涨或下跌来决定自己的生产和经营活动，因此，自发调节会使部分企业过分追求自身利益的最大化而产生不正当竞争行为，如哄抬市场价格、知假卖假、不守诚信、扰乱市场秩序等。而我国农村产权交易市场是为深化农村土地制度和集体产权制度改革建立的一个重要平台，承担着农村资源资本化、交易平台化、服务规范化、融资多元化的重要功能。[1] 它通过公开招标、公平竞价以法定的方式设立和运行，为开展各类产权交易活动或为广大农民群众提供服务。土地流转交易是增加农民收益、促进人口流动的重要措施。[2] 我国目前

① 刘颖. 农村产权流转交易市场体系建设与配套制度研究——以四川省为例 [J]. 湖北农业科学, 2014 (17)：4239－4243.

② Veettil P C, Kjosavik D J, Ashok A. Valuing the 'Bundle of Land Rights'：On Formalising Indigenous People's (adivasis) Land Rights in Kerala, India [J]. *Land Use Policy*, 2013 (1)：408－416.

已建成的各类农村产权交易市场，基本都是在履行政府职能基础上通过扩大范围和增加功能而建立的，政府干预性非常明显，这就使农村产权交易市场形成了不同于其他产权交易市场的一些典型特征：

（1）交易内容的多样性。从产权交易范围来看，农村产权交易市场可以从事如租赁、承包、转让、抵押、参股、置换等多种形式的产权交易。交易活动已经大大突破了有形的市场范畴，交易的内容和形式变得更加多样化。

（2）交易过程的专业性。农村产权是特殊的农业生产生活要素的集合体，通过交易可以使原来的生产结构和组织结构发生改变。[1] 产权交易市场要为各类产权交易提供包括信息上的中介服务，转让价格的评估确定与产权交易的过户登记等各种服务，比单纯的实物交易要相对复杂。由于农村产权的范围较广和差别较大，交易组织者不仅要熟悉其交易标的，掌握其具体信息，还要具备一定的经营管理能力。经纪人必须具备专业的经济、管理、法律等方面知识，才能高效率更便捷地为广大群众服务。

（3）市场建设的政策性。农村产权交易市场是在我国深化农村改革和土地制度改革的背景下推出的一项惠农措施，关系到国家对农业的宏观调控和农村产业结构调整以及农村集体和广大农民的利益，涉及面很广，需要规划、土地、农业、财政、金融等多个部门以及农村集体经济组织之间相互支持和配合。土地等农村产权如果仅仅依靠市场自身调节进行交易，就容易发生市场失效甚至引发市场动荡，政府应加大交易市场的干预和监管来弥补单一市场调节所带来的缺陷。[2] 因此，农村产权交易市场的设立和发展在很大程度上必须借助于国家的政策和资金支持。

（二）农村产权交易市场的性质

1. 服务平台属性

农村产权交易市场在建立和运行中应当始终把服务农村放在中心位置。农村产权交易市场在未建立之前，就一直存在着规模较小的土地流转交易，这些交易

---

① 任凤珍，张忠起. 推进多层次资本市场建设加快产权市场发展 [J]. 产权导刊，2003（1）：22-24.

② Deininger K, Ali D A, Alemu T. Productivity Effects of Land Rental Market Operation in Ethiopia: Evidence from a Matched Tenant – landlord Sample [J]. *Applied Economics*, 2013（25）：3531-3551.

基本上是通过亲属或熟人作为中介进行的，存在信息不对称、交易价格低、时效性较差等问题。现行《土地承包法》和《承包经营权流转办法》虽然都鼓励和保护土地承包经营权流转，但受制于交易平台的缺乏，使交易成本、交易难度增加，制约着土地的规范流转。土地确权是发展中国家推进土地流转的基础，若没有明确的土地产权并颁发证书，政府和市场对土地的调节作用都非常有限。[①] 只有在确权的前提下，才能保证整个土地市场高效运转，有效配置土地资源。[②] 土地等产权的流转对增加农户收入和提高农业生产率都有显著的正面效应。[③] 目前，农村产权交易市场在许多省市和地区都已建立，但是服务的范围仅限当地，辐射范围小；交易品种一般只是土地和林地，交易范围狭窄。构建统一的农村产权交易市场可以更好地为三农服务，方便群众，提高经济效率，搞活农村经济。

构建统一的农村产权交易市场是充分保障农民合法权益的有效手段，无论是土地承包经营权、林地的交易，还是农村集体经营性建设用地、农民房屋的交易，借助市场发挥主导力量，使得交易过程及结果公开透明，就会形成交易双方的博弈。同时，政府也需要发挥管理和监督作用。除农村土地外，其他农村产权同样可以在交易市场中进行交易，在方便广大群众的同时也降低了交易成本，提高了交易效率，搞活了农村经济，使农村产权交易市场的服务平台属性充分体现。

2. 市场主导作用

市场和政府都在农村产权交易过程中发挥作用，但是以市场为主导还是政府为主导就关系到效率和公正的问题。政府干预会使土地交易过程受到干扰，使其低效率运行。[④] 而以市场为基础的土地等产权的流转可以使土地利用的效率和价值更加高效实现，这些都是行政力量无法相比的。[⑤] 目前我国整体上已经进入工业和城市反哺农业和农村的新阶段，农村产权交易市场再也不能采取行政力量主

---

① Gorton M. Agricultural Land reforming Moldova [J] . *Land Use Policy*, 2001 (3): 269 – 279.

② Binswanger. Liesbet Vranken and Johan Swinnen. Land Rental Markets in Transition: Theory and Evidence from Hungary [J] . *World Development*, 2006 (3): 481 – 500.

③ Songqing Jin, Klaus Deininger. Land Rental Markets in the Process of Rural Structural Transformation: Productivity and Equity Impacts from China [J] . *Journal of Comparative Economics*, 2009 (4): 629 – 646.

④ Claudio Frischtak. Urban Sprawl and Farmland Prices [J] . *American Journal of Agricultural Economics*, 2006 (4): 915 – 929.

⑤ Klaus Deininger, Song Qing Jin. The Potential of Land Renta—Markets in the Process or Economic Development: Evidence form China [J] . *Journal of Development Econimic*, 2005 (1): 241 – 270.

导方式进行建设。政府应当结合实际制定和实施有效的政策措施，防止过度参与和操作，要为维护和创造公开公平公正的交易环境服务。① 随着农村土地承包经营权、集体建设用地使用权、宅基地使用权和农民房屋转让的逐步推行，部分地方政府基于政绩考量，违背当事人的意愿，强行推进农村产权交易，造成了一些不利后果。只有建立健全农村产权交易市场，探索新的产权交易模式，才能形成约束激励机制，减少政府对农村产权交易的过分干预，还权于市场。当然，发挥市场配置资源和作用也有失灵的时候，行政力量少量地适当地介入农村产权交易仍是必要的。农业规模化经营促进了土地交易的发展，同时土地市场也需要政府对其进行必要的干预。② 政府要充分利用立法、行政等综合手段构建良好的土地交易市场和环境，明晰土地产权，规范交易行为，③ 促进交易市场健康平稳发展。

3. 农业农村特色

在市场经济条件下，资本流入的区域会发展得更快更好，而资本流出的区域则会逐渐陷入贫困甚至衰退。④ 中国改革开放以来推行的城市化与工业化是在行政力量主导下通过"城乡土地剪刀差"获得的，这也是造成农业农村相对落后的主要原因。三农问题要从根本上加以解决，必须在更大范围内合理配置农村土地资源，形成城市工商资本持续流入农业农村的长效机制，进一步加大对农业农村的国家财政投入力度，防止农业生产要素从农村向城市流出。因此，建设农村产权交易市场是整合利用社会资源为整个农业农村发展服务的，具有鲜明的农业农村倾向性。农村产权交易市场的主要对象是农村集体组织、农业企业、合作社和农民个人，在主体上具有农业农村特色；农村产权中最主要的是农地产权，与其他产权不同，集体经济组织和农民个人对它有很大影响，在交易范围上具有鲜明的农业农村特色；农村产权交易市场大多是在早期的农村土地流转中心基础上建立的，交易的对象基本是物权、债权、股权、农业知识产权等具有农村要素的农村产权，在客体上其农业农村特色也较为明显。

① 张瑞恒，王怡彤，赵颖等．天津、成都农村产权交易发展的比较与建议 [J]．环渤海经济瞭望，2015（5）：18－21．

② Randall G. Holeombe. The New Urbanism Versus the Market Process [J]. *The Review of Austrian Economics*, 2004（2）：285－300.

③ Tasso Adamopoulos. Land Inequality and the Transition to Modem Growth [J]. *Review of Economic Dynamics*, 2008（2）：257－282.

④ 文宗瑜．我国亟需建立农村土地产权交易市场 [J]．产权导刊，2009（9）：32－34．

4. 地域特征显著

我国农村产权交易市场的建设在党的十八届三中全会后得到了较大发展，各地先后建立的农村产权交易所或农村产权交易中心以服务本行政区域内的群众为主要目的。从地域分布上看在东部和南方地区农村产权交易市场建设的数量较多、覆盖范围较广。而中西部地区和北方地区则相对较少。东部地区、南方地区农村经济发达，人口稠密，而农业用地十分紧缺，用地需求旺盛，因此迫切希望交易流转各类农村产权。许多中西部地区的农村产权交易市场大多是在已有农村产权交易中心的基础上吸收借鉴发达地区设立运营经验建立的，从时间上更晚一些，交易范围也相对狭窄和保守。例如，新疆吉木萨尔县农村产权交易中心成立于 2014 年 8 月，目前交易范围主要包括土地承包经营权、集体林地使用权、林木所有权和水权等 5 项，① 在实际交易中则以土地和林权交易为主。而浙江省温州市农村产权的交易范围则包括土地承包经营权、林权、集体资产所有权、农村房屋所有权、水权等在内的 12 类农村产权。而且规定农民住房抵押权实现时，参与买卖的范围扩大到县域内的非城镇户口人员。② 通过比较可以看出，不同地域的交易市场其设立形态存在较大差别，其交易内容、交易数量和交易范围也因地域的不同有所不同。总之，由于我国国土面积广大，地形地貌不同，各地经济发展状况不均衡导致了农村产权交易市场具有明显的地域性特征。

二、农村产权交易市场的功能与价值

（一）农村产权交易市场的功能

1. 信息传递功能

信息在日常生活中具有十分重要的作用，人们之间只有不断地交流各种信息，才能使生产生活等活动正常进行。农村产权交易市场中，信息传递功能是指

---

① 卫勇. 吉木萨尔成立全疆首个农村综合产权交易中心［N］. 新疆日报，2014 - 08 - 11（A4）.
② 吴群. 农村产权交易市场发展若干问题思考［J］. 现代经济探讨，2014（10）：41 - 43.

将有交易需求的农村产权信息进行收集整理，并在交易平台上进行发布，将买方和卖方的交易需求进行互换，最终促成双方达成交易的功能。农村产权交易市场将交易标的的信息进行公示，让潜在交易者了解和知道标的的基本情况，如果符合自己需求就会向出售人进行沟通和磋商，使双方的真实意思表示相互传达，最终促成交易公平达成。由于农村产权交易市场处于创建阶段，信息传递功能的发挥是以单向传递为主、反馈传递为辅的方式。出售人将出售信息发给交易市场或通过交易平台自行发布，等待买受人联系、磋商或竞价；同时交易市场也会把接收到的需求信息有针对性地进行反馈传递。

2. 价格发现功能

价格是产权交易的关键因素，也是买卖合同的主要条款。农村产权交易市场的价格发现功能是指产权交易市场能够提供各种农村产权的未来有效价格信息，也称价格规范或标准。由于产权市场是一个有组织有管理的规范化市场，交易市场聚集了众多的买方和卖方，他们把自己所掌握的农村产权的供求信息以及变动趋势集中到交易场内，能够体现出农村各类产权的真实价格，价格发现类似于通过拍卖的方式来确定交易价格，使交易双方较为容易发现什么样的价格更能达成交易的机会，能够在一定程度上反映出交易者对农村产权价格走势的预期和供求状况，从而使交易市场成为一个公开竞争的自由市场。价格发现具有预期性、连续性、真实性和权威性的特征，能够减少交易费用，促成交易双方达成较为满意的交易价格。价格发现不仅对农村产权交易市场的各类交易者产生了直接的指引作用，也为产权交易市场以外的其他相关市场提供了有价值的参考信息。

3. 交易中介功能

中介是现代产权交易市场的一项重要职能。交易中介功能是指产权交易市场接受买卖双方的委托，代理双方进行交易，从而简化交易流程，提高交易效率。反过来专业化的委托代理制又培育了中介服务机构，提升了中介服务人员的业务素质。交易中介有利于延伸政府服务，分化社会管理，完善市场机制，政府对交易市场的宏观调控只有把交易中介功能和市场自发调节结合起来才能更好地发挥作用。交易中介大多属于民间性质，甚至有的中介机构就是一个民营企业。交易中介一般需要经过依法审查获得认证或经营资格，同时独立承担自己经营业务产生的责任，接受市场监管部门的监督和管理。

4. 服务三农功能

农村产权交易市场为涉农主体开展产权流转交易，提供服务和支撑保障的重要作用。随着农村产权交易市场的逐步发展完善，交易范围已经拓展到了集体资产所有权、土地承包经营权、农村房屋所有权、林权、水权等在内的多种农村产权。通过产权交易不仅激活了农村沉睡资本和闲置资产，增加了农民财产性收入，发展了农业规模经营和现代农业，也为农村集体经济组织、农民专业合作社、农户等主体获取资产增值收益提供了保障，为加快农村资产资本化创造了条件和提供了便利。①

（二）农村产权交易市场的价值

1. 规范农村产权交易行为

在综合性的农村产权交易市场建立之前，实践中农村产权的流转主要是土地承包经营权转让和农民房屋的私下转让。农民在转让中大多遵守的是本村约定俗成的"村规民约"，有的是手写的非格式化的合同，有的采用口头协议，有的邀请村中有威望的或辈分地位较高的长者作见证。基本上是以自行流转为主，交易行为不规范，法律保障性差，发生纠纷后一般采取私力救济，有时很难解决，损害了各方的利益。

地方政府在建设农村产权交易市场时一般会将交易范围、办事依据、时限、程序、收费标准、服务承诺等向社会公开，并以交易章程或者交易规则等规范性文件的形式存在。交易市场会对产权交易信息（交易双方的资质证书、营业执照、经营业绩及技术人员证书等）发布前实行严格审查，发现有违法违规等不规范内容的，会通知交易人进行更改，确保交易信息的准确，增强了交易的公平公正性。由于农村产权特别是土地使用权的交易会涉及政府多个部门，在交易前可以协调各部门共同参与联合审核，避免各自为政、相互扯皮造成的失误，进一步促进农村产权交易的规范化，提升产权交易的效率。另外，在全面实行资格审查的基础上，政府应通过农村产权交易市场的交易大厅和网络平台，加大产权交易信息和过程的全方位公开，构建设置科学、运行规范、监督公正、高效廉洁的管理格局，在"招、拍、挂"的过程中规范专家的抽取和评审行为，让每一项交

---

① 高辰．我国农村产权流转交易市场法律制度研究［D］．天津大学硕士学位论文，2017：11–12.

易都在产权交易市场的监督下进行。强化农村产权交易市场与各行业主管部门的信息互动机制,全面、及时、准确地实现农村产权交易信息资源共享,并记录交易人的信用行为。加大交易后的监督力度,督促合同的全面履行,对发现的违法、违规和违约行为及时处理。可以说,农村产权交易的合同化公开化管理本身就是对交易行为的规范。

2. 完善产权交易服务功能

加强服务体系建设对农村产权交易市场至关重要。政府部门在规划和建设农村产权交易市场时,应以市场体制与机制的创新为出发点,组织行业专家科学总结现有各级各类交易市场设立和运营中的问题与经验,制定科学合理、适度超前的农村产权交易市场发展规划。虽然政府部门在产权交易市场建设中起到推动作用,但是并不意味着它可以置市场规律于不顾,对政府与市场的关系要准确定位,实现政企分开。这样才能确保农村产权交易市场的服务功能自我发展,不偏离市场轨道并进一步完善。建立社会化智能化的农村产权交易系统,健全市场竞争机制,需要专业化的服务团队。农村产权交易市场在法律法规以及政策允许范围内,能够向各类交易主体提供资产、债权、股权、知识产权等权益交易的专业服务,并开展信息发布、交易组织、交易结算、交易登记等后续服务,由专业人员和专业机构在交易各个环节提供方案设计、资产评估、合同签订、法律咨询等规范细致的综合配套服务。这就要求农村产权交易市场在建设的同时,必须强化中介服务机构的建设。通过引导中介服务机构开展市场竞争业务,积极促进产权交易规范化和高效化。支持现有的中介服务机构兼并重组和强强联合,深化和完善交易服务功能。加强对中介代理机构的管理和考核,对年度考核不合格中介代理机构暂停某地区农村产权代理业务。鼓励中介服务机构积极开展交易信息分类与筛选、市场宣传、法律咨询、纠纷解决等专业化程度高的业务,促使其不断提升业务能力,进一步拓展服务领域。因此,健全的中介服务功能可以促进农村产权交易市场服务的规范和完善。

另外,农村产权交易市场的建设无法离开网络平台建设,用好"互联网+"平台,不仅能够及时高效地传递各类产权信息,也有助于推动农村产权交易的法律法规和政策向基层辐射,从而更好地为广大农民服务。统一的农村产权网络交易系统应当包括产权交易需求信息与挂牌项目信息的发布、通知公告、政策法规、交易案例、法律咨询等功能,可以对法律允许范围内的各类主体的资产、债权、股权、知识产权等进行交易。完善的网络交易管理系统可以适时实现项目从信息登记、审核、发布，到组织交易、签约、鉴证、公示、结算、登记备案等全过程在系统内完成，能够有效避免人为干预与操作，使交易过程在透明的"阳光平台"下规范运行。[①]因此，加大农村产权交易市场的信息化建设力度，积极发展网上交易市场，不仅可以提高其服务的信息化水平，为广大群众带来了便利，也提升了整个产权交易市场的工作效率。

3. 保障农民合法产权权益

土地是农民安身立命之本，承包地、宅基地以及农民房屋提供给广大农民最基本的生存和发展保障，土地等产权的流转对增加农户收入和提高农业生产率都有显著的正面效应。[②]农村集体土地的所有权、用益物权、担保物权等构成的权利束以及土地管理体制是农地产权的核心，如果缺失农地产权制度就会给农村稳定发展与农民权益保障造成许多不良影响。在城乡二元土地制度下，政府实际上最终拥有土地的支配权，农民的承包地或宅基地如果被征收或征用为建设用地，需要经过政府的审批。近年来的农村土地征收中出现了大量损害农民利益的行为，如在农民不知情的情况下土地被低价强征、扣缴补偿安置费等，而农民在保护自己权利方面缺乏有效机制。[③]各地在建设与发展中对土地和房屋的强征强拆已经造成非常严重的后果，产生了大量的社会纠纷。地方政府享有了因"低征高转"而产生的高额级差地租，而作为土地使用者的农民只获得较少收益。政府在土地转变用途过程中既当"运动员"也当"裁判员"，而农村集体土地的所用者与使用者无法分享土地用途转变中所产生的阶差地租和增值收益，使集体和农民的合法权益遭受严重损害。随着农村土地征收、集体经营性建设用地入市、宅基地制度改革、农民住房抵押流转等各项试点工作的逐步展开，国家确立的兼顾国家、集体、个人的土地增值收益分配机制和合理提高农民收益的目标，将会改变损害农村集体和农民个人土地和房屋权益的情况。而承包地、集体建设用地、宅基地以及农民住房要直接进入市场交易，首先得建立一个合法规范的农村产权流

①　楼建丽. 关于上海农村产权流转交易市场建设的调研与思考［J］. 上海农村经济，2015（2）：6-9.

②　Songqing Jin，Klaus Deininger. Land Rental Markets in the Process of Rural Structural Transformation：Productivity and Equity Impacts from China［J］. *Journal of Comparative Economics*，2009（4）：629-646.

③　何立胜. 我国城乡二元土地产权特性与农民土地权益的制度保障［J］. 贵州社会科学，2011（10）：45-51.

转交易市场，为其提供产权交易服务。因此，健全的农村产权流转交易市场就成为现阶段深化农村土地制度和房屋制度改革的关键所在。

建设农村产权流转交易市场可以对集体土地、承包地以及农民房屋为核心的农村产权进行交易，实现部分农村集体建设用地直接入市流转，最终达到与国有土地同地同价同权。政府应该采用与获取城市建设用地同样的方式获得农村土地，通过市场公开交易使被征地农民尽可能获得与土地市场价值相当的补偿，这样既保障了农村集体和农民的土地权益，又限制了地方政府牟取土地用途转变中的"暴利"。同时，农村产权交易市场规范化的交易方式能够保证信息对称，在公开透明的监督体制下促进交易的公开公平公正进行。另外，鼓励农民利用产权交易市场以承包、租赁、置换、入股、托管等多种方式参与农村经营性项目的开发，既增加了农民财产性收入，又保护了耕地资源。总之，构建农村产权交易市场能够更好地保障农民合法权益，也能确保农民分享到更多的利益。

4. 促进农村经济健康发展

现代农业以规模化、标准化、集约化为基本特征，土地集聚只有形成一定规模后才有利于农业发展。[①] 但是我国目前以家庭为单位承包经营土地的农户仍占大多数，这与现代农业的发展互相矛盾，也是阻碍农村经济发展的根源所在。此外，随着城镇化的快速发展和中小城市落户政策的放开，年轻劳动力大量流出，导致农村资产特别是土地资源闲置问题越来越严重。如何解决土地规模化使用和土地资源闲置浪费问题，以政府牵头建设的农村产权流转交易市场无疑是一剂良方。建设农村产权交易市场的前提是土地产权的确权颁证，全国人大农业与农村委主任委员陈锡文在 2019 年 3 月 9 日十三届全国人大二次会议"人大立法工作"记者会上表示：到 2019 年底，全国农村土地承包经营和确权登记颁证工作可以基本完成。[②] 由此可见，全面建设农村产权交易市场也势在必行。只有让农民通过产权交易市场成为土地适度规模经营的受益者，才能充分保障农民的土地权益，促进现代农业健康快速发展。

目前法律和政策都鼓励承包经营土地的流转，通过农村产权交易市场能够提

---

① 陈晓华. 引导农村土地经营权有序流转促进农业适度规模经营健康发展 [J]. 行政管理改革, 2016 (2)：32 – 37.

② 陈锡文. 全国农村土地承包经营和确权登记颁证年底前基本完成 [EB/OL]. http://news. cyol. com/xwzt/2019 – 03/09/content_ 17947512. htm.

高农村土地等产权的利用效率，引导农民增加技术、资本等生产要素投入，提高土地的规模化集约化利用水平，最终实现市场的资源配置功能。农民可以通过产权交易选择多种方式实现规模经营，如可以利用承包地、山林地、宅基地上的房屋等进行抵押贷款；也可以通过土地入股的形式，加入经营大户或农业企业分享股份受益；还可以采取土地托管形式，由专业合作社统一经营享受固定分红。另外，农村产权交易市场为种粮大户、家庭农场、农业企业提供了流转经营土地的平台，促进家庭经营、合作经营、集体经营等农业经营方式创新，实现多种经营方式共同发展。[①] 还可以引导农户与大型农业企业建立密切的合作协作关系，搭建起多元化经营体系，进一步提高现代农业生产的组织化与社会化水平，促进农村经济的健康可持续发展，为实现农业现代化奠定坚实基础。

三、农村产权交易市场的现状与问题

当前全面深化农村改革正处于新时期，农业生产与利益分配出现了新变化，各类矛盾纠纷日益凸显，全面深化农村改革必须将农村经济发展与农民权益保护这两条主线有机结合起来。因此，充分发挥农民主体作用，让农民成为真正的市场主体是农村改革顶层设计的关键，而加大对农村产权制度的改革与完善是主要突破口。建设统一的农村产权交易市场是深化农村改革的必经途径，通过产权交易市场来盘活农村沉睡资源，提高资源利用效率，增加农民财产性收入。目前全国部分省市虽然已经率先建立了农村产权交易市场，但是作为政府推动下的农村产权交易市场建设仍然存在着许多问题。因此，深入考察分析全国目前农村产权交易市场的现状、存在的法律问题，并进行法律规制就尤为重要，对今后的农村产权交易市场建设和规范发展将大有裨益。

(一) 我国农村产权交易市场的政策规定

2015 年 1 月 22 日国务院发布了《关于引导农村产权流转交易市场健康发展

---

① 傅晨，宋慧敏，项美娟. 新型农业经营体系解析 [J]. 南方农村，2014 (12)：8 - 11.

的意见》（以下简称《农村产权交易市场意见》），2015 年 11 月 2 日中共中央、国务院发布了《深化农村改革综合性实施方案》，这两份文件从农村改革的顶层设计角度出发，将深化农村产权制度改革置于农村工作的首位。建设农村产权流转交易市场目的是保障农村集体经济组织和农民的财产权益，规范和完善市场的交易行为及服务功能。以上两份文件对建设农村产权交易市场提出了明确的指导意见：

1. 关于农村产权交易市场的内涵

农村产权交易市场应当在增加相应的功能基础上整合现有交易平台，为各类农村产权交易提供综合服务。农村产权交易市场的建设应遵循不以盈利为目的，坚持公益性、公开公正、因地制宜、稳步推进的指导原则。

2. 关于农村产权交易市场的设立

建设农村产权交易市场应发挥政府主导作用，经过科学论证和政府审批设立。以县域为主设立交易市场，根据实际需要也可以建立地（市）甚至省级范围的交易市场，发挥不同层级市场承担不同交易的功能。在设立形式上，可以采取事业法人或企业法人形式，加大对各类服务平台的整合力度，借助电子交易网络建设全国统一的综合性农村产权交易市场。

3. 关于农村产权交易市场的运行

政府应在市场建设和运营过程中提供相应的扶持政策，培训相关从业人员，提高其业务能力。交易主体主要由农村集体经济组织、农民专业合作社、涉农企业、农户等组成，采取自主自愿方式交易。交易客体是农村产权，但是目前交易品种主要包括土地承包经营权等 8 种类型。农村产权交易市场为交易主体提供的主要服务包括：信息服务、资产评估服务、抵押融资服务、法律咨询服务和协助查询、结算、办理产权变更登记等内容。

4. 关于农村产权交易市场的监管

农村产权交易监督管理委员会行使对农村产权交易市场指导和监管职能，同时国土资源、城乡建设、财政、金融、农林、水利等部门之间要加大配合协作，制定产权交易市场的管理和监管规则。加强市场交易检查监测，防范交易风险，保障市场可持续健康运行。同时成立行业协会，实行行业自律。

《农村产权交易市场意见》是未来农村产权交易市场发展的大方向，是从宏观角度对农村产权交易市场如何建设、运营和监管进行的政策性规划，在实践操作中还需要相关具体措施进行配套改革。另外，从法律规制的角度看，政府对产权交易市场的干预需要进行法律规制，市场参与者的行为也要通过法律规范。

农村产权交易市场的建设是在政府主导下进行的，其法人性质多种多样，但是无论采取企业还是事业单位形式，大多是由政府投资建设，工作人员基本上都有公务员编制或者事业编制。由于从事的业务属于公共服务范畴，监管主体也是政府相关部门，许多人认为农村产权交易市场是"政府组成部门"。在建设农村产权交易市场初期确实需要政府来主导和推动，但到了交易市场运行相对成熟时，就应逐渐淡化政府作用。因为从农村产权交易市场开展的信息发布、资产评估、签约执行、结算登记、法律咨询等各种服务功能来看，市场机制能够更好地发挥其作用，更能满足人民群众需求和农村经济发展。政府主导下的交易市场运作会存在服务懈怠和延迟问题，有必要对农村产权交易市场的交易流程、交易规则、资产评估、内部管理、纠纷解决、行业自律等方面进行法律规制，分清政府与市场边界，有机融合其公益性与市场化特征。同时，加大多形式多层次的监管体系建设，加强对交易市场运行的指导与监管，防范市场运营风险，促进农村产权交易市场健康可持续发展。

（二）我国农村产权交易市场的建设现状

从 2008 年开始，以成都农村产权交易所为起点，全国各省市陆续开始建设农村产权交易市场。各地普遍把建立农村产权交易市场作为推动农村资产资源资本化，增家农民财产性收入，深化农村产权制度改革的重要内容。① 截止到 2016 年 3 月，全国省级或省会一级农村产权交易所已达 14 家，县级以上农村产权交易市场达到 1324 个，乡镇农村产权服务中心超过 1.7 万个，而且这一数据仍在增长中。② 农村产权交易市场作为实现农村资产资本化，深化农村产权制度改革的核心环节，③ 多级农村产权交易市场体系促进了农村产权的流动，推动了农村金融的发展，提高了农村产权资源要素的有效配置。国内最具代表性的包括成都

---

① 王德福. 农村产权交易市场的运行困境与完善路径［J］. 中州学刊，2015（1）：49 - 53.

② 2016，农村产权交易"索"［EB/OL］. http://money.163.com/16/0328/18/BJ8VRT2700253B0H.html.

③ 陆剑，彭真明. 农村产权交易的制度建构：基于成都、武汉农村产权交易所的实证研究［J］. 农村经济，2010（9）：12 - 15.

农村产权交易所、重庆农村土地交易所、武汉农村综合产权交易所和齐鲁农村产权交易中心。

1. 成都农村产权交易所

2007 年成都被列为全国统筹城乡综合配套改革试验区之一，探索城乡一体化建设。在此背景下，成都于 2008 年 10 月 13 日挂牌成立全国第一家综合性农村产权交易所。经过近两年的运行，到 2010 年 7 月，由成都市国土资源局牵头、联合房屋管理局、林业园林局、农委共同出资 1000 万元，将成都农村产权交易所改制为符合现代企业管理治理结构完善的有限责任公司。为将成都农村产权交易所打造成为立足四川、辐射西南、影响全国的区域性综合性农村产权交易市场，2014 年底由成都金控集团和成都农发投公司划转接收了成都农村产权交易所的全部股权，并将注册资金增加到 5000 万元，进一步健全了公司组织结构和完善了公司治理体系。2015 年 6 月，四川省人民政府发布指导意见，明确将成都农村产权交易所建设成为省级农村产权综合交易平台，为其进一步做大做强农村产权交易业务提供了政策支撑。[1]

成都农村产权交易所开展的交易品种主要包括四大类：一是资源类项目交易，包括农村土地承包经营权、"四荒地"承包经营权、林权、集体经营性建设用地使用权、农业生产设施所有权、农业集体资产股权、建设用地指标、耕地占补平衡指标等；二是资产类项目交易，包括资产处置、集体经营性资产交易等；三是知识产权类项目交易，主要是农业农村类知识产权交易；四是投融资服务类项目交易，包括农村产权抵押融资、农村土地综合整治项目交易、农村建设招标投标等。在交易模式上，成都农村产权交易所逐步形成了以"确权为基础、政策为动力、平台为依托、市场为机制、信息为载体、服务为手段、人才为保障"的农村产权交易模式。同时，成都农村产权交易所还与省内 18 个市州实现联网运行，在多个涉农（市）县设立了（子）公司，建立了市、县、镇、村四级全市全域覆盖的农村产权交易服务体系。[2] 通过建立农村产权电子交易与信息管理系统，并与产权登记、评估、银行、保险、公证、仲裁等机构合作，打造一站式农

---

① 冯鑫. 搭建公正权威平台帮农民挣更多的钱 [EB/OL]. http://sc. people. com. cn/n/2015/1124/c345167 - 27168562. html.

② 杜亚敏，王昊. 成都农村土地流转的实践与思考 [J]. 国土资源情报，2014（9）：52 - 55.

村产权交易综合服务平台。在管理模式上，成都市农村产权流转交易平台实施统一交易规则、统一信息平台、统一服务标准、统一交易鉴证、统一交易监管、统一诚信建设的"六统一"管理模式。① 经过多年发展，成都农村产权交易所已成为国内规模最大、效益最好、效率最高的综合性农村产权交易平台。截止到2017年底，成都农村产权交易所累计发放农村产权质押贷款180亿元，余额119亿元，全市涉农贷款余额达到6014亿元。②

　　成都农村产权交易所经过十多年的实践与发展，目前已成为全国交易品种齐全、交易规模领先、交易体系完善的专业性的农村产权交易平台、特色性的农村金融服务平台、综合性乡村振兴发展平台。在全国范围内起到了引领标杆的作用，对其他地区建立农村产权交易市场起到了示范和借鉴价值，对农村产权交易市场的探索充分释放了农村产权的价值，助推了乡村振兴和城乡融合发展。

　　2. 重庆农村土地交易所

　　2007年重庆被批准设立全国统筹城乡综合配套改革试验区之一。2008年8月，重庆市政府与原国土资源部商讨将重庆纳入国土规划试点，签订《推进统筹城乡综合配套改革工作备忘录》，探索建立城乡统一的土地交易市场。2008年12月1日，重庆市发布《重庆农村土地交易所管理暂行办法》。2018年12月4日，重庆农村土地交易所正式挂牌，标志着中国首家以土地为中心的农村土地交易市场正式成立。重庆农村土地交易所是直属于重庆市国土房管局的副局级事业单位，由重庆市政府投资5000万元设立，实行现代企业管理模式的公益性事业法人机构。其主要职能是建立农村土地交易信息库，发布交易信息，提供交易场所，办理交易事务。③ 重庆农村土地交易所的成立对促进城市反哺农村，促进农村土地管理制度的巩固完善，促进城乡要素市场活跃，完善城乡现代市场体系都具有重要的理论意义与实践意义。④

　　重庆农村土地交易所交易的品种主要包括两类：一是实物交易。即农村集体

① 兰玲，李清，王金娟. 农村土地产权交易市场现状与对策［M］. 北京：经济管理出版社，2018：74－75.
② 张宏斌，谢峰，吴迪. 农村产权制度改革的成都实践［N］. 金融时报，2018－04－12（9）.
③ 陈悦，刘棟子，严伟涛. 重庆农村土地交易所的运行机制及其优化［J］. 重庆社会科学，2012（2）：105－109.
④ 申燕君. 农村土地交易所与农村土地流转研究［J］. 东方企业文化，2011（9）：168－169.

土地使用权或承包经营权交易。包括耕地林地等农用地、集体经营性建设用地、四荒地等农村未利用地、土地使用权或承包经营权折资入股后的股权或收益分配权交易等。二是地票交易。地票是指在尊重农民意愿的前提下，将闲置废弃的集体建设用地（包括宅基地、乡镇企业用地、农村公共设施和公益事业用地）复垦并经土地管理部门严格审核后，在土地交易所公开交易，所形成的可在重庆市规划范围内统一使用的建设用地指标。① 这为重庆市首创制度，既保证了农业用地规模，又有利于城乡协调发展。重庆市还先后颁布了《农村土地交易所交易流程》《农村建设用地复垦项目管理规定》《关于完善地票价款分配的补充意见》等制度文件，对保护农民利益、强化地票运行监管起到了重要作用。截止到2015年底，重庆农村土地交易所地票的交易累计达到17.29万亩，累计交易金额达到345.66亿元；地票质押贷款累计8.02亿元，已有8.61万亩地票落地使用。② 地票交易促进了中心城区带动边远地区发展，改变了原有的土地简单管理模式，培育了农村金融资本市场，对探索和带动城乡土地交易市场建立和城乡统筹发展起到了一定的引领作用。

3. 武汉农村综合产权交易所

武汉农村综合产权交易所作为我国中部地区第一家农村综合产权交易所，于2009年4月30日挂牌运营，农村综合产权交易所也是武汉进行"资源节约型和环境友好型"社会综合配套改革试验的一个重要平台和举措。农村综合产权交易所由武汉市农业局组建设立，注册资本金为100万元，为非营利性公司制企业法人，为农村各类涉农产权流转交易提供场所设施、信息发布、交易咨询、组织交易、投资融资等服务，对交易行为进行鉴证、登记等配套服务。③

武汉农村综合产权交易所的交易品种更多，交易范围更广，突出"综合"二字。主要包括农村土地承包经营权、林地使用权和林木所有权、"四荒地"使用权、农村闲置宅基地使用权、农村房屋所有权、养殖水面经营权、农业类知识产权、农业生产性设施使用权、股权九大类农村产权交易。④ 为全面系统推进农村综合产权交易所的制度建设和规范管理，武汉市成立了农村产权交易监督管理

① 牛江涛. 揭开地票交易的神秘面纱［N］. 中国财经报，2011 - 11 - 19 (5).
② 兰玲，李清，王金娟. 农村土地产权交易市场现状与对策［M］. 北京：经济管理出版社，2018：76.
③ 张开虎，武海云. 东海县农村金融改革之创举［J］. 农村财政与财务，2014 (5)：30 - 31.
④ 夏永辉，彭祖法，黄芹，李莹. 武汉农交所助力农村改革［N］. 湖北日报，2009 - 06 - 14 (3).

委员会，制定了多项规章制度，初步形成了产权确权、价值评估、入市交易、登记服务等一套制度体系，保证了交易所的规范运作。[①] 特别是在土地承包经营权抵押贷款方面进行了一系列探索，与武汉农村商业银行开展试点合作，解决了制约贷款的抵押条件和范围、土地价值评估、抵押登记机构、银行操作管理办法、抵押风险控制等一系列问题。农业局还联合人民银行武汉分行、武汉市金融办出台了《武汉市农村土地经营权抵押贷款操作指引》，促进了土地经营权抵押贷款快速增长。交易所成立第一年，武汉农村商业银行的发放土地经营权抵押贷款及授信达到了 4250 万元，占同期全国农村土地经营权抵押贷款总额的 1/3。

武汉农村综合产权交易所的设立与实践，促进了农村产权流动，推动了农村要素市场的发育；整合了农村土地规模经营，带动了现代农业发展；增加了农民财产性收入，促进了城乡融合发展。截止到 2017 年底，武汉农村综合产权交易所的交易数量达到了 3631 宗，总交易金额接近 200 亿元；农村产权抵押品种从 3 个逐步拓展到农业设施、土地经营权、农民住房财产权等 6 个品种，农村产权抵押融资总额达到了 37.77 亿元，比 2013 年的 9.7 亿元规模增长了近 4 倍，金融支持农业发展力度进一步加强。[②] 武汉农村综合产权交易所的许多做法和经验也在全国得以推广。

4. 齐鲁农村产权交易中心

早在 2008 年 9 月，山东省枣庄市山亭区政府就向 280 位农民颁发了"农村土地使用产权证"，持证者在产权期限内可转让流转土地，也可作价折股从事股份经营或抵押担保。[③] 并建立多家"三农"服务中心，形成农村土地使用产权交易市场，这对山东省整体农村产权交易市场建立起到了推动作用。2014 年 9 月 3 日经山东省人民政府批准，山东省在潍坊市设立省级专业化综合性农村产权交易市场——齐鲁农村产权交易中心。齐鲁农村产权交易中心由潍坊市委市政府主导筹建，业务接受山东省和潍坊市金融办监管。由潍坊市金控集团作为发起人，联合山东省国际信托有限公司、潍坊农商银行、潍坊兴农土地整治公司等五家企业出资 5000 万元设立。主要经营范围包括农村土地承包经营权、集体林权、水域

---

① 徐伟，吴杨. 武汉农村产权交易所走过五年 [J]. 农村经营管理，2014 (10)：11 - 12.

② 付明星. 武汉农村综合产权交易所成立始末 [J]. 武汉文史资料，2018 (10/11)：4 - 13.

③ 杜朝晖. 我国农村土地流转制度改革——模式、问题与对策 [J]. 当代经济研究，2010 (2)：48 - 52.

滩涂养殖权、股权、农村知识产权等品种。

齐鲁农村产权交易中心有两大特点：一是由企业发起，采用公司化运作。和其他农村产权交易市场由政府设立不同，齐鲁农村产权交易中心一开始就由投资、金融、信托类企业发起设立，业务范围就包括了土地流转、投资担保、融资租赁等业态。已成为全国较早实现股权合作多元化，金融业态多样化，经政府授权的具有抵押登记服务职能和融资功能的农村产权交易平台。① 二是突出了农村金融服务方面的探索创新。针对农村融资难融资贵的问题，齐鲁农村产权交易中心在农村产权抵押融资方面进行了积极探索。形成了农村产权"交易鉴证 + 抵押登记 + 融资担保 + 风险补偿 + 风险缓释 + 不良处置"的抵押融资创新模式，释放了农村产权的价值，激活了农村的沉睡资产，使农村产权实现可抵押可融资，真正打通了资源资本流向农业农村的重要通道。② 这一抵押模式不仅得到了中央农村工作领导小组等国家有关部门领导的肯定和关注，也得到全国同行业的广泛认可，在全国范围内进行了一定的推广。截止到 2016 年 11 月，齐鲁农村产权交易中心累计完成农村产权交易 1618 笔，涉及交易额 11.56 亿元；累计办理各类涉农产权抵押登记业务 1632 笔，抵押融资额 3.72 亿元。③ 虽然起步较晚，但发展较为迅速，为全面深化农村改革，推动农村产权交易市场规范发展贡献了力量。

（三）我国农村产权交易市场的主要问题

全面深化农村改革的重点是土地制度改革，而农村产权交易市场建设对促进农村产权公开公正规范交易至关重要。经过十多年的发展，我国农村产权交易市场的探索与实践积累了一些经验，取得了一些成就。但由于我国农村产权的权属关系相对复杂，各地农村产权交易市场的发展还不平衡，在建设和发展中仍然存在许多问题。

1. 农村产权交易市场交易品种难以满足需求

目前政策明确规定可用于交易的农村产权有 8 类，主要是土地承包经营权、集体经营性资产和林权等，这三类权利占到目前所有交易种类的 80% 以上。而实

---

① 李光磊. 潍坊金控：创新综合金融运作模式［N］. 金融时报，2015 - 08 - 13（6）.
② 潍坊：解决小微企业融资难题 激活农村沉睡资产［OL］. http://news.cctv.com/2016/11/22/ARTI5ehMRdrqO3bIApwTRomX161122.shtml.
③ 兰玲，李清，王金娟. 农村土地产权交易市场现状与对策［M］. 北京：经济管理出版社，2018：78.

践中各地农村产权交易市场规定的交易品种多种多样，有的多达12种，有的仅有5种，涉及农业生产的各个领域，杂乱无章且不统一。诸如宅基地、农民房屋等农村产权的交易虽有挂牌但交易数量较少。因此，应在适当扩大交易范围的基础上，通过法律对交易范围进行统一规范，满足新形势下农村经济发展的需要。

2. 农村产权交易市场资金来源缺乏法律规制

农村产权交易市场的功能与定位决定了公益性是其指导原则，但是实践中大多是由政府出资设立农村产权交易市场，一部分是非营利事业法人，另一部分是采取公司组织方式的营利性企业法人，按照企业管理模式运营。大量资金支持是公益性产权交易市场的前提和基础，农村产权交易市场的规范运作则需要吸收社会资金，引入企业参与，在保障交易市场自身正常运转的同时防止政府的过分干预。因此，对农村产权交易市场的资金支持与组织机构运营必须进行法律规制。

3. 农村产权交易市场的信息化建设水平较低

农村产权交易市场无论是开展交易、抵押融资还是资产评估、法律咨询，都必须进行信息发布。尤其是整个交易流程都要打破区域限制和信息局限性，通过模式创新使信息平台变得更加开放。但是现实中一些农村产权交易市场的信息化落后，有的连自己的网站都没有，更不要说开展电子网络交易了。有些网络平台即使设置了"业务平台""业务下载"等模块，然而相关信息较少或更新较慢；网络信息平台中信息的分析、处理、整合、发布、服务等业务对工作人员的技能要求较高，而许多工作人员并不具备综合、全面的知识储备和解决实践问题的能力。因此，对农村产权交易市场的信息化建设需要通过法律规范，建立全国统一的电子交易服务系统，要求各地交易市场全部接入，进一步提升其信息化服务能力和水平。

4. 农村产权交易市场交易机制缺乏法律规范

实践中各地农村产权交易市场的业务办理流程各有不同，有的过于简单，有的十分烦琐，有的混乱不清。要遵循市场规律，对农村产权交易市场的交易机制进行法律规制，进一步精简、整合、优化交易模式和交易规则。对于不同交易主体分类制定市场准入规则，严格审查交易资质，简化产权交易程序，促进交易便捷高效。

5. 农村产权交易市场中介服务无法满足需要

农村产权交易市场建设中以信息服务、资产评估、土地托管服务、农村产权抵押融资、法律政策咨询、农业保险服务等为代表的中介服务机构较少，远远不能满足现实的需要和实践的需求，大大降低了农村产权进场交易的效率，甚至导致有些农村产权交易无法及时完成。仅就农村产权评估来说，一是缺乏专业的评估公司或机构。要交易就得有估价，对农村产权进行评估的公司或机构应该具备什么样的资质，评估主体包括哪些，谁来主持评估。二是没有统一的评估标准。农村产权种类多如何参照，评估价格有争议如何解决。三是评估费的收取标准不一。中介服务作为营利性机构需要得到合理的回报，而交易的农民大多不愿付费。四是缺乏专业的农村产权估价师。导致产权价值评估的专业性和权威性大大降低。特别是农村产权交易服务投入成本高、投资回报少、回收周期长，如果没有一定的激励措施和补贴政策，很难调动中介机构进场服务的积极性，就会导致中介服务体系很难健全，进而影响农村产权交易的质量和效率。

农村产权交易市场建设与运营中既要规制政府行为，防止其过度干预市场，又要规范市场行为，保障其良性健康运行。未来农村产权交易市场建设应当重点拓展市场业务，扩大交易范围，保持自身独立性，淡化行政色彩，明确与政府部门的边界，走以市场调节为主的特色发展之路。

四、农村产权交易市场的设立

建设农村产权交易市场应遵循一定的指导原则，而这些原则必须有利于交易市场规范运行和农村经济健康发展。由于不同地域的经济发展水平差异较大，因此有必要构建多层级的农村产权交易市场结构，来满足人民群众不同的交易需求。产权交易市场涉及交易品种、网络交易和平台整合等问题。只有解决好设立原则、设立区域、设立方式，才能真正实现全国统一农村产权交易市场的构建。

（一）明确农村产权交易市场的设立原则

1. 公益性原则

由于农村产权交易市场所提供的服务一般属于纯公共产品，公共产品具有受益的非排他性、效用的不可分性和消费的非竞争性的基本特征，它由国家、社会和人民群众共享，那么就应当由国家进行投资建设，个体受益者不需要承担建设费用。① 我国现有农村产权交易机构中部分性质为公益性法人，如武汉农村综合产权交易所、重庆农村土地交易所均是由政府出资建立的非营利性事业法人。② 但实践中农村产权交易机构性质为营利性法人的居多，如由北京市农业投资有限公司出资设立的北京农村产权交易所、由温州市金融投资集团公司和温州市农业发展投资集团公司共同出资设立的温州市农村产权服务中心等。现阶段我国农村产权交易市场建设虽然不排斥市场化，但产权交易市场的可持续发展更需要政府提供适时的政策供给和管理服务。政府无法提供足够的政策保障和良好的管理服务是导致农村产权交易市场建设非公益化倾向严重的原因之一。目前各级农村产权交易市场的职责不明确，机构不健全，监管不到位，使得其公益性未能充分体现出来。另外，政府对农村产权市场建设的资金投入不足使大部分交易市场不得采取市场化运营方式，以追求盈利为目的，损害了农村集体组织和广大农民的利益。促进农村经济健康平稳发展，实现农村资源资产有序流转，为深化农村土地制度和房屋制度改革提供服务是建设农村产权交易市场的根本目的。服务平台应是政府主导、服务"三农"的非营利性机构。③ 农村产权交易市场是依靠政府财政支持，开展市场中介服务的公益性机构，④ 公益性虽不完全否认交易盈余的存在，但是盈余只能用来维持交易机构自身的运转和发展。农村集体组织和广大农民是产权交易的主体，相比其他主体他们是弱势群体，应尊重他们的交易规律和合法权利。建立农村产权交易市场具有明显的补偿作用与功能，给处于弱势地位的农民群体提供非营利的产权交易服务，既能搞活农村经济，又能增加财产收入。特别是在农村集体经营性建设用地入市这一领域，通过直接进入市场交易，让广大农民能够分享到土地增值的大部分收益。当前，农村产权交易市场仍要追求公益性目的，而加大财政投入是实现农村产权交易市场服务公益性的基础条件。政府尤其要加大对西部贫困地区农村产权交易市场建设的专项投资和重点投入，结合脱贫攻坚尽快提高西部贫困地区公益性农村产权交易市场的比例。另

---

① 魏立萍. 地方性公共产品理论与地方政府投资职能研究［J］. 国有资产研究，2000（4）：9－12.
② 叶兴庆，张云华，伍振军. 农村产权流转交易市场：现状与问题［J］. 中国农村金融，2015（2）：35－39.
③ 林才珺，徐秀英. 浙江省农村产权流转交易市场发展探讨［J］. 中国集体经济，2018（1）：4－6.
④ 王德福. 农村产权交易市场的运行困境与完善路径［J］. 中州学刊，2015（1）：49－53.

外，政府要完善交易收费管理办法，实行财政经费专向管理，提高财政经费使用效率。

国家非常重视农村产权建议市场的建设并着手制定相关法律法规和政策，但仍缺乏国家层面保障市场公益性方面的相关法律。因此，加强农村产权交易市场相关立法是保障市场公益性的最有效手段。力争对农村产权交易市场进行专门立法，明确交易市场的公益性质。同时在部门规章和地方法规层面，尽量将其细化，具有可操作性，确保交易市场的非营利性发展方向，让广大人民群众获得高质量和非营利的农村产权交易服务。

2. 公开公正原则

公开公正一直是法律所追求的价值目标之一。公正的前提是公开和透明，在农村产权交易市场的建设过程中，政府部门要将公开公正的精神贯彻始终。对农村产权交易市场的设立、方式、选址、规模等尽量向社会公开，征求广大群众和专家学者的意见，做到公开透明、科学决策、依法办事。对土地资源产权进行明晰界定能够保证土地的公平公正交易。① 中国土地使用权的流转效率在逐步提高，但公平问题以及利益相关者的干预已成为主要梗阻。② 坚持公开公正原则还涉及农村产权平等入市和农民权益保障问题。

农村集体土地是农村产权交易流转的核心，但是农村集体土地使用权的交易仍然不能做到与城市国有土地一样"同地同权"。因此，在农村产权交易市场的建设与运行中要逐步实现农村集体土地与城市国有土地"同地同权同价"，最终达到"地权的公平"。考虑到农民属于弱势群体，在农村产权交易市场的建设与运行中要结合当地实际情况，合理考虑距离、位置、便利等相关因素，通过制定公开透明、公平公正的产权交易程序来维护他们的合法权益，让农民通过产权交易实现自己的经济利益。

3. 交易便利原则

只有交易快速方便，交易主体才能实现目的。农村产权交易最主要的目的就

---

① Feder & Feency. Land Consolidation and Restitution of Property Rights: A Case Study in the Czech Republic [C]. *Proceedings of the Seminaron Land Markets and Land Consolidation in Central Europe*, 2003 (80): 189 – 194.

② Koroso N H, van der Molen P, Tuladhar A M, et al. Does the Chinese Market for Urban Land Use Rights Meet Good Governance Principles? [J]. *Land Use Policy*, 2013 (1): 417 – 426.

是通过产权流转来合理配置资源，而交易便利原则最直接地体现了农村产权交易行为的目的性。首先，要合理设置层级，方便群众交易。农村产权交易市场的地域覆盖范围要广，层级设置要符合当地实际，方便群众交易。目前地域上以市、县两级为重点，按照"一体建设、分级交易"的方式建设农村产权交易市场。由于各地实际经济发展水平不一，既可以县级为基础单位，通过合作方式构建覆盖乡镇的交易平台；也可以地市级为基础单位，形成覆盖市域的市场体系。只有扩大覆盖范围，才能承担起跨区域的信息采集、发布和交易职能，提升其服务能力。其次，要丰富交易品种，满足主体需求。为广大群众提供丰富的交易品种可以使交易更便利。由于农村产权类别较多，而现有政策规定可入市流转交易的产权品种较少。理论上讲，农户委托流转的承包土地经营权、"四荒"土地使用权、林权、农业设施使用权等都可以入市交易。同时，农业企业、农村经济合作组织等拥有的一些产权也可以入市交易。只有提供多样的交易品种，才能满足和实现不同主体的交易需求。再次，要完善信息系统，提高交易效率。农村产权交易市场要采用互联网和新媒体技术，实现农村产权的信息化管理和电子化交易。打造与流转交易市场体系相配套的信息服务平台，利用统一的网站交易系统管理、发布客户数据和交易信息。建议在乡镇建设农村产权流转交易市场服务站点，从事产权流转交易的信息收集、政策宣传、协助交易等基础服务。最后，要规范交易程序，健全中介服务。将产权交易的依据、程序、时限、收费标准、服务承诺等向社会公开，节省交易时间。研究表明存在交易成本和费用也是抑制农户土地产权交易的主要原因，① 应尽量减少或免除农户产权流转的交易成本和费用。另外，还可以引入中介机构提供评估、财会、法律等服务，以及银行保险、担保公司等提供抵押担保配套服务，方便群众办理产权交易业务。在美国，产权交易双方都不用同时在场，一般由第三方产权公司（Title Company）或者结算公司（Settlement Company）来签署产权转让书，完成资金结算，安排产权转移，帮助买方去政府部门注册备案。② 要积极探索"互联网＋农村资产公开处置"模

① Dong X. Y. Two – Tier Land Tenure System and Sustained Economic Growth in Post – 1978 Rural China [J]．*Word Development*，1996（5）：915 – 928.

② Edward H. Ziegler. Transfer Development Rights and Land Use Planning in the United States [J]．*Liverpool Law Review*，1996（2）：147 – 166.

式，实现交易的公开、公平、快捷、高效。① 政府要通过激励政策减免税费等措施吸引中介机构办理业务，通过市场监管提升其服务质量，使中介机构提供切合实际、灵活多样和高效便捷的服务。②

4. 因地制宜原则

区域经济发展不平衡是当前建设农村产权交易市场面临的普遍问题，这也导致了农村产权交易市场建设方面地区之间的不平衡。交易市场分布不均衡固然与政府部门的重视程度、推进力度不一密切相关，但也与不同类型的地理环境和不同的交易规模相关。因此，必须采取因地制宜原则分层次建设农村产权交易市场，同时市场自身的特点、性质也决定了其建设进度的快慢。

一方面，在市场设置的层级上要因地制宜。实践中有的地区在市、县两级设立了产权交易市场，有的地区在省、市两级设立了农村产权交易市场，当然还有地方在乡镇设置了农村产权交易市场，这都是依据不同地区的经济发展水平和交易规模设立的。因地制宜地建立农村产权交易市场，应与一地的产业结构、经济基础、经济规模等条件相结合，才能更好地发挥市场的作用。经济发达地区可以在更低层级上建设产权交易市场，而对于农村产权交易并不活跃交易数量较少的经济较落后地区，可在省市一级建设产权交易市场。③ 通过在省一级建立统一农村产权交易市场的同时，辅以多级别的分支机构或派出机构帮助完成交易。

另一方面，要在交易的方式上实现因地制宜。在广大经济相对落后地区，由于交易项目较小、零散，导致投标参与度不高、交易项目流标多的问题，尽可能采取同类项目合并集中招标的方式解决。而在边远山区交通不便的情况下，要充分利用互联网平台优势进行远程交易。另外要遵循机构下沉的原则，大力充实县级产权交易市场的力量，让产权交易市场更多服务于地方。对于经济发达的地区，要鼓励中介机构、金融机构、保险机构介入农村产权交易市场，降低产权交易风险。

① 陈美球，廖彩荣，朱美英. 创新产权交易模式激发资源活力——浙江永嘉农村产权交易改革的实践与启示 [J]. 中国土地，2019 (7)：49-50.
② 农业部经管司，经管总站研究组. 推进农村产权制度改革培育发展多元化服务主体——"中国农村经营体制机制改革创新问题"之三 [J]. 毛泽东邓小平理论研究，2013 (8)：48-54.
③ 孟佳. 促进农村产权交易需因地制宜 [N]. 大众日报，2014-06-18 (4).

（二）规范农村产权交易市场的设立区域

1. 以县域为主设立产权交易市场的必要性

从市场供求关系的角度进行考量，现阶段农村产权流转交易市场的构建应以县（区）域为主。截止到 2019 年底，我国的城镇化率已经达到 60.60%，[①] 也就意味着从事农业生产的人口还有不到 40%。对于一个县而言，农业人口由数万到数十万不等，县乡村的距离基本都在百公里范围内，在县域内的农村产权交易数量要足以支撑农业生产集约化规模化的需求。以陕西省于 2015 年在关中地区高陵、阎良、三原、岐山、华州 5 个区县试点建设的农村产权交易市场为例，这 5 个区县的平均人口 36 万人左右，平均耕地面积 33 万亩左右。[②] 这些地区的产权交易市场规模不断扩大，数量逐渐增多，总体呈现较好的发展态势。因此，从全国来看一个农村产权交易市场可以服务覆盖 50 万左右的人口、50 万亩左右农业生产用地的范围，所以在县一级设立农村产权交易市场不仅必要而且是可行的。

当然，根据实际情况也有必要在地市一级建立农村产权交易市场，但地市市场要与县级市场在职责分工和交易品种方面有所差别。在职责分工上，地市级交易市场主要行使管理规范、交易规则、服务标准、交易程序等规则规范制定功能，发布全市农村产权交易信息，指导和服务各县区的农村产权交易。[③] 地市级市场交易平台要以跨县域农村产权为主要交易品种，使那些分布在两个以上县之间的农业资源资产可以在市一级的产权市场进行挂牌交易。另外，市级市场还可以专门从事一些农业深加工项目、农业知识产权等专业化程度较高的特色农业产权项目交易。考虑到我国各地区间自然环境和经济发展的不平衡，对于西部有需要的地方，可以设立覆盖省级地域范围的市场。对于经济发达和人口稠密的东部地区，有必要在乡镇一级设立农村产权交易市场。过大的市场范围不利于农村集体组织以及农民等产权主体，过小的市场范围则会影响交易行为的活跃性。总之，设立农村产权交易市场要因地制宜，现阶段建立以县域为主的农村交易市场

[①] 统计局：至 2019 年末我国城镇化率为 60.60% ［EB/OL］. https：//finance. sina. com. cn/china/gncj/2020 - 01 - 17/doc - iihnzahk4671933. shtml.

[②] 以上数据由作者统计、整理、计算自当地政府官网。

[③] 吴兆明，周爱军，刘乃祥. 搭建产权交易平台 优化农村资源配置——扬州全面构建市县镇三级农村产权交易市场体系［J］. 江苏农村经济，2015（1）：31 - 32.

是符合我国国情的。

2. 在偏远地区设立产权交易市场的必要性

我国偏远地区县（市）的农村多为"老、少、边、穷"地区，这些地方自然条件恶劣，基础设施落后，人力资源匮乏，产业结构单一，经济发展面临着许多特殊的困难，要改变这种状况将是一个长期而艰巨的过程。[①] 一些偏远地区因为贫穷和落后，青壮年劳动力大量外出打工，"农二代"更不愿从事农业生产，土地闲置和撂荒问题较为普遍，导致这些地区农村的"空心化"十分严重。要改变这一现状，一方面要扶持当地农业大户发展适度规模经营，另一方面要让愿意从事现代农业的有知识有技能人才获得所需的农村产权。越是经济不发达的偏远地区，想要改变落后现状发展产业经济的动力就越强劲。而在偏远地区建设农村产权交易市场既可以帮助他们脱贫致富，又可以增加就业岗位，更重要的是可将偏远地区农村拥有的绿色产业优势和丰富自然资源开发出来，促进经济发展。鉴于偏远地区经济基础薄弱，建设农村产权交易市场仅依靠其自身力量难度较大。因此，要加大中央和省级政府的财政投入力度，引导地方政府强化资金和政策支持，形成财政投入偏远农村的长效保障机制。同时，要提高资金使用效率，加强资金使用监督检查，杜绝挪用、截留或浪费现象，为建设偏远地区农村产权交易市场提供资金支持。

3. 注重少数民族地区语言与交易习惯保护

我国地域辽阔，除汉族外还生活着55个少数民族，各少数民族有其自身的民族特点和交易习惯。建设农村产权交易市场过程中必然会涉及民族问题，对少数民族群众的交易习惯必须予以保护。一方面，要尊重当地少数民族的语言和文字。在少数民族地区建设的农村产权交易市场应该提供"双语"服务，对交易信息、合同文件等应当提供汉语和当地少数民族语言文字的两种版本。了解当地民俗风情与交易习惯，着少数民族服饰，配备1～2名少数民族工作人员提供翻译服务，促成交易的概率提高。另一方面，在产权交易时也要注意保护当地少数民族的风俗习惯。在缺少明确法律规范指引时，交易市场制定的操作规程和认定标准要尽量变通适用当地风俗习惯。在发生交易纠纷需要解决时，除注意民族自治地方的立法，还要根据当地风俗习惯加以变通适用，避免少数民族当事人在心

---

① 冀丽霞. 偏远地区经济发展浅析 [J]. 北方经济，2014（7）：89 – 90.

理或者精神上受到伤害，尽量使双方达成和解，防止矛盾激化。

（三）完善农村产权交易市场的设立形式

1. 各种形式的平台整合

随着农村改革的深入推进，我国农村产权交易市场建设也进入了快速发展时期。截止到 2018 年底，全国家庭承包耕地中流转面积超过了 5.3 亿亩，[①] 且流转规模仍在不断扩大，推动了农业规模化发展。目前各地建立的农村产权交易市场性质基本上可分为三类：一是事业单位性质，一般是全额拨款事业单位，工作人员全部有事业编制，或者领导岗位有事业编制而其他工作人员采用聘用制，这种产权交易市场定位是非营利性质，即使收费也只收取服务的成本费用。二是企业法人性质，包括政府出资的国有独资企业、股份有限公司、有限责任公司等，没有财政拨款，自负盈亏，工作人员全部采用招聘，这类产权交易市场一般以盈利为目的。三是由其他单位转换而来。由原来的农村经济服务站、土地流转服务中心等升级改造为综合性质的产权交易市场，工作人员大多是原农经站或土地流转服务中心的工作人员。这类产权交易市场的性质比较复杂，在此之前有的是政府部门派出机构，有的是事业单位；工作人员有公务员编制、事业编制、合同制等多种形式，一般资金来源都是财政拨款。要整合现有农村产权交易市场，必须先明确其公益性质和非营利原则。考虑到企业法人一般是以盈利为目的，将产权交易市场定位为事业单位法人比较合适。现阶段农村产权交易市场建设仍处于初期阶段，需要借助政府力量进行适当干预，帮助其建立规范且完善的制度。具体整合措施包括以下几点：

（1）由农村工作委员会作为主管部门。具体由哪个部门统筹主导建设，需要结合各地的现实情况决定。目前大多数农村产权交易市场同时接受自然资源、房管、农业、林业、水利、金融等多个部门的业务指导，还要接受监察、审计等部门的综合监管，多头管理会导致效率低下。实践中各地都设有农村工作委员会，应由农工委负责产权交易市场统一建设管理工作，由其负责协调沟通自然资源、农业、林业、水利、金融等部门，减少多头管理造成的混乱，使市场将更多

---

① 统计局：家庭承包耕地流转面积超过 5.3 亿亩农村承包地更加有序流转 ［EB/OL］. http: // www. 3news. cn/redian/2019/0806/358021. html.

精力投入产权交易服务中去。

（2）建立县、乡、村三级联动的交易机制。保障交易网络通畅便捷是构建网络交易平台的基本任务。目前市县一级的农村产权交易市场处于核心地位，但并不是说只在县城建一个交易市场就可以了，应当形成县、乡镇、村三级协作联动的交易机制。在乡镇设立派出机构，在各村建立兼职信息员进行信息收集和政策宣传，只有这样才能保证交易网络通畅，服务高效便捷。

（3）完善产权交易市场的基础设施。在硬件建设方面，市县一级应当建有标准的信息大厅、业务柜台、招标室、会商室、纠纷调解室等产权交易基础设施。也可以重新利用或整合原有的场地和设备，或借用其他部门的场地进行交易。总之，地方政府要从当地实际出发，以最节约、最有利、最有效的方式建好农村产权交易市场。

（4）政府管理职能逐步有序退出。农村产权交易的建设与发展情况一般由市场决定，因为其主要是提供价格发现、中介服务等功能。我国农村产权交易市场运行到一定阶段，政府就应该逐渐退出，只对一些发展不好的交易市场进行扶持。到了交易市场成熟阶段就完全交给市场去选择，这时政府主要履行监管职能。要通过完善的法律和制度，进一步厘清政府、市场和中介的行为边界，使市场走向规范化发展之路。

2. 网络交易的平台建设

目前大多数地市级和县级农村产权交易市场都建设有门户网站，但是也有一些地方产权交易市场没有建设网络交易平台。农村土地交易的简化和优化必须依赖产权交易市场模式化的平台和程序，① 开发和构建一个基于政府监管的全国统一的农村产权网络交易平台就显得十分必要。农村产权网络交易平台的优点在于：一方面可以降低农村产权的交易成本；另一方面可以保证交易的公开透明和价格合理。在同一网络平台下农村产权大都能够通过高度透明的交易价格和竞争手段进行交易，交易双方可以根据质量、价格对比之后选择理想对象。随着互联网技术的创新发展，建设农村产权资源大数据中心，发展农村产权交易大数据产业成为农村产权网络平台建设的必由之路。现有交易网站的相互协作性较差，各

---

① Anka lisec, Miran Ferlan, Franc Lobnik, et al. Modelling the Rural Land Transaction Procedure [J]. *Land Use Policy*, 2008 (2): 286 – 297.

产权交易市场的网站之间缺乏共享基础数据，没有形成一个全国统一数据库，无法实现信息资源有效利用。未来应逐步形成全国范围的统一数据库，实现各服务主体之间的数据共享和信息联网，还可以实现在网络上进行信用评级、跨境产权交易等服务业务。

3. 产权交易的主要范围

没有交易品种，农村产权交易市场就无法运转；交易品种过少或单一，农村产权交易市场就无法持续发展。国务院出台的《农村产权交易市场意见》中对目前可用于交易的仅限于承包土地经营权、林权、农村集体经营性资产等 8 类农村产权。随着农村深化改革中集体经营性建设用地入市、宅基地制度改革和农民住房抵押流转等各项试点工作的逐步展开，建议将集体经营性建设用地使用权、宅基地使用权、农民房屋、农民持有集体股权等也纳入交易范围，尽可能拓展交易范围。

（1）集体建设用地使用权。我国农村集体建设用地的总规模十分庞大，随着乡镇企业进入衰退时期，原有的集体建设用地以及厂房大多被闲置，一般也很难复耕。因此，让闲置的集体建设用地进入市场交易，既可以抑制城市过高的地价，提高土地利用效率，又可以改变建设用地必须由国家征收转化的单一局面，增加农村集体经济组织和农民收益。但集体建设用地入市交易应遵循市场规则，充分依靠市场的作用来实现土地价值。①

（2）宅基地使用权。农村宅基地是带有一定保障性质的农民住宅用地，但同时也有其财产价值。在城乡融合发展中，部分农民进城落户出现了大量闲置宅基地和空心村的现象。允许宅基地使用权入市交易既可以提高宅基地的利用效率，也能吸引更多的人和资金向农村流动，促进乡村振兴和农业现代化发展。当然，宅基地使用权的流转需要分阶段分区域地逐步开放。

（3）农民房屋所有权。现行农民房屋只能在村集体内部转让的规定限制了农房价值的发挥。房屋是农民合法的私有财产，允许农民房屋进行转让、抵押、担保等交易，并按照"房地分离"原则采用法定租赁权方式将受让对象完全放开，既可以充分实现农民房屋的财产价值，增加农民的财产性收入，又可以破解

---

① Randall G. Holeombe. The New Urbanism Versus the Market Process ［J］. *The Review of Austrian Economics*, 2004（2）：285 – 300.

农村融资难的问题，为乡村振兴提供资金支持。

（4）农民持有集体股权。目前国家正在深化农村集体资产股份合作制改革，通过"折股量化"让农民以股份方式持有集体资产，真正成为村集体的"股东"。因此，将农民持有的集体股权纳入交易范围，可以让农民从集体经济发展中获得财产收益，真正发挥当家做主的主人翁作用。

虽然目前受到法律和政策的限制农村产权交易品种并不丰富，但是随着我国农村改革的深入，农村产权交易品种将来会逐步增加，并不局限于上述类型，那时农村产权交易市场将会为交易主体提供更加广泛的服务。

五、农村产权交易市场的运行

我国城市产权交易市场经过长期运行已经非常成熟，农村产权交易市场建设过程中可以借鉴城市产权市场的经验，使农村产权交易市场在组织架构、运营管理、交易程序和服务内容等方面尽量与城市产权市场接轨，最终形成运转规范、高效便捷的市场体系。

（一）构建农村产权交易市场的组织架构

1. 城市与农村产权交易市场的比较借鉴

城市产权交易市场是依据相关法律法规，为实物资产、债权、股权等提供产权交易的场所。城市产权交易市场起步较早，发展比较迅速，功能比较齐全。目前国内大约有三百多家产权交易所，其中七十多家具有国有资产处置权。[①] 与农村产权交易市场相比较，两者的不同之处在于：

（1）性质不同。城市产权交易市场多以盈利为目的，原本就是政府派出机构或是政府出资设立，后改制成公司法人，注册资本额度较高。而农村产权交易市场基本以公益为目的，大多为事业单位法人性质，注册资本额度较少。

（2）范围不同。城市产权交易市场可以为社会各类产权交易提供场所，包

---

① 李保民. 在发展与规范产权交易中整合资源、创造和谐［J］. 产权导刊，2005（9）：9 – 12.

括：产权或股权的出售、拍卖、租赁；产权收购托管；抵质押物品或权利的变卖；破产企业资产处理和清算等，已经实现了信息发布、交易规则和收费标准的统一。而农村产权交易市场的交易范围相对狭窄，一般以涉及农村农业的产权为主。

（3）服务不同。城市产权交易市场大多是服务全省的产权交易平台，一般在地市级设有分市场，进行跨行业、跨所有制、跨地区产权的交易，信息化网络系统和硬件设施比较完备。农村产权交易市场以市县一级为主，覆盖区域小，跨区域交易少，网络交易平台还不健全，功能比较单一。

（4）运营不同。城市产权交易市场工作人员素质较高，涵盖咨询策划、资产评估、经营管理、招标投标、金融证券、清算重组、法律服务等一系列专业领域，能为客户提供全面完整的交易服务。农村产权交易市场缺乏高素质人才，服务功能也不健全，没有形成完整系统的服务体系。

因此，目前农村产权交易市场还处于发展的初期阶段，需要在交易范围、交易制度、信息系统、运营管理、专业服务等方面借鉴城市产权交易市场的先进经验，尽快完善农村产权交易市场的发展。

2. 农村产权交易市场的准入机制

准入制度是一种对交易主体资格的确立、审核和确认的法律制度，建立准入制度是为了保证农村产权交易的质量，只有具备准入资格的交易者才能进行产权交易活动。农村产权交易市场的服务对象主要是农村集体组织、农业企业、农户等，准入资格按交易权限级别可以分为三类：一类为农村集体或集体经济组织会员；二类为农业企业法人会员；三类为农户或农民会员。根据会员类型赋予他们不同的交易权限，可以使交易质量得到保证。同时，还应建立健全服务会员制度，为注册会员开展产权交易提供全面服务。

农村产权交易市场会员资格的取得应当符合一定的条件。对于一类会员应提供县级相关政府部门出具的证明文件，以确保其身份的真实性。对于二类会员必须是依法设立的法人或非法人组织，具有相应经营范围和业务的资格或资质，内部管理制度健全，近三年无违法违规行为。对于三类会员农户或农民个人而言，只要提供个人的身份证明进行简单注册即可。交易市场要建立各类会员业务档案，作为对会员进行分类管理与信用记录的重要依据。

会员享有相应的权利与义务，会员的权利包括：依据相关制度开展交易，获得业务支持和咨询服务，使用信息服务系统，参加会员培训及业务交流活动，申请注销会员资格等。会员的义务是：遵守国家相关法律法规，遵守交易规则，履行保密义务，交纳相关费用，接受管理和监督等。

3. 农村产权交易市场的运营管理

中国农村产权交易市场产生的背景和路径形成的特殊性，决定了其运营管理模式也具有特殊性。各地的农村产权交易市场承载了较多的行政功能，从而使其市场功能有所削弱。① 现有的农村产权交易市场包括企业法人和事业单位法人两种类型，应逐步过渡到以事业单位法人为主要发展模式。

（1）管理模式。事业单位模式的农村产权交易市场可以采取两种管理模式：一种是主任负责制，另一种是委员会制。主任负责制中，主任和副主任的产生由当地同级政府任命。作为交易市场总负责人的主任处于中心地位，具体负责交易市场的正常业务和行政管理工作，制定和实施目标规划，聘请工作人员，明确岗位责任，决定经费使用与利润分配，并对执行情况检查监督。副主任协助主任完成交易市场各项工作，并对主任负责，具体负责分管专项业务工作及主任交给的其他任务。委员会制模式中，委员的产生方式相同于主任负责制，一般以 5 ~ 7 人为宜，但是行政的决策权及管理权由委员会集体行使，按协商方式进行，意见不一致的采取少数服从多数的原则进行表决。每个委员都分管一部分业务，委员的职权与主任负责制基本一致。

（2）管理内容。交易市场的管理主要涉及业务、人事和财务三个方面的内容。在业务管理方面，应当设立具体业务部门，分别对筹资、经营、现金流、利润分配以及责任追究进行管理。同时，完善交易全过程的内控管理体系，健全产权交易的风险防范机制，实现风险管理和产权交易的同步发展。② 在人事管理方面，要明确人员编制，明晰岗位职能，培养专业人才，实现各尽其能。在财务管理方面，要建立财务总监制度，对财务总监的权力范围、地位作用和法律责任做出明确规定，允许其参与重大经营决策。不断提升产权交易市场财务管理能力，通过强化内部约束、财务管控和风险控制实现财务管理创新。

---

① 田增瑞，张延锋. 产权交易市场的组织结构及发展模式［J］. 经济导刊，2007（6）：80－81.
② 李泽利. 构建农村产权交易市场深化农村产权制度改革［J］. 江苏农村经济，2014（10）：43－44.

（二）统一农村产权交易市场的交易程序

交易程序设计影响着整个产权交易的进程，一个规范的交易程序可以确保产权交易公开透明、有序高效地完成。良好的交易程序可将产权交易带入规范化管理阶段，标准化的产权交易流程能够大大降低交易成本，最大限度减少交易的操作风险。[①] 农村土地交易的优化和简化必须依赖模式化的交易程序，采用统一的语言和方式进行建构。[②] 参照城市产权交易程序，农村产权交易程序应当包括以下环节（见图 7 - 1）：

（1）申请受理。交易市场的工作人员与不同交易主体进行初步洽谈，提供可行性交易方案，并向产权交易市场提交所需相关文件材料。对于集体建设用地使用权、集体经营性资产等特殊产权交易要按照法定程序进行民主讨论，并经三分之二以上的村民会议成员或者村民代表同意，形成交易决议后再提交申请。

（2）审查确认。交易市场对交易主体资格、交易标的物、交易业务申请内容等进行调查，对交易产权的准确位置、面积、质量、有无权属纠纷等进行核实，确认其真实性与合法性。5 个工作日内作出是否受理决定，同意受理的出具申请受理通知书，如材料缺失应告知其补齐后再重新申请。

（3）发布信息。交易所将审核无误的产权交易信息向社会公开，通过交易市场的电子屏和电子网络交易平台对外发布交易信息。

（4）组织交易。交易市场按照公告要求时间，通过现场或网络竞价、拍卖、招标、投标等方式组织有交易意向的当事人进行洽谈与协商。

（5）签订合同。交易市场对交易行为的合法性进行监督，双方协商一致并确认交易价格后，签订规范交易合同，并对外进行公示。

（6）产权登记。交易双方向产权交易市场缴纳相关费用后，凭交易证明和缴费票据到登记部门办理产权过户登记。

（7）交易跟踪。产权交易市场将交易申请书、交易合同、交易登记簿等资料分类整理归档。还应即时跟踪监督履约情况，调处交易后出现的纠纷。

[①] 程欣炜，林乐芬. 农村产权市场化创新机制效应分析——来自全国农村改革试验区东海农村产权交易所的实践模式 [J]. 华东经济管理，2014（9）：7 - 13.

[②] Anka lisec，Miran Ferlan，Franc Lobnik，et al. Modelling the Rural Land Transaction Procedure [J]. *Land Use Policy*，2008（2）：286 - 297.

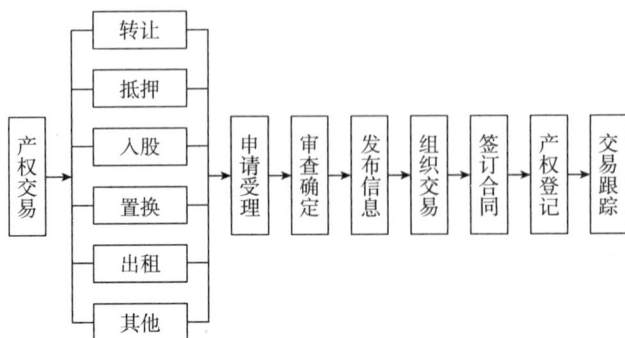

图 7-1 农村产权交易程序

(三) 完善农村产权交易市场的服务内容

1. 信息服务

信息服务是交易市场服务交易主体最基本的功能。目前全国联网的农村产权信息数据库还没有形成，应加大信息服务功能。信息服务主要包括以下内容：

(1) 信息收集。一是产权交易市场自己收集。交易市场工作人员通过各种方式收集可交易的农村产权信息，交由市场筛选。二是通过交易主体主动申请，市场审查确认后发布信息。

(2) 信息审核。产权交易市场对于交易产权信息的真实性与合法性必须进行事前审核，以保证交易安全，提高产权交易市场的公信力。

(3) 信息发布。产权交易市场对审核确认的信息应通过各种方式和渠道免费向公众公开发布，允许随时查询。

(4) 政策宣传。农村产权交易市场还承担着产权交易政策与法律的宣传责任。应及时宣传国家出台的新政策和法律法规，广大群众只有知悉这些政策法规信息，农村产权交易市场才能进一步发展壮大。

农村产权交易市场还应提供交易主体的相关信息，如履约状况、征信记录以及交易后续的跟踪信息等，只有使信息服务形成完整体系，才能促进产权交易的快捷与便利进行。

2. 登记备案

农村产权交易市场提供的产权登记备案服务主要是指农村产权所有人或使用

人依据有关登记办法申请产权交易市场进行产权登记或备案。产权登记是交易的前提，农村产权未经登记的原则上不能转让。即使私下成交，也不能办理产权变更登记手续，甚至会损害当事人的合法权益。未经登记的农村产权进行抵押，其优先受偿权不受法律保护。尤其是土地承包经营权、宅基地使用权、农民房屋等农村产权未登记备案的，产权人或使用权人在遇到征收拆迁时，就会因缺乏依据得不到相应补偿。我国对不动产交易实行登记要件主义，农村不动产交易应遵循必须登记的基本规则。农村产权交易市场应该提供初始登记、变更登记、抵押登记、预告登记、异议登记等登记备案服务，保障农村产权交易市场的顺利进行。

农村产权登记内容包括权利人的基本信息、产权范围、内容及使用情况等。具体登记按照《不动产登记暂行条例》和《不动产登记暂行条例实施细则》规定执行。

3. 资产评估

农村产权交易市场的资产评估服务主要由资产评估专门机构或交易市场专业人员来完成。鉴于农村集体资产及其产权的特殊性，原则上只有取得省级以上主管部门资格认证的评估人员或者评估机构才能对农村集体资产及其产权进行评估。[①] 资产评估是反映产权真实价格、减少产权交易纠纷的重要措施。对于农村产权的资产评估，主要包括三部分：一是资源性资产评估。主要包括土地、森林、矿藏、水域等所有权和使用权。评估自然资源尽量要实地勘察，对农村集体资产的评估结果一般要经过集体经济组织确认，必要时报上级主管部门备案。二是经营性资产评估。三是非经营性资产评估。考虑到资产评估的复杂性与差异性，避免对同一类产权评估时出现价格悬殊现象，建议政府联合相关部门研究制定区域内统一的农村产权价值评估基准价格或指导标准，为评估机构评估农村产权价值提供参考借鉴。[②]

4. 法律服务

农村产权交易涉及多种法律关系，法律服务可以帮助交易主体制定和实施交易方案，处理好产权交易中的法律问题，规避法律风险，确保交易市场的规范化

---

① 高文华. 资产评估：产权制度改革的保证［J］. 农村财务会计，2015（1）：21 - 23.
② 中国农业银行湖北省分行课题组. 中国农村产权交易所运作模式比较研究：基于农村产权抵押融资的视角［J］. 农村金融研究，2014（6）：41 - 42.

运行。① 法律服务主要包括以下三个方面：

（1）参与交易方案的制定和准备工作。交易市场的法律服务人员或者律师对交易方案进行把关，协助交易主体制定最佳方案。随时处理产权交易中的疑难问题，确保整个交易不偏离法治轨道。

（2）指导产权交易工作具体操作实施。交易市场的法律服务人员或者律师应协助交易主体起草、审核、签订交易合同。对交易双方的资质、信用、资产、履行能力等进行审查。协助交易主体进行农村产权拍卖等工作，代理交易主体进行调解、仲裁或诉讼活动。

（3）协助完成产权交易后各项相关工作。交易市场的法律服务人员或者律师应协助交易完成后的交易主体进行过户登记工作。

5. 保险服务

保险服务在一定程度上降低了农村产权交易的相关风险。目前，我国农村产权交易市场的保险服务覆盖面较低，保险作用发挥不够。未来农村产权保险服务的发展方向是由保险机构开发以小额信贷保险为主的产品，形成商业银行与保险机构共同分摊风险的机制。建议地方政府出资设立农村产权交易风险基金，对保险机构收购无法变现的抵押财产或农村产权给予补贴，进一步降低保险机构的风险。同时，政府要积极推进农业政策性保险、农业巨灾专项风险基金以及农业保险体系建设，防范和化解农村产权的交易风险。

（四）健全农村产权交易的纠纷解决机制

有交易必然会有纠纷，任何制度设计都可能会有缺陷。交易市场一般采取形式审查，无法避免这样或者那样的问题产生。因此必须构建多元化的产权交易纠纷解决机制。

（1）应当建立纠纷调解机制。调解是通过说服教育，促使当事人自愿和解，达成和解协议的工作。在农村产权交易市场或派出机构设立专门的调解办公室，聘请农业农村和国土资源单位的退休干部和专家、资深退休法官、检察官、律师等担任调解专员；整合人民调解和行政调解的力量，与原有的地方调解组织、行

---

① 蔺继志．试论产权改革程序中的法律保障与法律服务［J］．贵州大学学报（社会科学版），2005（6）：21－23.

业调解组织等形成全方位多层次的调解组织体系。调解应当依据法律法规在双方自愿平等的基础上进行，不能压制强迫。调解达成协议的应当制作调解书，写明纠纷的事实、请求和结果。调解不成的可以申请仲裁或起诉。

（2）将调解规定为前置程序。调解具有程序简便、方便快捷、成本低廉、容易执行、影响较小、保密性强等优势。将调解程序前置可以向当事人传达自治合作的理念，通过和平方式解决纠纷，防止矛盾激化。① 同时还能降低纠纷解决成本，保护当事人隐私。农村产权交易大都发生在农村"熟人社会"中，调解充分体现了"以和为贵"价值追求，相对仲裁和诉讼成本较低。调解中要特别注意保护当事人的隐私，不论是纠纷解决前还是解决后，未经当事人允许一般不公开争议内容及调解意见。

（3）选择仲裁或是诉讼解决。如果调解不成可以选择仲裁或是提起民事诉讼。对于农村产权交易纠纷可以参照《农村土地承包经营纠纷调解仲裁法》进行处理，具体解决中始终坚持协商优先、基层调解、逐级调解的原则，尽量把矛盾解决在基层。对确实难以调解的，应依法及时仲裁，努力做到"程序合法、内容合法、结果合法"。诉讼方式具有周期长、成本高等弊端，不到万不得已尽量避免通过民事诉讼来解决产权交易纠纷。对提起诉讼的产权交易纠纷要加强诉讼与仲裁间的沟通和合作，建立人民法院和仲裁机构之间的有效联系制度，使农村产权交易纠纷在人民法院得到及时妥善的解决。同时要注意诉讼与仲裁的衔接问题，人民法院可以直接援引仲裁已经查明的或当事人均无异议的事实和证据，只需对双方争议的事实证据以及仲裁裁决争议的部分进行审查，从而节省诉讼资源，提高审判效率。②

六、农村产权交易市场的监管

土地仅仅通过市场自身调节进行交易，就会导致市场失效甚至引发市场动

---

① 周俊. 纠纷解决机制价值论 [J]. 黑龙江省政法管理干部学院学报，2012（1）：106－108.
② 史卫民. 农村土地承包纠纷仲裁制度探讨 [J]. 华南农业大学学报（社会科学版），2009（3）：122－128.

荡，政府应通过干预和监管来修补单一市场调节产生的缺陷。① 构建和完善产权交易市场监管体系是保障市场健康运行和可持续发展的关键环节。监管体系是以法律法规为依据、以多种手段和措施为基础有机组成的监督与管理制度的集合。农村产权交易市场的监管就是通过设立相应的法律法规对产权交易市场及其交易行为进行的监督与管理。除专门立法外，还要加强与执法部门的配合，形成系统完整的农村产权交易法律监管体系。只有将法律、行政、行业手段结合起来，才能提高监管效能，促进农村产权交易市场的规范运行。

（一）健全交易市场法律体系

有法可依是对产权交易市场进行法律监管的前提。完善产权交易市场的监管法律体系主要从以下两方面着手：

1. 尽快完善立法

过于宽松或薄弱的法律制度不利于土地交易价格的形成，从严的法律制度有利于降低土地价格。② 国务院出台的《农村产权交易市场意见》只是一个指导性意见。鉴于我国农村产权交易市场还处在建设初期，立法条件不成熟，建议由国务院对近年来农村产权交易市场建设经验进行系统总结，先行制定一部《农村产权流转交易市场条例》，既能体现国家扶持农村产权交易市场发展导向，又能对其进行监督管理。政府要通过财政支持、金融、税收优惠和技术、人才扶持以及产业政策引导等多种措施促进农村产权交易市场发展。同时，国家要强化对农村产权交易市场的设立、组织架构、内部治理、运行、法律责任等方面监督管理，保障其正常运行。

2. 注重协调配合

尽快出台与农村产权交易市场配套的法规或规章，使法律监管更具有可操作性。完善农村金融法律规定，鼓励和保障工商业资本流向农村产权市场，拓展农村金融服务空间；完善担保立法，健全信用担保体系；完善竞争立法，适度给予农村产权交易市场参与竞争优先保护与反垄断豁免等。只有将不同类型、不同层

---

① Douglas C. Macmillan. The Economic Theory of Agricultural Land Tenure ［M］. Cambridge：Cambridge University Press，2004：356–370.

② LT Larsen，I Engeli，C Green–Pedersen. Land Use Regulations，Compliance and Land Markets in Argentina ［J］. *Urban Studies*，2013（10）：1951–1969.

次的法律法规与政策进行配套衔接，才能更好地实现对农村产权交易市场的法律监督。

（二）明确行政部门监管职能

农村产权交易市场的市场化发展，更要强化政府对市场运行与交易行为的行政指导、检查监督和行政处罚。政府应当依法依规进行监管，通过对农村产权交易市场定期检查和动态监测的常态化监督管理，及时查处违法违规行为，保障市场的规范化运行，最终实现交易的公正与公平。

1. 对执行法律法规政策情况进行监管

政府要对产权市场执行法律法规政策情况进行全面监督和管理。重点检查是否符合设立原则，交易范围是否超出规定范围，组织架构和内部治理是否符合要求，交易程序和信息发布是否公开透明，各项规章制度是否完备等，及时改正违反法律法规政策的行为，确保农村产权交易市场的合法合规运行。

2. 对交易流程以及信息公开进行监管

政府要对其交易规程和公开情况进行监管，保障交易各方的合法权益。政府要强化对产权交易市场信息资料备案，交易主体资格审查的直接与间接信息公开情况，市场运营及其交易全程情况进行重点监督。

3. 依法对违法违规行为进行处理处罚

政府应重点监管市场交易中程序和行为是否违法违规，及时查处暗箱操作、场外交易、恶意竞价等违法违规行为，实行定期检查与动态监测相结合，保障产权交易市场高效平稳运行。[①] 政府不仅要加强监督违法违规行为，而且要加大处罚力度。通过制定严格的惩罚措施，增加交易主体的违规违约成本，进一步规范交易行为。[②]

（三）建立交易市场退出机制

退出机制实质是丧失其法人资格，是指农村产权交易市场退出市场不再进行

---

① 李春国. 完善产权流转交易机制促进集体经济快速发展［J］. 江苏农村经济, 2016（3）：37-39.
② Dan B. Market Reforms Set to Land Buy-side with Costs［J］. *Foi*：*Future & Options Intelligence*, 2013（9）：80-84.

产权交易业务的制度。退出包括主动退出与被动退出，其中主动退出由产权交易市场自行申请停止交易，或由监管机关根据年检及巡查等情况，对经营状况较差，净资本风险过大，通过整顿不能达到规定条件等情况的农村产权交易市场停业整顿。对其中严重违法违规，继续经营风险过大的农村产权交易市场进行撤销。被动退出是强制性被迫退市，参照《公司法》《破产法》等相关法律规定执行。同时，建立我国农村产权交易市场退出预警与整顿体系，使其有序规范退出，避免交易主体遭受损失。

（四）构建行业自律制度规范

农村产权交易市场行业自律是指整个农村产权交易市场形成一个行业自律组织（行业协会），对成员单位的交易行为进行普遍规范和约束的行为。行业自律首先要建立行业协会，制定行业规范，这是行业内部自我管理和约束的一种措施。凡是入会的交易市场都要遵守协会章程，执行行业协会管理办法，提供优质规范服务，维护行业持续健康发展。

行业自律与行政监督的不同之处在于行政监督是政府通过行政命令、检查、处罚等手段，对产权交易市场实施的外部强制约束。行业自律是交易市场及其从业人员的内部自我约束；行政监督是从宏观角度对交易市场突出的共性问题和行为进行监管。而行业自律是从微观层面对其从业人员具体职业行为的监督约束；行政监督主要采用强制性和权威性的违法惩戒方式。而行业自律主要采用沟通协调、批评教育、违规惩戒等方式自我管理。同时依据法律政策采取相应行业规则等自律措施，帮助交易市场解决有关问题。[①] 构建行业自律主要包括以下四个方面：

1. 建立行业自律组织

农村产权交易市场的行业自律是建立在行业协会基础之上的自我管理自我约束的自治组织。行业自律组织先成立以省级为单位的农村产权交易市场行业协会，省内的产权交易市场都是其会员单位，条件成熟时再成立全国范围内的农村产权交易市场行业协会。

---

① 2012 年招标师考试专业实务：招标投标的行业自律［EB/OL］. https://kaoshi.china.com/zhaobiao/learning/1010543 - 1. htm.

2. 制定行业自律规范

行业自律规范是会员在平等协商的基础上制定的具有普遍性、全行业都遵守的行为规则。它应当规定会员的基本权利和义务，并向社会公布，接受公众监督。

3. 加强规范制度建设

制定农村产权交易市场行业协会的章程和制度，加强内部管理、自我约束和行业自律。依法从事农村产权交易活动，主动接受法律、政府、行业协会和全社会舆论的监督，塑造规范和诚信运营的形象，为广大群众提供便捷的农村产权交易服务。

4. 建立刚性处罚制度

行业自律应该以行政和司法监督为支撑，相互配合。对违反行业规范的农村产权交易市场，可根据具体情况给予通报批评、警告、业务制裁、取消会员资格、建议行政主管部门取消资格或登记机构吊销其经营许可证等处罚，从而维护和规范交易市场的秩序。

七、本章小结

建立健全农村产权交易市场是农村深化改革的一项基础性工作，是实现农村资源资产化、资本化、财富化的有效手段，[①] 对有效激活农村资产、优化配置农村资源、增加农民财产收入意义重大。通过对我国农村产权交易市场的内涵、性质、功能和价值的探讨，在考察建设现状和分析存在问题的基础上，重点就农村产权交易市场的设立、运行以及监管进行深入研究，得出以下主要结论：

第一，构建农村产权交易市场离不开政府推动。政府要根据各地实际加大政策支持，保障经费投入，扩大交易范围，尽最大努力完善农村产权交易市场的基础设施建设。

第二，构建农村产权法律体系来完善服务体系。制定《农村产权流转交易市

---

① 楼建丽. 赴广东学习农村产权交易市场的考察报告［J］. 上海农村经济，2014（8）：41-43.

场条例》，明确交易主体、条件、范围、程序、监管以及法律责任等制度，并通过配套的部门规章，确保农村产权流转交易依法进行。

第三，公益性是产权交易市场未来的发展方向。要明确农村产权交易市场服务"三农"的非营利性质，建立以事业法人为基础的统一农村产权交易市场，由专门机构对市场运行进行指导和监管。

第四，构建多层次全覆盖的农村产权交易市场。现阶段应建立以区县为主的交易市场，根据情况可以设立地（市）一级甚至是省一级地域范围的交易市场，提供高效便捷的产权交易服务。

农村产权交易市场要进一步增加交易品种，完善交易规则，规范交易流程，注重产权交易中保障农民可持续发展利益。加强在制度、技术、人才等领域的交流，互通信息，互相借鉴，建立信息共享和长效合作机制，探索联合发展和互利共赢模式，为全国农村产权交易市场建设奠定良好的发展基础。

第八章 结论与展望

一、主要结论

通过对农民住房抵押权实现问题的系统研究，形成了以下主要结论：

（1）农民住房抵押权设立的正当性。农民住房抵押权设立从法理基础上讲有其必要性，从实践操作上讲有其可行性，从试点地区的运行情况看风险较小。抵押主体中抵押人既可以为自己债务也可以为第三人债务设抵押，现阶段抵押权人应限制为涉农银行，在试点结束和条件成熟时再完全放开。农民住房只要有宅基地使用权证和房屋所有权证就可以进行抵押，同时给农村集体经济组织备案。农民住房抵押权设立对实现城乡共同富裕目标、实现农民住房财产权益、拓宽银行抵押担保范围都具有重要意义。

（2）受让人范围完全放开的可行性。现行禁止城里人购买农村住房的规定损害了农民财产权益，违反了平等公平原则。随着宅基地保障功能的逐步减弱和城乡双向自由流动的日益加快，完全放开农房转让时的受让人范围有其必要性和可行性。应从彻底放开农房受让人范围，促进农房转让的自由交易，实现城乡房屋一体化管理等方面进行完善。

（3）房地分离下法定租赁权制度的适用性。通过对土地与房屋关系的分析及其发展历程的考察，房地一体原则只适用于城市房屋转让。农民宅基地上房屋转让可借鉴日本和我国台湾地区立法采取"房地分离"模式，以法定租赁权来具体构建集体土地所有人、宅基地使用权人、房屋买受人之间的法律关系，并对租赁费用缴纳、管理，房屋受让人的权利保障和法定租赁权的登记、用途限制、消灭进行了设计。在宅基地"三权分置"改革下，采用"宅基地所有权—宅基地使用权—宅基地法定租赁权"的结构进行构建。同时，认为"房地分离"模式下"法定租赁权"的制度设计只是解决目前宅基地使用权流转受限政策下的过渡措施或是权宜之计，一旦宅基地使用权完全市场化流转实现之后，仍应坚持"房地一体"原则。

（4）农民居住权利保障与债权人风险防范的协调性。通过分析居住权保障的法律价值，提出了从确定生活必需房屋标准，提供临时住房保障居住，采取房屋置换保障居住，强制管理执行租金收益，相对独立房屋分割拍卖，加快农村保障住房建设，适当放开城镇廉租房公租房等方面保障失房农民基本居住。通过分析抵押权人债权实现中的风险，结合国内实践经验，提出了从法规制度层面、金融机构层面、风险控制层面、中介服务层面完善和预防风险控制的建议。认为农民居住权利保障和债权人风险防范虽有冲突，但可以协调。利益平衡应尽量协调安全与效率的标准，在现阶段开展农民住房抵押贷款业务应以安全和稳定为前提，再追求经济效率。随着农民法律和市场意识的提高，农村住房保障和社会保障体系的完善，这一对矛盾和冲突将会逐步减少甚至消除。

（5）农村产权交易市场对抵押权实现的重要性。农村产权交易市场具有服务平台属性、市场主导作用、农业农村特色、地域特征显著的性质。农村产权交易市场的设立要坚持公益性、公开公正、交易便利、因地制宜的原则，规范设立区域，完善设立方式。农村产权交易市场的运行要明确组织架构，统一交易程序，完善服务内容。农村产权交易市场的监管要健全法律体系，明确监管职能，建立退出机制，构建自律制度。最终建成一个公开公正规范和全国统一运转协调的农村产权交易市场。

二、主要创新

农民住房抵押权是农民财产权利体系的重要组成部分，农民住房抵押的赋权与设立明确之后的关键在于如何确保其得以顺利实现，而影响农民住房抵押权实现的核心问题在于解决宅基地流转受限背景下的房地关系问题、农民基本居住权利保障与债权人风险防范的冲突问题、农村产权交易市场的构建与运行问题，如果这些关键问题得不到有效破解，不仅会使农民通过住房抵押实现财产性收入增长的愿望落空，也会阻碍农村土地和宅基地制度深化改革以及城乡一体化进程的推进。本书的创新点也是围绕农民住房抵押权实现的核心问题及其破解而展开深入研究，综合来看，主要创新之处包括以下三个方面：

（1）推进了法定租赁权制度的深化发展。通过房地分离理论提出了租赁费用占房价的 10%～15% 并应在村集体和宅基地使用权人之间按照 2∶8 的比例分配，应严格管理缴纳给村集体的租赁费用，以此来有效实现宅基地权益。受让人对受让房屋拥有所有权、转让权和拆迁补偿权。拓展了法定租赁权的登记、用途限制等内容。使得法定租赁权制度研究在现有基础上有所突破和深化，为现阶段农民住房抵押权顺利实现提供了具体现实路径。

城市房屋转让采取"房地一体"原则，而农民住房抵押权实现时由于宅基地使用权的限制流转导致房屋变现困难重重。为了推进农民住房抵押工作顺利进行，国家提出农民住房抵押贷款的抵押物处置应制定不同于商品住房的差别化规定，探索宅基地权益的实现方式和途径。学界也提出构建不同于"房地一体"的"房地分离"模式下法定租赁权制度作为差别化规定来解决农民住房转让时的房地关系问题。可以说，"房地分离"模式下的法定租赁权制度设计为现阶段顺利实现农民住房抵押权提供了坚实的理论基础和操作性较强的现实路径。现有研究中对"房地分离"模式下法定租赁权制度构建也有学者对其必要性、可行性及部分内容进行了研究，但不够深入，没有完整地对租赁主体间的关系、租赁费用缴纳管理、房屋受让人权利保障、法定租赁权的登记和用途限制等内容进行系统研究，使得法定租赁权制度操作性不强。作者不仅对"房地分离"模式下法定租赁权进行了具体制度设计，还在费用缴纳、权利保障、权利登记、用途限制等方面提出了新的观点，为解决"房地分离"模式下法定租赁权制度的关键问题宅基地权益如何实现提供了具体路径。第一，在租赁费用缴纳方面，现有研究中也提出了租赁费用由双方协商解决，协商不成由法院判决。但双方协商不成时法院如何判决几乎没有研究，作者在比较了土地在房屋中的占比后借鉴农村集体经营性建设用地入市收益调节金征收办法，以及合理提高个人土地增值收益分配比例的意见，提出了租赁费用占房价的 10%～15% 并应在村集体和宅基地使用权人之间按照 2∶8 的比例分配的具体可操作的缴纳办法，并对缴纳给集体的费用如何适用与管理提出了具体建议，不仅兼顾了双方利益，还使宅基地权益在宅基地所有权人（村集体）和宅基地使用权人（农户）之间顺利实现。第二，在受让人权利保障方面，现有研究中几乎没有对农民房屋受让人的权利进行分析探讨。而如果不能有效保障房屋受让人的合法权利，也将导致农民住房无法转让出去，阻碍农民住房抵押权的顺利实现。作者通过学理分析和比较研究后提出了房屋受让人的房屋所有权、再次转让权和拆迁补偿权三大权利，不仅提高了受让人买受农民房屋的积极性，保障了受让人的合法权利，也为农民住房抵押权顺利实现奠定了基础。第三，在法定租赁权登记和用途限制方面，提出了受让人获得房屋所有权后需要对房屋所有权和宅基地法定租赁权进行一体登记。应以满足房屋买受人的实际居住需求为导向对其用途进行合理规制，特别是严禁买受人购买农民房屋后通过拆除、改建或重建的方式建造私人会馆和别墅大院。即使在宅基地"三权分置"改革下，建议采用"宅基地所有权—宅基地使用权—宅基地法定租赁权"的结构进行构建。这些观点和内容使得"房地分离"模式下法定租赁权制度研究在现有基础上有所突破和深化。

（2）扩展了农民基本居住权利的保障方式。运用人权保障理论通过分析居住权利保障的法律价值和明确界定农户"基本居住权利"内涵，进一步提出增加确定生活必需房屋标准，相对独立房屋分割拍卖，建设农村公共租赁住房，适当放开城镇廉租房公租房等保障措施，延伸和扩展了农民居住权利保障方式，为确保农民基本居住权利优先、维护农村社会稳定提供了保障。

国家要求金融机构在保证农户基本住房权利的前提下，依法采取多种方式处置抵押物。可见，现阶段保障农民基本居住权利是农民住房抵押权实现的前提条件。现有研究中关注抵押权人风险防范的较多，关注农民居住权利保障的较少。在农民居住权利保障方面，现有研究及房屋强制执行实践中也提出和采取了诸如放宽限期、临时住房保障、房屋置换保障、强制执行租金收益等措施，为保障农民基本居住权利奠定了基础。作者在分析了居住权保障的法律价值和明确界定了农户"基本居住权利"内涵后，提出了增加确定生活必需房屋标准，相对独立房屋分割拍卖，建设农村公共租赁住房，适当放开城镇廉租房公租房等方面进行保障，在现有保障措施基础上进一步延伸和扩展，也为强化农民居住权利保障提供了多种选择。

（3）深化了农村产权交易市场研究内容。提出应将农村产权交易范围由现在的 8 种扩展到 12 种，明确了管理模式和管理内容，强化了行政机关对其三方面具体监管职能，以及建立健全交易市场退出机制，进一步丰富和深化了其研究内容，为农民住房抵押权的顺利实现提供了有力保障。

农村产权交易市场是顺利实现农民住房抵押权的重要平台，而国务院《农村产权交易市场意见》中并没有将农民房屋所有权、宅基地使用权纳入交易范围，使得农民住房抵押权实现时房屋变卖困难重重。没有农村产权交易市场和平台，农民住房抵押权就无法顺利实现。目前学界对农村产权交易市场的研究，大多是对国务院指导意见的解读，深层次的研究成果相对较少。作者从农村产权交易市场的定位、性质和现状出发，系统地提出应重视和完善农村产权交易市场这一农民住房抵押权实现重要平台的作用。第一，在交易范围方面，现有的研究及指导意见中均为 8 种，作者提出应增加集体建设用地使用权、宅基地使用权、农民房屋所有权、农民持有集体股权，使其扩展到 12 种，为农民住房抵押权顺利实现提供保障。第二，在运营管理方面，现有的研究中也提出了应采取企业法人和事业单位法人两种类型，但具体管理模式和管理内容研究较少。本书提出了应以事业单位法人为主，管理模式上采用主任负责制和委员会制，管理内容上主要涉及人事、业务和财务三个方面，丰富了研究内容。第三，在市场监管方面，现有的研究也都提出要加强政府对交易市场的监管，但对哪些方面监管以及如何监管研究较少。本书提出应对交易市场执行法律法规政策情况、交易流程和信息公开情况、违法违规行为进行监管和处罚，并提出要建立健全交易市场退出机制。这些新观点和内容进一步丰富和深化了其研究内容，对完善现阶段农村产权交易市场建设具有一定的借鉴和参考价值，也为农民住房抵押权的顺利实现提供了有力保障。

三、研究不足

农民住房抵押权实现问题是一个系统又较为复杂的重大现实课题，不仅要求作者具备深厚的理论基础，同时还要具备较为丰富的实践经验。限于笔者的研究能力、知识积累和时间精力，还存在着一些不足之处，有待于今后继续深入研究。

（1）国外资料引用有限。"三农"问题是中国的一个特色问题，中国在特定历史时期和长期发展中形成的城乡土地和房屋二元结构适应了社会生产力的发展，具有较强的适应性、特殊性和合理性。而有关农民住房抵押权实现问题本身就具有较强的国别性和地域性，本书在研究过程中主要集中在国内学者相关的研究上。国外大多数国家由于实行土地私有制，土地和房屋可以自由交易，也没有城市房屋和农村房屋的区分，房屋抵押权实现不存在制度上的障碍，在写作中只对相关的农村金融和土地市场方面的研究成果进行了参考和借鉴。总体来看，对国外相关研究成果的研习和引用较为有限，有待在今后持续的研究中进一步改进和加强。

（2）实地实证调研不足。农民住房抵押权实现问题是一个应用性和实践性较强的课题，需要对实践中农民住房抵押运行情况进行大量的实地调研，以掌握实际运行中的第一手资料。而由于农民住房抵押贷款制度试点时间不长，试点地区较少，加之国家层面指导意见出台较晚，各地试点启动较慢，有的试点地区还在制定具体办法，导致实际调研区域和范围较小。笔者仅对陕西境内试点地区西安市高陵区农民住房抵押情况进行了详细调研，对汉中、咸阳、延安等地区的调研仅局限在农民房屋价值、农民抵押意愿、产权交易市场建设等方面，对省外浙江、安徽、四川、重庆等地农民住房抵押情况大多通过其政府网站、媒体报道、委托别人等方式收集整理其政策、数据、资料和案例。从总体上看，实际调研还存在一些不足，有待于以后随着试点深入、区域扩大继续进行弥补和完善。

（3）配套制度研究不够。农民住房抵押权实现问题是一个系统问题，除对农民住房抵押权实现的主要问题进行研究外，对有关的配套制度也进行一些研究。但构建城乡统一住房管理体制机制研究，农民住房抵押权实现中农民居住权保障方面的农村住房保障制度，农村产权交易市场建设中的农房确权登记颁证制度等只是提出来并未进行深入研究，还有待于今后的继续深入研究。

四、未来展望

推进农民住房抵押担保转让制度改革，将大大缓解目前农村资金严重匮乏的局面，也提供了农民财产性收入增长的可行途径。但农民住房抵押担保制度改革必然涉及集体、农民、银行等各利益主体的平衡问题，改革进程中还可能会存在一些不确定因素，这也是目前中央政府"谨慎稳妥"推进试点的原因。鉴于城乡土地二元体制短期内不会有大的改变，短期内很难实现宅基地使用权的市场化自由流转，加之现行法律法规以及政策的禁止和限制，在改革要"于法有据"的大背景下，农民住房抵押担保改革试点中可能还会遇到一些更复杂的问题，特别是农民住房抵押权到期实现时的一些障碍和困难，更要有提前的预测和研究。农民住房抵押担保转让制度推行后，可能会刺激农民抵押转让房屋的积极性，但可能也会造成农房抵押转让后农民无处居住的局面，给农村的稳定带来冲击，这就需要尽快启动农村住房保障建设，结合乡村振兴战略、城乡融合发展、集体经营性建设用地入市和移民搬迁集中居住统筹规划，同步推进。另外，农民住房抵押制度改革也是一个涉及农村、土地、法律、管理、金融、社会等多学科的重大课题，需要更多的专家学者和实际工作者进行深入研究。相信在农民住房抵押制度改革试点后，将来一定会在全国推行农民住房抵押担保转让，农民的房屋最终会和城市居民的房屋一样拥有完整的所有权。笔者也会一直跟踪和关注各地农民住房抵押试点情况，持续深入地研究此课题。

参考文献

专著类

[1] 郑玉波．民法债编各论（上册）［M］．台北：三民书局，1978．

[2] 邓曾甲．日本民法概论［M］．北京：法律出版社，1995．

[3] 赵红梅．房地产法论［M］．北京：中国政法大学出版社，1995．

[4] 徐明月．抵押权制度研究［M］．北京：法律出版社，1998．

[5] 史尚宽．民法物权［M］．北京：中国政法大学出版社，2000．

[6]［日］田山辉明．物权法［M］．陆庆胜译．北京：法律出版社，2001．

[7] 宾融．住房抵押贷款证券化［M］．北京：中国金融出版社，2002．

[8] 黄阳寿．民法总则［M］．作者自版，2003．

[9]［日］关谷俊作．日本的农地制度［M］．北京：生活·读书·新知三联书店，2004．

[10] 金俭．中国住宅法研究［M］．北京：法律出版社，2004．

[11] 王重润．信息、效率与机制：住房抵押贷款市场研究［M］．北京：经济管理出版社，2004．

[12] 阮梅洪．宅基地价值化：一个义乌样本的观察与思考［M］．上海：同济大学出版社，2005．

[13] 王福林．个人住房抵押贷款违约风险影响因素实证研究［M］．北京：经济科学出版社，2005．

[14] 房绍坤．用益物权基本问题研究［M］．北京：北京大学出版社，2006．

[15] 房绍坤．物权法用益物权编［M］．北京：中国人民大学出版社，2007．

［16］王利明．物权法研究（上、下）［M］．北京：中国人民大学出版社，2007.

［17］闫仁群．民事执行权论［M］．北京：法律出版社，2007.

［18］王胜明．中华人民共和国物权法解读［M］．北京：中国法制出版社，2007.

［19］黄烈佳．农地城市流转及其决策研究［M］．北京：中国农业出版社，2007.

［20］全国人大常务委员会法制工作委员会民法室．中华人民共和国物权法条文说明、立法理由及相关规定［M］．北京：北京大学出版社，2007.

［21］邓禾．农民房屋［M］．重庆：重庆大学出版社，2007.

［22］徐绍史．健全严格规范的农村土地管理制度——《中共中央关于推进农村改革发展若干重大问题的决定》导读本［M］．北京：人民出版社，2008.

［23］房绍坤，谢哲胜．中国财产法理论与实务［M］．北京：北京大学出版社，2008.

［24］巩云华．创新和完善农村金融服务支持体系研究［M］．北京：中国金融出版社，2009.

［25］赵振华．走向和谐之路——缩小收入差距问题研究［M］．北京：党建读物出版社，2009.

［26］崔文星．中国农地物权制度论［M］．北京：法律出版社，2009.

［27］宋志红．集体建设用地使用权流转法律制度研究［M］．北京：中国人民大学出版社，2009.

［28］陈小君．后农业税时代农地法制运行实证研究［M］．北京：中国政法大学出版社，2009.

［29］罗结珍译．法国民法典［M］．北京：北京大学出版社，2010.

［30］张文中，吴根发．农民在土地房屋方面的权益保护［M］．南昌：江西人民出版社，2010.

［31］吴远来．农村宅基地产权制度研究［M］．长沙：湖南人民出版社，2010.

［32］江平．物权法教程［M］．北京：中国政法大学出版社，2011.

［33］谢在全．民法物权论（上、中、下）［M］．北京：中国政法大学出版

社，2011.

[34] 崔建远. 物权：规范与学说 [M]. 北京：清华大学出版社，2011.

[35] 陈勇. 住房抵押贷款及其金融创新产品 [M]. 长沙：湖南大学出版社，2011.

[36] 方岩. 农村房屋与宅基地常见法律问题 100 例 [M]. 北京：中国人民大学出版社，2011.

[37] 李凤梅. 中国城市化进程中农地保护法律制度研究 [M]. 北京：知识产权出版社，2011.

[38] 张佳. 灾后成都市农村住房多样性建设 [M]. 北京：中国建筑工业出版社，2011.

[39] 王旭东. 中国农村宅基地制度研究 [M]. 北京：中国建筑工业出版社，2011.

[40] 于华江. 农村宅基地法律纠纷案例分析 [M]. 北京：北京对外经济贸易大学出版社有限责任公司，2011.

[41] 吕萍. 农民工住房理论、实践与政策 [M]. 北京：中国建筑工业出版社，2012.

[42] 潘安平. 沿海农村居住困难群体住房保障问题研究 [M]. 北京：中国建筑工业出版社，2012.

[43] 杨伯坚. 农地流转市场建设与制度安排研究 [M]. 成都：西南财经大学出版社，2012.

[44] 曹泮天. 宅基地使用权流转法律问题研究 [M]. 北京：法律出版社，2012.

[45] 陈小君. 农村土地问题立法研究 [M]. 北京：经济科学出版社，2012.

[46] 陈小君. 田野、实证与法理——中国农村土地制度体系构建 [M]. 北京：北京大学出版社，2012.

[47] 王湃. 农地城市流转的选择价值：理论、方法及其运用 [M]. 北京：经济科学出版社，2012.

[48] 樊平. 农地政策与农民权益 [M]. 北京：社会科学文献出版社，2012.

［49］任中秀．农村宅基地使用权制度研究［M］．济南：山东大学出版社，2012.

［50］董昕．中国农民工的住房问题研究［M］．北京：经济管理出版社，2013.

［51］张国华．论宅基地使用权的可流转性及其实现［M］．北京：法律出版社，2013.

［52］董海军．农地流转服务平台建设研究：以长株潭综改区为例［M］．北京：光明日报出版社，2013.

［53］苑莉．土地可持续利用视角下的中国农地产权制度创新研究［M］．兰州：甘肃文化出版社，2013.

［54］崔建远．合同法［M］．北京：北京大学出版社，2013.

［55］袁锦秀．农村宅基地使用权法律问题研究［M］．北京：中国商务出版社，2013.

［56］张永利，王效贤．抵押权新论［M］．北京：法律出版社，2014.

［57］肖建国．民事执行法［M］．北京：中国人民大学出版社，2014.

［58］冯开文．农民住房问题初论［M］．北京：中国农业出版社，2014.

［59］苟军年．农地使用权流转模式选择及创新研究［M］．北京：法律出版社，2014.

［60］聂鑫．农地城市流转中失地农民福利问题研究［M］．北京：人民出版社，2014.

［61］赵金龙．中国农地流转问题研究［M］．北京：中国农业出版社，2014.

［62］杨成．法治与正义：农民集中居住的良性推进［M］．北京：知识产权出版社，2014.

［63］沈明高，徐忠，沈艳．中国农村金融研究：改革、转型与发展［M］．北京：北京大学出版社，2014.

［64］汪小亚．农村金融改革：重点领域和基本途径［M］．北京：中国金融出版社，2014.

［65］中国农业银行，中国金融四十人论坛．中国农村金融前沿论丛（2014）［M］．北京：中国经济出版社，2014.

［66］陈卫佐译注．德国民法典（第四版）［M］．北京：法律出版社，2015.

［67］史卫民．农村发展与农民土地权益法律保障研究［M］．北京：中国社会科学出版社，2015.

［68］阎庆民，张晓朴．农村土地产权抵质押创新的实现路径［M］．北京：中国经济出版社，2015.

［69］王永慧．农地非农化增值收益分配机制研究［M］．北京：中国人民大学出版社，2015.

［70］李晓云．农地城市流转参与者决策研究［M］．北京：中国农业大学出版社，2015.

［71］赵树枫．农村宅基地制度与城乡一体化［M］．北京：中国经济出版社，2015.

［72］杜伟农．农村宅基地退出与补偿机制研究［M］．北京：科学出版社，2015.

［73］王利明．法治：良法与善治［M］．北京：北京大学出版社，2015.

［74］邹新阳．农地金融制度构建研究［M］．北京：科学出版社，2015.

［75］王永慧．农地非农化增值收益分配机制研究［M］．北京：中国人民大学出版社，2015.

［76］孙淑云．成员权视角下的农地产权制度探索研究［M］．北京：经济科学出版社，2015.

［77］向勇．中国宅基地立法基本问题研究［M］．北京：中国政法大学出版社，2015.

［78］杜伟．农村宅基地退出与补偿机制研究［M］．北京：科学出版社，2015.

［79］赵志刚．中国农村金融抑制与金融深化问题研究［M］．北京：中国金融出版社，2015.

［80］高桂林，陈昊博．中国农村金融法制创新研究［M］．北京：中国法制出版社，2015.

［81］罗剑朝．中国农村金融前沿问题研究（1990—2014）［M］．北京：中国金融出版社，2015.

［82］中国农业银行，中国金融四十人论坛．中国农村金融前沿论丛（2015）［M］．北京：中国经济出版社，2015.

［83］戴永盛译．瑞士民法典［M］．北京：中国政法大学出版社，2016.

［84］胡建．农村土地抵押法律问题研究［M］．北京：法律出版社，2016.

［85］刘广明．农地抵押融资功能实现法律制度研究［M］．北京：人民出版社，2016.

［86］曾宪明．城市化进程中的农地制度变迁：国际比较研究［M］．武汉：武汉大学出版社，2016.

［87］宋志红．农村土地改革调查［M］．北京：经济科学出版社，2016.

［88］向勇．中国宅基地权利发展研究［M］．北京：中国社会科学出版社，2016.

［89］陈小君．我国农村集体经济有效实现的法律制度研究：理论奠基与制度构建［M］．北京：法律出版社，2016.

［90］刘磊．农村金融改革与发展研究［M］．北京：中国财富出版社，2016.

［91］姜庆丹．金融发展权视角下农村合作金融法制创新研究［M］．北京：法律出版社，2016.

［92］王崇敏．宅基地使用权制度现代化构建［M］．北京：法律出版社，2016.

［93］国务院发展研究中心金融研究所．中国农村金融发展报告2015［M］．北京：中国发展出版社，2016.

［94］熊景维．通往城市之路：农民工住房与市民化［M］．北京：社会科学文献出版社，2017.

［95］彭虹．农地融资法律问题研究［M］．北京：中国政法大学出版社，2017.

［96］许月明．农地流转风险问题研究［M］．北京：中国社会科学出版社，2017.

［97］胡平．中国农地征收制度变迁及改革展望［M］．北京：中国社会科学出版社，2017.

［98］丁玲．地权的确立与流转：农地确权对农户农地流转影响的实证研究

[M].武汉：武汉大学出版社，2017.

[99] 宋志红.中国农村土地制度改革研究——思路、难点与制度建设[M].北京：中国人民大学出版社，2017.

[100] 高圣平.金融创新的法律规制研究[M].北京：法律出版社，2017.

[101] 李喆.中国融资租赁观察[M].北京：中国发展出版社，2017.

[102] 韩强，孙瑜.融资租赁法律原理与实务[M].杭州：浙江大学出版社，2017.

[103] 冯双生.中国农村宅基地置换中农民权益保护问题研究[M].哈尔滨：哈尔滨工程大学出版社，2017.

[104] 陈映芳.赋权、住宅供给与居住生活保障[M].上海：上海交通大学出版社，2017.

[105] 庄开明等.农村闲置宅基地有偿退出与优化利用——基于四川省农地改革与探索的实践[M].北京：人民出版社，2017.

[106] 张坚.农村土地承包经营权、宅基地使用权流转的实证分析与法律构造（第二版）[M].北京：法律出版社，2017.

[107] 王佳楣.陕西农村金融市场开放、效率及其影响机制研究[M].北京：中国金融出版社，2017.

[108] 陆彩兰.现代化进程中的农村金融制度研究[M].北京：经济科学出版社，2017.

[109] 张正平.中国农村金融组织结构优化研究[M].北京：中国金融出版社，2017.

[110] 刘士国，牟宪魁，杨瑞贺译.日本民法典[M].北京：中国法制出版社，2018.

[111] 赵利梅.新型城镇化背景下农民工住房问题研究[M].成都：巴蜀书社，2018.

[112] 兰玲，李清，王金娟.农村土地产权交易市场现状与对策[M].北京：经济管理出版社，2018.

[113] 陈淮，秦虹等.移居城镇的农民住房问题研究[M].北京：科学出版社，2018.

［114］黄振香．农地流转金融支持绩效及其影响因素研究［M］．厦门：厦门大学出版社，2018．

［115］刘强．农地制度论（第2版）［M］．北京：中国农业出版社，2018．

［116］高军．中国农地所有权制度的正当性与改革路径［M］．北京：法律出版社，2018．

［117］吕世辰．农民工农地流转与城镇化［M］．北京：社会科学文献出版社，2018．

［118］曾艳．治理视阈下农地整治模式比较研究［M］．北京：中国社会科学出版社，2018．

［119］孙建伟．城乡统筹背景下宅基地置换法律问题实证研究［M］．北京：知识产权出版社，2018．

［120］神州土地研究院．中国农村产权流转交易市场发展报告2017［M］．北京：中国农业大学出版社，2018．

［121］赵杭莉．产权设计对农地利用绩效影响研究——路径选择的风险考量［M］．北京：经济科学出版社，2018．

［122］全国人大农业与农村委员会法案室，调研室．农村金融法律制度研究［M］．北京：中国法制出版社，2018．

［123］肖建中．新型农业经营主体培育下农村金融产权制度创新研究论文集［M］．北京：中国经济出版社，2018．

［124］神州土地研究院．中国农村产权流转交易市场发展报告2017［M］．北京：中国农业大学出版社，2018．

［125］祁全明．农村闲置宅基地治理法律问题研究［M］．北京：法律出版社，2018．

［126］陈胜祥．制度嵌入的逻辑——农村宅基地制度试点改革"余江模式"解析［M］．北京：经济管理出版社，2018．

［127］梁丹辉．城镇化背景下农村宅基地整理问题研究［M］．北京：中国农业科学技术出版社，2018．

［128］易小燕．农村宅基地整理及其收益分享机制研究［M］．北京：中国农业科学技术出版社，2018．

［129］倪瑛．西部地区农村金融发展研究：问题、现状和路径［M］．北

京：科学出版社，2018.

［130］黄贻芳. 农村宅基地退出中农民权益保护问题研究［M］. 北京：经济管理出版社，2018.

［131］李勇刚. 农民工住房保障制度研究［M］. 北京：中国社会科学出版社，2019.

［132］陈卫华. 农村住房市场化对人口城镇化的影响：迁移—融入视角［M］. 北京：中国经济出版社，2019.

［133］张子荣. 农地流转公开市场的机制与模式［M］. 北京：经济科学出版社，2019.

［134］许恒周. 农地确权、农地流转与新型农业经营主体培育研究［M］. 北京：经济科学出版社，2019.

［135］游和远. 农地流转的行为逻辑及其外部依赖研究［M］. 北京：经济管理出版社，2019.

［136］李蕊. 中国农地融资创新实践的法律回应［M］. 北京：法律出版社，2019.

［137］柴振国，潘静. "三权分置"下农地金融创新的制度研究［M］. 北京：法律出版社，2019.

［138］罗必良. 农地流转的契约性质［M］. 北京：中国农业出版社有限公司，2019.

［139］成程. 宅基地置换补偿政策优化研究——基于农户福利视角［M］. 北京：知识产权出版社，2019.

［140］王兆林. 宅基地"三权分置"中农民分享退地增值收益研究［M］. 北京：科学出版社，2019.

［141］范辉. 发达地区农村宅基地退出机制研究——以浙江省慈溪市为例［M］. 北京：中国农业出版社有限公司，2019.

［142］吕军书. 中国农村宅基地退出立法问题研究［M］. 北京：法律出版社，2019.

［143］兰玲. 农村土地产权交易市场现状与对策——基于吉林省的研究［M］. 北京：经济管理出版社，2019.

［144］房绍坤. 承包地"三权分置"的法律表达与实效考察［M］. 北京：

中国人民大学出版社，2019.

　　［145］房绍坤．物权法的变革与完善［M］．北京：北京大学出版社，2019.

　　［146］张承惠，潘光伟．中国农村金融报告：2017—2018［M］．北京：中国发展出版社，2019.

　　［147］中国人民银行农村金融服务研究小组．中国农村金融服务报告2018［M］．北京：中国金融出版社，2019.

　　［148］毛飞．合作社发展与农村金融创新［M］．北京：中国农业出版社有限公司，2019.

　　［149］刘锐．土地、财产与治理：农村宅基地制度变迁研究［M］．武汉：华中科技大学出版社，2019.

　　［150］毛毅坚．农村宅基地法律实务与裁判规则［M］．北京：人民法院出版社，2019.

　　［151］高延利，张建平，吴次芳，唐健，靳相木．土地政策蓝皮书：中国土地政策研究报告［M］．北京：社会科学文献出版社，2019.

　　［152］李光荣，王力，胡春梅，贾英姿．土地市场蓝皮书：中国农村土地市场发展报告（2018—2019）［M］．北京：社会科学文献出版社，2019.

　　［153］中国城市和小城镇改革发展中心．中国城镇化进程中的土地管理制度改革［M］．北京：社会科学文献出版社，2019.

　　［154］王英辉．"三权分置"下的土地定价与交易制度研究［M］．北京：中国财富出版社，2019.

　　［155］杜茂华．构建城乡一体化土地市场研究［M］．北京：中国农业出版社有限公司，2019.

　　［156］吴次芳．中国农村土地制度改革总体研究［M］．杭州：浙江大学出版社，2019.

　　［157］甘藏春．当代中国土地法若干重大问题研究［M］．北京：中国法制出版社，2019.

　　［158］郭亮．土地流转与乡村秩序再造［M］．北京：社会科学文献出版社，2019.

　　［159］罗玉辉．中国农村土地流转与农民权益保护［M］．北京：社会科学

文献出版社，2019.

　　［160］鲍杰．中国农村土地证券化问题研究［M］．北京：经济管理出版社，2019.

　　［161］彭文英，李强．京津冀协同发展下首都土地利用与住房保障［M］．北京：经济科学出版社，2019.

　　［162］朱庆，汪莉，尤佳．承包土地经营权与农房抵押登记问题研究［M］．北京：法律出版社，2019.

　　［163］孟繁瑜．中国土地金融的理论与实践研究［M］．北京：知识产权出版社，2019.

　　［164］杨庆媛．新型城镇化背景下农民土地财产性收益研究［M］．北京：科学出版社，2019.

　　［165］王登举．可持续土地管理制度框架与政策机制研究［M］．北京：科学出版社，2020.

　　［166］蔡昉，魏后凯．中国农村改革40年［M］．北京：经济管理出版社，2020.

　　［167］刘守英．土地制度与中国发展［M］．北京：中国人民大学出版社，2020.

　　［168］黄祖辉．我国土地制度与社会经济协调发展研究［M］．北京：经济科学出版社，2020.

　　［169］桂华．中国土地制度的宪法秩序［M］．北京：法律出版社，2020.

　　［170］钟水映，李春香，李强谊．迈向农业现代化的中国土地制度改革研究［M］．北京：科学出版社，2020.

　　［171］高圣平．担保法前沿问题与判解研究［M］．北京：人民法院出版社，2020.

期刊类

　　［1］陈甦．论土地权利与建筑物权利的关系［J］．法制与社会发展，1998（6）：32-35.

　　［2］朱柏松．论房地异主时房屋所有人之土地使用权［J］．月旦法学杂志，2000（2）：184-194.

［3］温丰文．基地承租人之地上权登记请求权［J］．月旦法学杂志，2001（2）：10－11.

［4］屈茂辉，蒋学跃．法定地上权探讨［J］．法制与社会发展，2001（3）：55－60.

［5］林诚二．法律推定租赁关系［J］．月旦法学杂志，2002（2）：109－130.

［6］任凤珍，张忠起．推进多层次资本市场建设加快产权市场发展［J］．产权导刊，2003（1）：22－24.

［7］费聿辉，苏红．论法治的人权内涵［J］．甘肃政法学院学报，2004（6）：28－32.

［8］孟勤国．物权法开禁农村宅基地交易之辩［J］．法学评论，2005（4）：25－30.

［9］余斌．浅析房产管理城乡一体化的现状与对策［J］．成都电子机械高等专科学校学报，2005（2）：79－81.

［10］韩世远．宅基地立法问题——兼析物权法草案第十三章"宅基地使用权"［J］．政治与法律，2005（5）：30－35.

［11］蒯继志．试论产权改革程序中的法律保障与法律服务［J］．贵州大学学报（社会科学版），2005（6）：21－23.

［12］李保民．在发展与规范产权交易中整合资源、创造和谐［J］．产权导刊，2005（9）：9－12.

［13］王飞鸿．《关于人民法院执行设定抵押的房屋的规定》的理解与适用［J］．人民司法，2006（1）：21－23.

［14］朱岩．"宅基地使用权"评释——评《物权法草案》第十三章［J］．中外法学，2006（1）：86－91.

［15］华彦玲．国外农地流转理论与实践研究综述［J］．世界农业，2006（9）：10－12.

［16］郭明瑞．关于宅基地使用权的立法建议［J］．法学论坛，2007（1）：19－21.

［17］吴萍．农村房产执行的法律障碍及其出路［J］．法学论坛，2007（6）：75－81.

[18] 段则美, 孙毅. 论土地与地上物关系中的分别主义与一体主义 [J]. 苏州大学学报 (哲学社会科学版), 2007 (6): 46 - 49.

[19] 河北金融学院课题组. 完善河北省农村社保体系的思考 [J]. 金融教学与研究, 2007 (6): 31 - 33.

[20] 田增瑞, 张延锋. 产权交易市场的组织结构及发展模式 [J]. 经济导刊, 2007 (6): 80 - 81.

[21] 郭明瑞. 关于宅基地使用权的立法建议 [J]. 法学论坛, 2007 (1): 19 - 21.

[22] 韩松. 集体建设用地市场配置的法律问题研究 [J]. 中国法学, 2008 (3): 65 - 68.

[23] 赵同娜, 唐芳. 论我国农村房屋流转受困于现行法律 [J]. 经济论坛, 2008 (5): 132 - 135.

[24] 李孟然, 汪立军. 看起来很美——安徽省宣城市农屋抵押贷款调查 [J]. 中国土地, 2008 (10): 39 - 43.

[25] 陈龙江. 制度功能视角下农村宅基地使用权制度改革探析 [J]. 河南省政法管理干部学院学报, 2008 (3): 156 - 159.

[26] 黄勇. 产权新解: 法学与经济学的比较 [J]. 求索, 2008 (7): 43 - 51.

[27] 戴孟勇. 城镇居民购买农村房屋纠纷的司法规制 [J]. 清华法学, 2009 (5): 53 - 74.

[28] 丁少群, 庹国柱. 我国农房保险的发展模式和建议 [J]. 保险职业学院学报, 2009 (3): 71 - 75.

[29] 刘璐. 农村房屋的执行: 困境与出路 [J]. 当代法学, 2009 (2): 110 - 115.

[30] 史卫民. 土地承包经营权抵押制度的现实困境与法律完善 [J]. 现代经济探讨, 2009 (5): 62 - 65.

[31] 高飞. 论集体土地所有权主体立法的价值目标与功能定位 [J]. 中外法学, 2009 (6): 851 - 866.

[32] 刘华富. 房地分开、租税分流——农村房屋流转的途径与办法初探 [J]. 成都行政学院学报, 2009 (5): 65 - 67.

[33] 荣伏林，贾建方．加强农村社保体系建设　构建社会主义和谐新农村 [J]．农村财政与财务，2009（10）：19 – 21.

[34] 鲁篱，万江．债权实现中的利益平衡——以汶川震后银行贷款处理为中心 [J]．法学家，2009（1）：103 – 112.

[35] 罗亚海，张文臻．农村宅基地流转及其法制研究：从法经济学的视角分析 [J]．山东农业大学学报（社会科学版），2009（2）：62 – 65.

[36] 文宗瑜．我国亟需建立农村土地产权交易市场 [J]．产权导刊，2009（9）：32 – 34.

[37] 史卫民．农村土地承包纠纷仲裁制度探讨 [J]．华南农业大学学报（社会科学版），2009（3）：122 – 128.

[38] 章合运．农村房屋流转的障碍分析及对策研究 [J]．天府新论，2010（5）：80 – 83.

[39] 刘凯湘．法定租赁权对农村宅基地制度改革的意义与构想 [J]．法学论坛，2010（1）：36 – 41.

[40] 邓纲．我国农村产权抵押融资制度改革的问题与前景 [J]．农业经济问题，2010（11）：67 – 72.

[41] 刁其怀．城乡统筹背景下的农房抵押——以四川省成都市为例 [J]．农村经济，2010（12）：91 – 94.

[42] 关于房地分离背景下抵押物转让、预售与登记的案例及剖析 [J]．中国房地产，2010（3）：12 – 14.

[43] 韩辉．当前村镇规划建设中的问题及对策措施 [J]．科技传播，2010（17）：33.

[44] 李蕻．浅论"小产权房"的出路——以法定租赁权为视角 [J]．特区经济，2010（12）：243 – 245.

[45] 刘凯湘．法定租赁权对农村宅基地制度改革的意义与构想 [J]．法学论坛，2010（1）：36 – 41.

[46] 褚保金，陈畅．农村抵押贷款创新模式的探讨——来自"两权一房"抵押贷款的启示 [J]．中国农村金融，2010（6）：41 – 43.

[47] 朱晓喆．房地分离抵押的法律效果——《物权法》第182条的法律教义学分析 [J]．华东政法大学学报，2010（1）：15 – 31.

[48] 陆剑，彭真明．农村产权交易的制度建构：基于成都、武汉农村产权交易所的实证研究［J］．农村经济，2010（9）：12－15．

[49] 杜朝晖．我国农村土地流转制度改革——模式、问题与对策［J］．当代经济研究，2010（2）：48－52．

[50] 赵俊臣．政府不宜为土地承包权抵押贷款"兜底"［J］．国土资源导刊，2011（3）：60－62．

[51] 罗剑朝．杨凌农业高新技术产业示范区农村金融改革试验与政策建议［J］．沈阳农业大学学报（社会科学版），2011（6）：648－651．

[52] 中国人民银行成都分行营业管理部课题组．从交易费用视角看农村产权抵押融资改革——基于成都案例的分析［J］．西南金融，2011（2）：69－72．

[53] 李力行．发展农村金融的关键：发挥农用地和宅基地的抵押融资功能［J］．农村工作通讯，2011（14）：37．

[54] 吴雨冰．农房抵押试点问题研究［J］．中国房地产，2011（11）：34－36．

[55] 鞠海亭，郑文平．温州农村房屋买卖纠纷案件的调查与思考［J］．法治研究，2011（3）：47－52．

[56] 冯张美．地役权于农村房屋买卖之可行性研究［J］．法治研究，2011（1）：56－60．

[57] 陈本寒，艾围利．物权公示前置主义之构建［J］．烟台大学学报（哲学社会科学版），2011（3）：17－23．

[58] 何立胜．我国城乡二元土地产权特性与农民土地权益的制度保障［J］．贵州社会科学，2011（10）：45－51．

[59] 申燕君．农村土地交易所与农村土地流转研究［J］．东方企业文化，2011（9）：168－169．

[60] 王直民，孙淑萍．基于"房地分离"的农村住房抵押制度研究［J］．农村经济，2012（10）：22－25．

[61] 吴志宇．农村住房保障制度体系构建初探［J］．开放导报，2012（2）：68－71．

[62] 叶兵．制度障碍、局部试验与创新瓶颈——对成都试点农村产权抵押创新农村信用制度的思考［J］．西南金融，2012（3）：20－22．

［63］朱燕．我国农村产权交易机构业务发展探析［J］．产权导刊，2012（3）：54－58．

［64］程啸．论抵押权的实现程序［J］．中外法学，2012（6）：1190－1207．

［65］王直民，孙淑萍．基于"房地分离"的农村住房抵押制度研究［J］．农村经济，2012（10）：22－25．

［66］李秉祥．"房地分离"土地出让合同的法律问题分析——以地产转让个案为考察对象［J］．公民与法（法学版），2012（2）：56－58．

［67］高圣平．土地和建筑物之间的物权利益关系辨析［J］．法学，2012（9）：36－44．

［68］吴志宇．我国农村多元化住房保障体系构建探析［J］．现代经济探讨，2012（5）：40－44．

［69］陈悦，刘楝子，严伟涛．重庆农村土地交易所的运行机制及其优化［J］．重庆社会科学，2012（2）：105－109．

［70］周俊．纠纷解决机制价值论［J］．黑龙江省政法管理干部学院学报，2012（1）：106－108．

［71］刘中杰．论我国农村融资担保法律制度的改革与创新［J］．农业经济问题，2013（1）：27－33．

［72］周康忠，张洪兵，黄玉才．石柱县农房抵押贷款引发的思考［J］．重庆国土资源，2013（4）：30－33．

［73］黄琳，姚宝华．统一的房地分离抵押裁判规则的构建——谈物权法第一百八十二条的理解与适用［J］．人民司法，2013（5）：80－83．

［74］王立兴，赵荣俊．从"积极试点"走向"逐步规范"——对农村房屋抵押贷款的思考［J］．中国土地，2013（8）：44－45．

［75］农业部经管司，经管总站研究组．推进农村产权制度改革培育发展多元化服务主体——"中国农村经营体制机制改革创新问题"之三［J］．毛泽东邓小平理论研究，2013（8）：48－54．

［76］黄琳，姚宝华．统一的房地分离抵押裁判规则的构建——谈物权法第一百八十二条的理解与适用［J］．人民司法，2013（5）：80－83．

［77］郑尚元．宅基地使用权性质及农民居住权利之保障［J］．中国法学，

2014（2）：142 - 157.

[78] 王悦，霍学喜．农房抵押贷款风险成因及预防策略［J］．河北学刊，2014（2）：119 - 122.

[79] 孔祖根．农村"三权"抵押贷款的实践与思考——以浙江丽水农村金融改革试点为例［J］．浙江金融，2014（12）：64 - 66.

[80] 蒲丹．农村产权抵押融资成都模式研究——基于四川省崇州市的实证分析［J］．西南金融，2014（7）：52 - 57.

[81] 黄奇帆．推进新型城镇化的思考与实践［J］．行政管理改革，2014（8）：4 - 10.

[82] 林依标．农民住房财产权抵押、担保、转让的思考［J］．中国党政干部论坛，2014（9）：20 - 23.

[83] 房绍坤．论土地承包经营权抵押的制度构建［J］．法学家，2014（2）：41 - 47.

[84] 胡存智．宅基地改革方向是扩大权能而非自由买卖［J］．国土资源，2014（1）：28 - 29.

[85] 高圣平．不动产统一登记视野下的农村房屋登记：困境与出路［J］．当代法学，2014（2）：47 - 55.

[86] 孙代尧．《在马克思墓前的讲话》要点解析［J］．前线，2014（12）：72 - 76.

[87] 刘颖．农村产权流转交易市场体系建设与配套制度研究——以四川省为例［J］．湖北农业科学，2014（17）：4239 - 4243.

[88] 吴群．农村产权交易市场发展若干问题思考［J］．现代经济探讨，2014（10）：41 - 43.

[89] 李泽利．构建农村产权交易市场　深化农村产权制度改革［J］．江苏农村经济，2014（10）：43 - 44.

[90] 程欣炜，林乐芬．农村产权市场化创新机制效应分析——来自全国农村改革试验区东海农村产权交易所的实践模式［J］．华东经济管理，2014（9）：7 - 13.

[91] 中国农业银行湖北省分行课题组．中国农村产权交易所运作模式比较研究：基于农村产权抵押融资的视角［J］．农村金融研究，2014（6）：41 - 42.

［92］楼建丽．赴广东学习农村产权交易市场的考察报告［J］．上海农村经济，2014（8）：41 - 43.

［93］张日波．农房抵押的浙江实践及改革方向［J］．当代社科视野，2014（12）：12 - 14.

［94］陈小君．我国农村土地法律制度变革的思路与框架——十八届三中全会《决定》相关内容解读［J］．法学研究，2014（4）：4 - 25.

［95］赵俊臣．农民财产权抵押方案如何设计？［J］．决策，2014（4）：36 - 38.

［96］王卫国，朱庆育．宅基地如何入市——以画家村房屋买卖案为切入点［J］．政法论坛，2014（3）：92 - 99.

［97］彭诚信，陈吉栋．农村房屋抵押权实现的法律障碍之克服——"房地一致"原则的排除适用［J］．吉林大学社会科学学报，2014（4）：38 - 47.

［98］冀丽霞．偏远地区经济发展浅析［J］．北方经济，2014（7）：89 - 90.

［99］傅晨，宋慧敏，项美娟．新型农业经营体系解析［J］．南方农村，2014（12）：8 - 11.

［100］杜亚敏，王昊．成都农村土地流转的实践与思考［J］．国土资源情报，2014（9）：52 - 55.

［101］徐伟，吴杨．武汉农村产权交易所走过五年［J］．农村经营管理，2014（10）：11 - 12.

［102］张开虎，武海云．东海县农村金融改革之创举［J］．农村财政与财务，2014（5）：30 - 31.

［103］刘琼，马荣．房地分离如何定分止争［J］．新疆人大（汉文），2015（11）：39 - 40.

［104］高文华．资产评估：产权制度改革的保证［J］．农村财务会计，2015（1）：21 - 23.

［105］赖丽华，谢德诚．农民住房财产权融资担保法律制度研究［J］．农业考古，2015（6）：327 - 333.

［106］高圣平．宅基地制度改革试点的法律逻辑［J］．烟台大学学报（哲学社会科学版），2015（3）：23 - 36.

[107] 张瑞恒，王怡彤，赵颖等.天津、成都农村产权交易发展的比较与建议[J].环渤海经济瞭望，2015（5）：18－21.

[108] 王德福.农村产权交易市场的运行困境与完善路径[J].中州学刊，2015（1）：49－53.

[109] 楼建丽.关于上海农村产权流转交易市场建设的调研与思考[J].上海农村经济，2015（2）：6－9.

[110] 叶兴庆，张云华，伍振军.农村产权流转交易市场：现状与问题[J].中国农村金融，2015（2）：35－39.

[111] 吴兆明，周爱军，刘乃祥.搭建产权交易平台　优化农村资源配置——扬州全面构建市县镇三级农村产权交易市场体系[J].江苏农村经济，2015（1）：31－32.

[112] 房绍坤.农民住房抵押之制度设计[J].法学家，2015（6）：15－24.

[113] 杨俊，张晓云，汤斌.深化改革背景下农村房屋买卖路径探析[J].中国土地科学，2015（6）：67－74.

[114] 高圣平.农民住房财产权抵押规则的重构[J].政治与法律，2016（1）：111－125.

[115] 李成强.关于农民住房财产权抵押风险防范的实践与思考[J].金融纵横，2016（5）：27－32.

[116] 张建文，李红玲.宅基地使用权继承取得之否定——宅基地"法定租赁权"的解释路径[J].河北法学，2016（12）：28－39.

[117] 刘佳.农民住房抵押贷款中金融机构债权实现的困境与出路[J].农村金融研究，2016（11）：62－67.

[118] 叶佩娣.城乡统筹发展背景下中国农村住房保障政策研究[J].农业经济，2016（11）：73－75.

[119] 陈庭甫，曾玲艳，刘玲.江西省政策性农房保险的调查与思考[J].保险职业学院学报，2016（6）：61－63.

[120] 李春国.完善产权流转交易机制　促进集体经济快速发展[J].江苏农村经济，2016（3）：37－39.

[121] 马国辉.农民住房财产权抵押贷款问题探讨[J].河海大学学报

（社会科学版），2016（5）：40－45.

［122］宋志红．"三权分置"关键是土地经营权定性［J］.中国合作经济，2016（10）：11－13.

［123］宋志红．宅基地使用权流转的困境与出路［J］.中国土地科学，2016（5）：13－20.

［124］宋志红．农村土地制度改革中的效率与稳定问题探讨［J］.中国国土资源经济，2016（4）：8－11＋16.

［125］史明正．农民宅基地上住房抵押贷款现状问题分析——以青海省湟源县为例［J］.柴达木开发研究，2016（6）：22－24.

［126］［日］陶钟太郎，杨环．农民住房财产权论析——寻找政策与法律的契合［J］.内蒙古社会科学（汉文版），2016（3）：97－103.

［127］孟光辉．农户语境下的住房财产权与抵押登记问题［J］.中国土地科学，2016（9）：90－96.

［128］黄丽君．农村农民住房财产权抵押贷款研究［J］.乡村科技，2016（20）：95－96.

［129］汪莉，张伟．农房抵押的法律困境与对策研究［J］.安徽农业大学学报（社会科学版），2016（4）：70－74.

［130］陈晓华．引导农村土地经营权有序流转促进农业适度规模经营健康发展［J］.行政管理改革，2016（2）：32－37.

［131］王桂芳．美国家宅财产制度的启示——破解中国农民住房财产抵押贷款风险的新思路［J］.山西农业大学学报（社会科学版），2017（5）：64－69.

［132］高海．论农民住房有限抵押［J］.中国农村观察，2017（2）：27－40.

［133］纪秀江．农民住房财产权抵押融资的困境与对策［J］.黑龙江金融，2017（11）：30－32.

［134］孔祖根．农民住房使用权抵押贷款创新——以浙江丽水为例［J］.中国金融，2017（22）：94－95.

［135］［日］陶钟太郎，刘洋．论农民住房财产权抵押的实现［J］.攀枝花学院学报，2017（6）：29－36.

［136］钟荣桂，吕萍，于璐源．中国城镇化进程中城乡住房融合研究——一

个文献综述 [J]．经济问题探索，2017（10）：177 – 183.

[137] 陈红霞，况安．宁波实践：农民住房财产权抵押问题研究 [J]．中国房地产，2017（27）：3 – 8.

[138] 刘广明．推进农村住房消费的政府干预探析 [J]．云南社会科学，2017（6）：1 – 7 + 184.

[139] 陈卫华，吕萍．新型城镇化目标下农村住房隐形市场规制：堵抑或疏 [J]．现代经济探讨，2017（10）：96 – 103.

[140] 黄华寿．发展现代新型农村住房保险的实践思考——以福建省长乐市为例 [J]．福建金融，2017（S1）：67 – 69.

[141] 杨振光．城乡统筹下农村住房问题思考 [J]．合作经济与科技，2017（12）：29 – 31.

[142] 陆梦梦，万思雨，徐景欣．农民住房财产权抵押问题研究——基于宁波市江北区的调查 [J]．中国国土资源经济，2017（9）：53 – 57 + 7.

[143] 冯双生，张桂文．农民工落户城市的经济能力约束及破解路径 [J]．广西社会科学，2017（8）：68 – 73.

[144] 初美慧．对农民住房财产权抵押贷款问题的探讨 [J]．农村经济与科技，2017（13）：110 – 111.

[145] 王爱国．我国农民住房财产权抵押价格评估研究 [J]．价格理论与实践，2017（5）：57 – 60.

[146] 姚三军．关于农村房地一体登记过程中历史遗留问题解决对策的探讨 [J]．广东土地科学，2017（3）：45 – 48.

[147] 宋志红．集体经营性建设用地入市的立法回应解析——《土地管理法（修正案）》（征求意见稿）入市规定解读与评析 [J]．中国国土资源经济，2017（6）：4 – 9.

[148] 王利明．住宅建设用地使用权自动续期规则 [J]．清华法学，2017（2）：73 – 82.

[149] 奇思彤．我国农村住房制度改革思考 [J]．合作经济与科技，2017（11）：138 – 140.

[150] 宁爱凤．"空间正义"视角下农村住房保障制度的重构 [J]．甘肃社会科学，2017（3）：219 – 225.

［151］童云．政府与市场关系视角下农村产权市场交易机制研究——基于安徽省的交易现状［J］．理论建设，2017（6）：38－44．

［152］仇定祥．江都农村产权交易市场建设初探［J］．江苏农村经济，2017（12）：39．

［153］姚鹏，李新仓，王艳．开放式农村土地产权交易市场的构建研究［J］．农业经济，2017（11）：98－99．

［154］赵敏，陈延宏．辽宁省首家市级农村综合产权交易市场建设的探索与思考［J］．农业经济，2017（11）：122－124．

［155］李清，刘鸣霁．吉林省农村产权交易市场建设现状与对策研究［J］．经济视角，2017（5）：81－86．

［156］李律，阮天一，朱伟军．温岭市深化农村产权交易体系建设［J］．政策瞭望，2017（7）：43－46．

［157］王金娟，王震．农村产权交易市场体系研究综述［J］．经济视角，2017（2）：26－31．

［158］何婷婷，罗华伟．农村住房抵押贷款的障碍及对策分析［J］．中国市场，2017（5）：178－179．

［159］王任，冯开文．改革以来农民住房的改善及其原因探讨——基于返乡调查数据的实证分析［J］．中国农业大学学报，2017（3）：198－204．

［160］魏寿邦，季生有．农民住房财产权抵押贷款试点思考——以青海省湟源县为例［J］．青海金融，2017（2）：41－45．

［161］陈晓宇．农民住房财产权抵押制度的构建［J］．金陵法律评论，2017（1）：150－163．

［162］付明星．武汉农村综合产权交易所成立始末［J］．武汉文史资料，2018（10/11）：4－13．

［163］岳永兵．宅基地"三权分置"：一个引入配给权的分析框架［J］．中国国土资源经济，2018（1）：34－38．

［164］李凤奇，王金兰．我国宅基地"三权分置"之法理研究［J］．河北法学，2018（10）：150－162．

［165］申卫星．从"居住有其屋"到"住有所居"——我国民法典分则创设居住权制度的立法构想［J］．现代法学，2018（2）：105－118．

［166］林才珺，徐秀英．浙江省农村产权流转交易市场发展探讨［J］．中国集体经济，2018（1）：4－6.

［167］许可，龙江，王勇．关于江夏区农民住房财产权抵押贷款改革试点的若干思考［J］．武汉金融，2018（12）：72－74.

［168］朱红．农民住房结构与发展新趋势研究［J］．科技创新与生产力，2018（12）：11－14.

［169］王利明．民法典物权编应如何完善土地经营权？［J］．农村经营管理，2018（6）：22－23.

［170］王利明．我国民法典物权编的修改与完善［J］．清华法学，2018（2）：6－22.

［171］宋志红．三权分置下农地流转权利体系重构研究［J］．中国法学，2018（4）：282－302.

［172］宋志红．宅基地"三权分置"的法律内涵和制度设计［J］．法学评论，2018（4）：142－153.

［173］孙淑萍，王直民，方秀丽．农民住房财产权抵押估价研究［J］．经济论坛，2018（11）：119－122.

［174］唐其宝，冷潇潇．论农民住房财产权抵押贷款的有效实现［J］．淮北职业技术学院学报，2018（5）：73－75.

［175］董元刚．农民住房财产权抵押贷款法律问题研究——以仪征市为例［J］．市场周刊，2018（10）：157－158.

［176］徐华明．更大力度改善农民群众住房条件［J］．群众，2018（19）：59－60.

［177］陶倩．农村"房地一体"确权登记及典型问题处理［J］．中国房地产，2018（34）：45－49.

［178］杨宏健，陈战武．浅谈农房地一体不动产确权登记问题与对策［J］．北京测绘，2018（6）：734－736.

［179］陈亚林．农民住房转让制度的改革思考［J］．贵州广播电视大学学报，2018（3）：23－27.

［180］史卫民．农民住房抵押权实现的制度完善［J］．法学论坛，2018（5）：95－102.

［181］胡茂清.农民住房财产权抵押贷款的困境与破解［J］.太原理工大学学报（社会科学版），2018（4）：22－26＋73.

［182］葛云杰，罗曼徐，陈乾坤，周月书.农民住房财产权抵押贷款行为响应研究——基于江苏省宿迁市泗洪县的试点［J］.时代金融，2018（21）：306－307＋313.

［183］杨天水.农民住房财产权抵押贷款的仪征试点［J］.群众，2018（13）：57－59.

［184］朱帅，郑永君.住房对农民幸福感的影响机制与效应——基于经济、居住和象征价值维度的实证［J］.湖南农业大学学报（社会科学版），2018（3）：66－71.

［185］张献奇.农民住房财产权抵押贷款：响应意愿及影响因素分析——基于河南省1028名农户的调查［J］.中国农业会计，2018（6）：44－48.

［186］杜群，董斌.农民住房抵押贷款实现机制创新略论——基于试点实践的考察［J］.湖南农业大学学报（社会科学版），2018（2）：55－60.

［187］施端银，张玲萍.统筹城乡发展视域下农民住房财产权制度改革的实践与思考——以浙江省温州市为例［J］.江苏农业科学，2018（5）：320－324.

［188］吕萍，藏波，陈卫华.城镇化背景下差异化的城乡住房融合——理论框架与现实路径［J］.公共管理与政策评论，2018（2）：36－45.

［189］焦富民.农业现代化视域下农民住房财产权抵押制度的构建［J］.政法论坛，2018（2）：130－140.

［190］天津：进城落户农民享住房保障［J］.城乡建设，2018（5）：31.

［191］周铸.推进苏北农村住房改善要讲究辩证法［J］.群众，2018（18）：16－17.

［192］王婷婷.我国居民个人住房抵押贷款的问题及对策［J］.西部皮革，2018（24）：40.

［193］陈小君.土地经营权的性质及其法制实现路径［J］.政治与法律，2018（8）：2－12.

［194］陈小君，汪君.农村集体土地征收补偿款分配纠纷民事司法困境及其进路［J］.学术研究，2018（4）：42－51＋177.

［195］陈小君."三权分置"与中国农地法制变革［J］.甘肃政法学院学

报，2018（1）：22 - 33.

[196] 邹丙彦. 抚顺市扎实推进农村住房政策性保险工作 [J]. 中国减灾，2018（15）：48 - 49.

[197] 孙哲斌. 精准扶贫视角下的农村住房保险制度解析——福建案例 [J]. 福建金融，2018（6）：46 - 49.

[198] 龚关，张伟，夏益国. 安徽省农村住房保险试点：成就与问题 [J]. 中国保险，2018（5）：46 - 51.

[199] 雷渌瑨. "一田二主"是否是"房地分离"方向 [J]. 城市管理与科技，2018（1）：70 - 72.

[200] 王毅，王有强. 农村宅基地法定租赁权研究 [J]. 安徽农业大学学报（社会科学版），2018（1）：77 - 81.

[201] 任雪莹，安海燕. 农村养老保险与农地抵押贷款意愿关系实证分析 [J]. 武汉金融，2018（2）：73 - 78.

[202] 耿光颖，贺静，石峰. 正确看待农地抵押贷款在盘活农村土地资源中的作用——以安徽省试点工作为例 [J]. 金融发展评论，2017（12）：63 - 69.

[203] 俞滨，郭延安. 农地产权制度改革对农地抵押市场双重效应研究——以浙江农地抵押改革试点区为例 [J]. 浙江社会科学，2018（4）：17 - 26 + 155 - 156.

[204] 俞滨，郭延安. 农地产权制度改革对农地抵押市场影响机制研究：来自浙江的微观证据 [J]. 浙江金融，2018（4）：74 - 80.

[205] 郑涛. 农地抵押法制实践的困境与出路 [J]. 华南农业大学学报（社会科学版），2018（4）：29 - 39.

[206] 刘亚娟. 基本公共服务均等目标下的农村住房保障制度设计 [J]. 江西社会科学，2018（1）：246 - 253.

[207] 吕萍，钟荣桂. 城乡住房市场一体化变迁过程中的居民住房权益研究 [J]. 中国软科学，2018（2）：118 - 128.

[208] 李蓉，金丽馥. 基于农村产权改革视角下的农民财产性收入增收研究 [J]. 中国集体经济，2018（31）：5 - 6.

[209] 陶国胜，胡剑飞，李仲尧，尹剑斌，杨博野. 农村产权交易平台市场化运营的永嘉模式——永嘉县农村产权交易平台市场化建设运营的创新做法和经验

〔J〕．浙江经济，2018（20）：34－37．

〔210〕李律，阮天一，朱伟军．农村产权交易体系完善与平台运行机制研究——以温岭市"国家整县推进试点单位"为例〔J〕．杭州学刊，2018（2）：167－173．

〔211〕赵领军，高兴萍，秦志华，刘爱民，苏静．农村产权交易信息化服务研究初探——以济南市农村产权交易信息管理平台为例〔J〕．农业网络信息，2018（6）：29－32．

〔212〕朱丰．建设农村产权交易市场的实践与探索〔J〕．招标与投标，2018（6）：39－41．

〔213〕赵旻．农村产权交易市场：促进要素合理有序流动新探索〔J〕．群众，2018（10）：20－21．

〔214〕曾鹏．规范农村产权交易　促进城乡统筹发展〔J〕．江苏农村经济，2018（5）：47－48．

〔215〕高圣平．论承包地流转的法律表达——以我国《农村土地承包法》的修改为中心〔J〕．政治与法律，2018（8）：13－28．

〔216〕高圣平．论农村土地权利结构的重构——以《农村土地承包法》的修改为中心〔J〕．法学，2018（2）：12－24．

〔217〕高圣平．承包地三权分置的法律表达〔J〕．中国法学，2018（4）：261－281．

〔218〕王战敏，赵容华．以"两化"试点工作为契机　深入推进农村综合产权交易体制性改革——以江山市农村产权交易体制建设为例〔J〕．产权导刊，2018（4）：44－47．

〔219〕褚志强．试论农村产权流转交易市场建设之市场体系〔J〕．山西农经，2018（5）：16－17．

〔220〕武丽．推进农村产权交易　促进现代农业发展——太谷县农村产权交易中心发展纪实〔J〕．山西农经，2018（1）：59－60．

〔221〕孙锦杨，李建强．农民住房财产权抵押实现路径探析——以成都市郫都区为例〔J〕．农村金融研究，2018（1）：62－64．

〔222〕陈美球，廖彩荣，朱美英．创新产权交易模式激发资源活力——浙江永嘉农村产权交易改革的实践与启示〔J〕．中国土地，2019（7）：49－50．

［223］李凤章．宅基地资格权的判定和实现——以上海实践为基础的考察［J］．广东社会科学，2019（1）：231－238.

［224］刘国栋．农村宅基地"三权分置"政策的立法表达——以"民法典物权编"的编纂为中心［J］．西南政法大学学报，2019（2）：17－28.

［225］刘国臻，刘芮．宅基地"三权分置"下宅基地上房屋转让制度改革路径［J］．学术论坛，2019（2）：54－62.

［226］杨群义，周庆干．抓住改善农民住房契机　促进农业农村经济发展［J］．农场经济管理，2019（11）：3－4.

［227］葛兰．助力改善苏北地区农民住房条件［J］．江苏农村经济，2019（11）：59－60.

［228］陈小君．《土地管理法》修法与新一轮土地改革［J］．中国法律评论，2019（5）：55－64.

［229］陈小君．宅基地使用权的制度困局与破解之维［J］．法学研究，2019（3）：48－72.

［230］陈小君．土地改革之"三权分置"入法及其实现障碍的解除——评《农村土地承包法修正案》［J］．学术月刊，2019（1）：87－95＋104.

［231］陈小君．我国农地制度改革实践的法治思考［J］．中州学刊，2019（1）：56－65.

［232］钟三宇．论农民住房财产权抵押制度构造——以宅基地资格权与使用权分离为视角［J］．社会科学，2019（10）：88－95.

［233］葛顺明．改善农民群众住房条件，助力乡村振兴——以江苏省盐城市大丰区为例［J］．城市开发，2019（16）：26－27.

［234］刘鑫，董继刚．农村住房财产权估价研究［J］．对外经贸，2019（6）：93－96.

［235］王晓烨，胡玉浪．农民住房财产权抵押贷款失约风险防控机制研究——基于福建晋江的实践经验［J］．石家庄铁道大学学报（社会科学版），2019（2）：24－29.

［236］岳永兵，刘向敏．增加农民住房财产性收入途径探讨——基于宅基地制度改革视角［J］．农村金融研究，2019（6）：62－66.

［237］陈石清．农村住房财产权抵押贷款制度构建研究［J］．农业经济，

2019（4）：106 – 107.

[238] 刘双良，秦玉莹．宅基地流转与农民住房保障的政策协同机制构建——基于典型创新实践模式的对比分析 [J]．中州学刊，2019（4）：31 – 37.

[239] 杜群，董斌．农民住房抵押之设定方式研究 [J]．甘肃政法学院学报，2019（2）：44 – 52.

[240] 真煜茜．农民住房财产权抵押制度存在的问题及对策 [J]．市场研究，2019（3）：21 – 24.

[241] 薛亚利．非试点地区农民住房财产权抵押贷款的困境及对策——以陕西省商洛市为例 [J]．时代金融，2019（7）：45 – 46 + 49.

[242] 张天健，孙守相．农民住房财产权抵押融资的配套制度研究——基于山东省F市的改革试点 [J]．重庆文理学院学报（社会科学版），2019（1）：11 – 17 + 35.

[243] 陈德荣．农村住房财产权抵押贷款改革试点的石狮实践 [J]．地产，2019（16）：30 – 31.

[244] 刘鑫，董继刚．农村住房财产权抵押贷款定价研究 [J]．武汉金融，2019（8）：76 – 80.

[245] 刘鑫，董继刚．农村住房财产权估价研究 [J]．对外经贸，2019（6）：93 – 96.

[246] 刘屹轩，闵剑，刘忆．"三权分置"下农地经营权抵押融资风险辨识与评价——基于结构方程模型的实证研究 [J]．宏观经济研究，2019（1）：158 – 175.

[247] 张开华，丁昆．农地经营权抵押融资问题探析 [J]．学习与实践，2019（3）：57 – 63.

[248] 梁虎，罗剑朝．农地抵押贷款参与、农户增收与家庭劳动力转移 [J]．改革，2019（3）：106 – 117.

[249] 赵丽琴，王熠．农地经营权抵押贷款的困境及解决路径研究 [J]．农业经济，2019（12）：81 – 82.

[250] 戴琳，于丽红，刘斯麒．农地确权背景下农户农地抵押贷款需求意愿——基于辽宁省调查 [J]．农村经济与科技，2019（5）：124 – 125.

[251] 张凡．"三权分置"背景下农地抵押权的法律构造 [J]．理论导刊，

2019（4）：85－90.

[252] 魏立乾，罗剑朝．农地经营权抵押贷款试点政策效果仿真模拟研究——以宁夏平罗县 658 份农户数据为例［J］．中国土地科学，2019（5）：69－77.

[253] 孙淑萍，王直民，方秀丽．农村住房财产权抵押贷款困境及其博弈分析［J］．经营与管理，2019（6）：31－34.

[254] 陈石清．农村住房财产权抵押贷款制度构建研究［J］．农业经济，2019（4）：106－107.

[255] 陈琳．住建部 开展农村住房建设试点［J］．就业与保障，2019（6）：11－12.

[256] 肖璇，龙岳林，邓玉，万宇．中国农村住房建设与发展问题研究［J］．乡村科技，2019（5）：23－24.

[257] 钟三宇．论农民住房财产权抵押制度构造——以宅基地资格权与使用权分离为视角［J］．社会科学，2019（10）：88－95.

[258] 刘鑫，董继刚．宅基地法定租赁权破解宅基地使用权流转难题研究［J］．海南金融，2019（8）：51－56.

[259] 胡震．农村宅基地产权法律表达的 70 年变迁（1949—2019）［J］．中国农业大学学报（社会科学版），2019（6）：66－74.

[260] 房绍坤，唐冉．新《土地管理法》的进步与不足［J］．东岳论丛，2019（10）：110－118＋191.

[261] 杜换涛．宅基地使用权外部转让的构想［J］．东岳论丛，2019（10）：130－138.

[262] 汪明进，赵兴泉，黄娟．激活闲置农房和宅基地经验、问题和思考——基于浙江四地改革实践的启示［J］．农业经济，2019（12）：70－72.

[263] 吕军书，朱方宜．建立农村宅基地管理政府权力清单制度问题分析［J］．农业经济，2019（12）：73－75.

[264] 石永明，骆东奇，朱莉芬．乡村振兴战略背景下农村宅基地抵押调查研究［J］．重庆工商大学学报（自然科学版），2019（6）：73－80.

[265] 陶倩．农村不动产确权登记的实践与探索——以宁夏回族自治区农村宅基地"房地一体"确权登记为例［J］．中国房地产，2019（34）：48－51.

［266］胡振华，承露．中国现阶段农村宅基地流转探究［J］．温州大学学报（社会科学版），2019（6）：28－35.

［267］刘守英，熊雪锋．产权与管制——中国宅基地制度演进与改革［J］．中国经济问题，2019（6）：17－27.

［268］韩松．宅基地立法政策与宅基地使用权制度改革［J］．法学研究，2019（6）：70－92.

［269］王凌燕．"三权分置"背景下宅基地资格权法律问题探讨［J］．重庆科技学院学报（社会科学版），2019（6）：35－38＋55.

［270］周江梅．农村宅基地"三权分置"制度改革探索与深化路径［J］．现代经济探讨，2019（11）：117－125.

［271］卢江海，钱泓澎．制度变迁视角下宅基地使用权流转市场研究——基于义乌市宅基地"三权分置"改革实践［J］．财经论丛，2019（11）：102－112.

［272］丁宇峰，付坚强．新中国土地政策演进视野下的宅基地"三权分置"制度选择［J］．经济问题，2019（11）：89－95.

［273］申惠文．宅基地三权分置改革的立法表达［J］．中国不动产法研究，2019（1）：41－57.

［274］郑振源．农村宅基地制度改革刍议［J］．中国法律评论，2019（5）：37－45.

［275］吴思婷．农村宅基地使用权抵押融资问题研究［J］．劳动保障世界，2019（29）：79.

［276］申卫星，杨旭．中国民法典应如何规定居住权？［J］．比较法研究，2019（6）：65－83.

［277］汪洋．从用益权到居住权：罗马法人役权的流变史［J］．学术月刊，2019（1）：101－112.

［278］王利明．论民法典物权编中居住权的若干问题［J］．学术月刊，2019（7）：91－100＋148.

［279］鲁晓明．"居住权"之定位与规则设计［J］．中国法学，2019（3）：223－239.

［280］孙昕苑．居住权制度建立的可行性探讨［J］．山西省政法管理干部

学院学报，2019（2）：50-51.

[281] 肖俊．"居住"如何成为一种物权——从罗马法传统到当代中国居住权立法 [J]．法律科学（西北政法大学学报），2019（3）：96-106.

[282] 鲁晓明．论我国居住权立法之必要性及以物权性为主的立法模式——兼及完善我国民法典物权编草案居住权制度规范的建议 [J]．政治与法律，2019（3）：13-22.

[283] 韩松．我国民法典物权编应当界定农民集体所有权类型的本质属性 [J]．四川大学学报（哲学社会科学版），2019（3）：63-72.

[284] 林亚婷．居住权与以房养老的契合 以住房反向抵押现存问题为切入点 [J]．实事求是，2019（1）：89-95.

[285] 彭长生，王全忠，钟钰．确权、农民分化与宅基地处置意愿——基于安徽、湖南两省农户调查数据的实证分析 [J]．南京农业大学学报（社会科学版），2019（5）：118-129+158-159.

[286] 吕军书，杨毅斌．农村宅基地使用权收回制度的缺陷与立法回应——基于《土地管理法修正案（草案）》的思考 [J]．南阳理工学院学报，2019（5）：41-45.

[287] 徐小峰．关于农村宅基地流转"限制与自由"的思考 [J]．国土资源情报，2019（9）：41-45.

[288] 夏松洁，黄明儒．农村宅基地"三权分置"改革的政策阐析与立法完善——基于中央农村工作会议精神的思考 [J]．中南民族大学学报（人文社会科学版），2019（5）：162-166.

[289] 王向阳．超越"保障权"与"财产权"：宅基地改革的治理路径探析——基于江西"余江宅改"的案例分析 [J]．理论与改革，2019（5）：153-165.

[290] 吴迪，龚淋．宅基地"三权分置"下资格权的法律调整机制研究 [J]．中国延安干部学院学报，2019（5）：127-136.

[291] 张玉娟．乡村振兴战略背景下宅基地"三权分置"实现路径研究 [J]．国土资源导刊，2019（3）：7-12.

[292] 简陆芽，孙辉．城乡融合视角下的宅基地制度改革路径 [J]．中国土地，2019（9）：55-56.

［293］张健．农村"三变"对农村产权交易的影响研究［J］．山西农经，2019（22）：53-54．

［294］陈锦文．新公共治理视角下农村产权流转交易市场的治理路径探索［J］．现代商业，2019（28）：124-125．

［295］吴汝川．在"中国产权交易资本市场助力乡村振兴研讨会"上的致辞［J］．产权导刊，2019（10）：20-21．

［296］李利君．中国产权交易市场30年大事记（五）［J］．产权导刊，2019（10）：52-55．

［297］黄涛．加快土地竞价交易　盘活农村土地市场［J］．江西农业，2019（17）：28-29．

［298］田剑英．农村产权交易平台促进农村土地承包经营权流转及其运作——以浙江省为例［J］．浙江万里学院学报，2019（5）：1-6．

［299］李东晟，杜金向．我国农村产权流转交易市场现状及对策［J］．合作经济与科技，2019（14）：126-127．

［300］杨爱云．农村产权交易方式研究［J］．山西农经，2019（10）：71-73．

［301］高圣平．宅基地制度改革与民法典物权编编纂——兼评《民法典物权编（草案二次审议稿)》［J］．法学评论，2019（4）：108-117．

［302］高圣平．农地三权分置改革与民法典物权编编纂——兼评《民法典各分编（草案)》物权编［J］．华东政法大学学报，2019（2）：14-24．

［303］高圣平，吴昭军．宅基地制度改革的试点总结与立法完善——以《土地管理法》修订为对象［J］．山东社会科学，2019（8）：103-111．

［304］高圣平．农村宅基地制度：从管制、赋权到盘活［J］．农业经济问题，2019（1）：60-72．

［305］高圣平．宅基地制度改革政策的演进与走向［J］．中国人民大学学报，2019（1）：23-33．

［306］高圣平．论集体建设用地使用权的法律构造［J］．法学杂志，2019（4）：13-25．

［307］陈前总．乡村振兴背景下农村产权抵押融资的创新探索——基于成都、武汉、温州和玉林等地实践的分析［J］．大众科技，2019（5）：164-167．

[308] 李雷．试论现阶段农村产权流转交易市场的问题与对策 [J]．山西农经，2019（9）：80.

[309] 孙宝潭，景蓓蓓，陶敏．开展农村产权交易　盘活集体资产资源 [J]．江苏农村经济，2019（5）：66－67.

[310] 冯淑清．农村产权制度改革的若干思考 [J]．新农业，2019（7）：88－89.

[311] 张凯，王菲．天津农交所实施"市—区—镇"三位一体　农村产权交易体系运营模式 [J]．产权导刊，2019（3）：56－59.

[312] 刘俊．"三权分置"视角下农村股份合作社成员财产权完善的现实困境与法律进路 [J]．学术论坛，2019（5）：67－74.

[313] 唐佳林．农村房地一体确权登记发证难点与对策研究——以武汉市为例 [J]．中国市场，2019（2）：53－54.

[314] 陈广华，罗亚文．乡村振兴背景下宅基地资格权研究 [J]．安徽大学学报（哲学社会科学版），2019（5）：122－128.

[315] 宋志红．宅基地"三权分置"：从产权配置目标到立法实现 [J]．中国土地科学，2019（6）：28－36.

[316] 宋志红．乡村振兴背景下的宅基地权利制度重构 [J]．法学研究，2019（3）：73－92.

[317] 宋志红．土地管理法修正案草案要点解读 [J]．团结，2019（1）：26－30.

[318] 孟存鸽．农房抵押强制执行与农民基本居住权的实现 [J]．甘肃社会科学，2019（4）：231－236.

[319] 王晓烨，胡玉浪．农民住房财产权抵押贷款失约风险防控机制研究——基于福建晋江的实践经验 [J]．石家庄铁道大学学报（社会科学版），2019（2）：24－29.

[320] 陈耀东．宅基地"三权分置"的法理解析与立法回应 [J]．广东社会科学，2019（1）：223－230.

[321] 王童，蒋尧，王玉峰．金融素养能提高农民住房财产权抵押贷款需求吗？——基于政策激励视角的实证研究 [J]．金融发展研究，2020（1）：1－7.

[322] 辜明安，梁田．农地"三权分置"法制化与承包经营权制度的完善

［J］．河北法学，2020（2）：20－40．

［323］邱丽．善治视域下的宅基地制度改革［J］．华南农业大学学报（社会科学版），2020（1）：1－9．

［324］申惠文．集体土地用益物权农户主体问题研究［J］．河北法学，2020（2）：151－162．

［325］孙秋鹏．农村宅基地流转问题研究述评［J］．西北民族大学学报（哲学社会科学版），2020（1）：1－18．

［326］孙德超，周媛媛．农村土地"三权"分置面临的现实困境、政策供给体系及其保障措施［J］．经济问题，2020（1）：79－86＋102．

［327］周江梅，黄启才，曾玉荣．"三权分置"背景下农户宅基地使用权流转的改革思考［J］．重庆社会科学，2020（1）：28－37．

［328］付姓．宅基地改革的余江样本［J］．农村经营管理，2020（1）：18－19．

［329］徐丹丹．宅基地资格权的权属定位及其制度实现［J］．福建农林大学学报（哲学社会科学版），2020（1）：106－112．

［330］何亚斌．我国产权进场交易制度的建立、定型、落实和延伸［J］．国有资产管理，2020（1）：30－34．

［331］李庆海，陈金鹏，郁杨成．抵押与农户信贷违约风险：逆向选择还是道德风险？［J］．世界农业，2020（1）：30－40＋130．

［332］刘双良，秦玉莹．农民阶层分化背景下宅基地流转与农民住房保障联动的内在逻辑与传导路径［J］．农村经济，2020（1）：32－38．

［333］张勇．宅基地"三权分置"改革："三权"关系、政策内涵及实现路径［J］．西北农林科技大学学报（社会科学版），2020（2）：61－68．

［334］张勇，周丽．农民市民化进程中农村宅基地财产权的实现路径［J］．山西农业大学学报（社会科学版），2020（4）：66－70．

［335］刘恒科．宅基地"三权分置"的理论阐释与法律构造［J］．华中科技大学学报（社会科学版），2020（4）：104－114．

［336］刘恒科．宅基地流转的实践路径、权利结构与制度回应［J］．农业经济问题，2020（7）：36－46．

［337］吴永兴，袁涓文．基于利益相关者的农村宅基地制度研究［J］．农

业经济，2020（7）：87-89.

［338］佟彤，郭洁．宅基地改革背景下农民住房转让纠纷政策适用的司法控制［J］．内蒙古社会科学，2020（4）：93-101.

学位论文类

［1］黄钊．论民法上的土地与建筑物的关系——以大陆法系为研究对象［D］．北京：中国政法大学硕士学位论文，2004.

［2］林平．房地一体原则的冲突及我国的立法选择［D］．厦门：厦门大学硕士学位论文，2006.

［3］陈丘．成都市农房抵押货款模式及其配套制度研究［D］．成都：四川农业大学硕士学位论文，2012.

［4］苏斐．我国土地与建筑物关系立法完善［D］．开封：河南大学硕士学位论文，2012.

［5］张春宁．我国房地权利分离处分规则研究［D］．广州：暨南大学硕士学位论文，2013.

［6］刘文斐．论我国农村住房保障法律制度的构建［D］．海口：海南大学硕士学位论文，2015.

［7］赵洪丹．中国农村经济发展的金融支持研究［D］．长春：吉林大学博士学位论文，2016.

［8］张龙．天津市宝坻区农村产权流转交易市场发展研究［D］．天津：天津大学硕士学位论文，2017.

［9］高辰．我国农村产权流转交易市场法律制度研究［D］．天津：天津大学硕士学位论文，2017.

［10］蒋萍丽．宁波江北区农村住房财产权抵押困境与对策研究［D］．宁波：宁波大学硕士学位论文，2017.

［11］丁宏远．农民住房财产权抵押贷款模式比较研究［D］．济南：山东师范大学硕士学位论文，2017.

［12］费俊杰．论房地抵押规则［D］．杭州：浙江大学硕士学位论文，2017.

［13］吴莎莎．农民住房抵押法律问题研究［D］．南昌：江西财经大学硕

士学位论文，2017.

[14] 许晓雨. 农民住房财产权抵押的实践探索与法治需求研究 [D]. 哈尔滨：东北农业大学硕士学位论文，2017.

[15] 孔秋廉. 农村住房抵押制度研究 [D]. 广州：广东外语外贸大学硕士学位论文，2017.

[16] 赵雪程. 农民宅基地上住房财产权抵押制度构建研究 [D]. 南京：南京农业大学硕士学位论文，2017.

[17] 赵付文. 农民住房财产权抵押问题研究 [D]. 昆明：云南大学硕士学位论文，2017.

[18] 吕燕. 农户住房财产权抵押贷款意愿及其影响因素 [D]. 杨凌：西北农林科技大学硕士学位论文，2017.

[19] 孙巍. 农民住房财产权抵押法律问题研究 [D]. 上海：华东政法大学硕士学位论文，2017.

[20] 郭亚楠. 农民住房财产权抵押规则研究 [D]. 重庆：西南政法大学硕士学位论文，2017.

[21] 孙晓燕. 论农村产权交易市场信息披露与村务公开的相互嵌入 [D]. 武汉：华中师范大学硕士学位论文，2017.

[22] 赵鹏. 山东产权交易市场交易业务模式创新研究 [D]. 大连：大连理工大学硕士学位论文，2018.

[23] 于霞. 农民住房财产权实现的法律规范路径 [D]. 上海：华东政法大学硕士学位论文，2018.

[24] 朱晓钰. 农民住房财产权抵押问题研究 [D]. 镇江：江苏大学硕士学位论文，2018.

[25] 荆鹏宇. 我国农村住房抵押法律问题探析 [D]. 兰州：甘肃政法学院，2018.

[26] 郑一阳. 制度均衡视角下的农民住房财产权抵押问题研究 [D]. 杭州：浙江工商大学硕士学位论文，2018.

[27] 胡家铭. 我国农村宅基地使用权流转的法律问题研究 [D]. 桂林：广西师范大学硕士学位论文，2018.

[28] 陈致远. 确权登记视角下的农村宅基地流转困境与突破 [D]. 杭州：

浙江工商大学硕士学位论文，2018.

［29］田河.农村宅基地设立抵押权问题研究［D］.呼和浩特：内蒙古大学硕士学位论文，2018.

［30］解思进.农村宅基地使用权抵押的法律问题研究［D］.乌鲁木齐：新疆大学硕士学位论文，2018.

［31］文志宇.宅基地"三权分置"背景下农民住房财产权抵押融资功能实现的制度障碍及对策研究［D］.南昌：江西师范大学硕士学位论文，2019.

［32］赵楚萌.农民住房抵押贷款制度运行障碍及化解对策研究［D］.郑州：郑州大学硕士学位论文，2019.

［33］张佳.农民住房财产权抵押的实现困境及路径研究［D］.天津：天津商业大学硕士学位论文，2019.

［34］崔晓婷.农村住房财产权抵押贷款中农房价格的影响因素研究［D］.北京：中国农业科学院硕士学位论文，2019.

［35］赵帅.农民住房财产权抵押制度研究［D］.武汉：华中师范大学硕士学位论文，2019.

［36］韩黎宁.农村宅基地使用权流转法律问题研究［D］.北京：中国地质大学（北京）硕士学位论文，2019.

［37］邢乐.宅基地"三权分置"制度运行的影响因素研究［D］.南昌：南昌大学硕士学位论文，2019.

［38］张罡.宅基地"三权分置"法律问题研究［D］.南京：河南大学硕士学位论文，2019.

［39］项圣炜."三权分置"改革背景下宅基地使用权流转问题研究［D］.北京：中国政法大学硕士学位论文，2019.

［40］董梦.宅基地"三权分置"的法律实现研究［D］.武汉：华中师范大学硕士学位论文，2019.

［41］谢梅玲.农村房屋买卖合同效力研究［D］.石家庄：河北经贸大学硕士学位论文，2019.

［42］尹杰玲.农村宅基地"三权分置"研究［D］.长春：吉林大学硕士学位论文，2019.

［43］陈涛.宅基地使用权收益权能的实现机制研究［D］.南京：南京师

范大学硕士学位论文，2019.

［44］许辰迪. 农村宅基地三权分置改革的权能研究［D］. 成都：四川师
范大学硕士学位论文，2019.

［45］宋目扬. 我国农村宅基地三权分置改革的法律问题研究［D］. 温州：
温州大学硕士学位论文，2019.

［46］张远. 农村房地一体确权登记关键问题的研究［D］. 南昌：江西理
工大学硕士学位论文，2019.

外文类

［1］L. Fisher. Elmentary Principles of Economics［M］. New York：Macmillan，
1923.

［2］R. H. Coase. The Problem of Social Cost［J］. Journal of Law and Econom-
ics，1960（3）：1 – 44.

［3］Stiglitz，J. and A. Weiss. Credit Rationing Markets with Imperfect Information
［J］. American Economic Review，1981（3）：393 – 410.

［4］RTS Ramakrishnan，AV Thakor. Information Reliability and a Theory of Fi-
nancial Intermediation［J］. Review of Economic Studies，1984（3）：415 – 432.

［5］Gershon Feder & David Feeny. Land Tenure and Property Rights：Theory and
Implications for Development Policy［J］. World Bank Economic Review，1991（1）：
135 – 153.

［6］Tin Nguyen，Enjiang Cheng，Christopher Findlay. Land Fragmentation and
Farm Productivity in China in the 1990s［J］. China Economic Review，1996（2）：
169 – 180.

［7］Edward H. Ziegler. Transfer Development Rights and Land Use Planning in
the United States［J］. Liverpool Law Review，1996（2）：147 – 166.

［8］Dong X. Y. Two – Tier Land Tenure System and Sustained Economic Growth in
Post – 1978 Rural China［J］. Word Development，1996（5）：915 – 928.

［9］Yaron J.，M. D. Benjamin. Developing Rural Financial Markets［J］. Fi-
nancial and Development，1997（4）：40 – 43.

［10］Shouying Liu，Carter M. R，Yang Yao. Dimension and Diversity of Property

Rights in Rural China Dilemmas on the Road to Further Reform [J]. World Development, 1998 (10): 1789 – 1806.

[11] JA Gustanski, G Edwards – Jones, RH Squires. The Ethics – Economies Policy Paradigm: The Foundation for an Integrated Land Trust Conservation Decision – Support Model [J]. Urban Ecosystems, 1999 (2): 83 – 111.

[12] Mark R. G. Goodale, Per Kare Sky. A Comparative Study of Land Tenure, Property Boundaries, and Dispute Resolution: Case Studies from Bolivia and Norway [J]. Journal of Rural Studies, 2000 (1): 183 – 200.

[13] Matthew Gorton. Agricultural Land Reform in Moldova [J]. Land Use Poliey, 2001 (3): 269 – 279.

[14] Hans Dieter Seibel. Rural finance: Mainstreaming Informal Financial Institutions [J]. Journal of Developmental entrepreneurship, 2001 (1): 83 – 95.

[15] Dwniz Baharaglu. World Bank Experience in Land Management & The Debate on Tenure Security [J]. Housing Research Background – Land Management Paper, 2002 (2): 126 – 145.

[16] Kai – sing Kung. Off – farm Labor Market and the Emergence of Land Rental Markets in Rural China [J]. Journal of Comparative Economics, 2002 (2): 395 – 414.

[17] Beck T., Demirguc – Kunt A., Levine R. Law and Finance: Why Does Legal Origin Matter? [J]. Journal of Comparative Economics, 2003 (4): 653 – 675.

[18] Feder & Feency. Land Consolidation and Restitution of Property Rights: A Case Study in the Czech Republic [C]. Proceedings of the Seminaron Land Markets and Land Consolidation in Central Europe, 2003 (80): 189 – 194.

[19] Randall G. Holeombe. The New Urbanism Versus the Market Process [J]. The Review of Austrian Economics, 2004 (2): 285 – 300.

[20] Douglas C. Macmillan. The Economic Theory of Agricultural Land Tenure [M]. Cambridge: Cambridge University Press, 2004.

[21] Jonathan Conning, Christopher Udry. Rural Financial Markets in Developing Countries [M]. Social Science Electronic Publishing, 2005.

［22］ Klaus Deininger, Song Qing Jin. The Potential of Land Renta—Markets in the Process or Economic Development: Evidence form China ［J］. Journal of Development Econimic, 2005 (1): 241 - 270.

［23］ Santurnino M. Borras JR. Can Redistributive Reform be Achieved via Market Based Voluntary Land Transfer Schemes? Evidence and Lessons from the Philippines ［J］. The Journal of Dvelopment Studies, 2005 (1): 90 - 134.

［24］ See Tabb, Charles Jordan. Lessons from the Globalization of Consumer Bankruptcy ［J］. Law and Social Inquiry, 2005 (4): 763 - 782.

［25］ Binswanger. Liesbet Vranken and Johan Swinnen. Land Rental Markets in Transition: Theory and Evidence from Hungary ［J］. World Development, 2006 (3): 481 - 500.

［26］ Claudio Frischtak. Urban Sprawl and Farmland Prices ［J］. American Journal of Agricultural Economics, 2006 (4): 915 - 929.

［27］ Zvi Lerman, Natalya Shagaida. Land Policies and Agricultural Land Markets in Russia ［J］. Land Use Policy, 2007 (1): 14 - 23.

［28］ Field, Erica. Entitled to Work: Urban Property Rights and the Labor Supply in Peru ［J］. Quarterly Journal of Economics, 2007 (4): 1561 - 1602.

［29］ Rusdy Hartungi. Understanding the Structure Factors of Microfinance Institution in a Developing Country ［J］. International Journal of Social Economics, 2007 (6): 388 - 401.

［30］ Tasso Adamopoulos. Land Inequality and the Transition to Modem Growth ［J］. Review of Economic Dynamics, 2008 (2): 257 - 282.

［31］ Anka lisec, Miran Ferlan, Franc Lobnik, et al. Modelling the Rural Land Transaction Procedure ［J］. Land Use Policy, 2008 (2): 286 - 297.

［32］ Michael E. Walsh. Getting Project Manager Buy - in for Internal Control ［J］. Armed Forces Comptroller, 2009 (3): 24 - 27.

［33］ Songqing Jin, Klaus Deininger. Land Rental Markets in the Process of Rural Structural Transformation: Productivity and equity impacts from China ［J］. Journal of Comparative Economics, 2009 (4): 629 - 646.

［34］ Kim D H, Lin S C. Nonlinearity in the Financial Development Income Inequality Nexus [J] . Journal of Comparative Economics, 2011 (3): 310 - 325.

[35] Jan I T, Munir S, Rehman M U. Social Status through Informal Credit Markets: An Example form Rural Northwest Pakistan [J] . Sarhad Journal of Agriculture, 2011 (2): 291 - 297.

[36] Dalla Pellegrina Lucia. Microfinance and Investment: A Comparison with Bank and Informal Lending [J] . World Development, 2011 (6): 882 - 897.

[37] Roy Mersland. The Governance of Non - profit Microfinance Institutions: Lessons from History [J] . Journal of Management and Governance, 2011 (3): 327 - 348.

[38] Chaudhuri S, Dastidar K G. Corruption in a Model of Vertical Linkage between Formal and Informal Credit Sources and Credit Subsidy Policy [J] . Economic Modelling, 2011 (6): 2596 - 2599.

[39] AS Markowski, MS Mannan, A Kotynia, et al. Application of Fuzzy Logic to Explosion Risk Assessment [J] . Journal of Loss Prevention in the Process , 2011 (6): 780 - 790.

[40] Miranda M J, Gonzalez - Vega C. Systemic Risk, Index Insurance, and Optimal Management of Agricultural Loan Portfolios in Developing Countries [J] . American Journal of Agricultural Economics, 2011 (2): 399 - 406.

[41] Franklin Allen, Jun Qian, Meijun Qian. Law, Finance, and Economic Growth in China [J] . Journal of Financial Economics, 2012 (1): 57 - 116.

[42] Betsy Walters. Islamic Microfinance: Sustainable Poverty Alleviation for the Muslim Poor [J] . Connecticut Public Interest Law Journal, 2012 (11): 255.

[43] K Deininger, S Savastano, C Carletto. Land Fragmentation, Cropland Abandonment, and Land Market Operation in Albania [J] . World Development, 2012 (10): 2108 - 2122.

[44] Britta Augsburg, Ralph De Haas, Heike Harmgart, et al. Microfinance, Poverty and Education [J] . Social Science Electronic Publishing, 2012 (21): 183 - 203.

[45] Yuan Y, Gao Y. Farmers' Financial Choices and Informal Credit Markets in China [J] . China Agricultural Economic Review, 2012 (2): 216 - 232.

[46] Sivalai V. Khantachavana, Calum G. Turvey, Rong Kong, et al. On the Transaction Values of Land use Rights in Rural China [J]. Journal of Comparative Economics, 2012 (3): 863 –878.

[47] Dongmei Shi, Shan Liang, Lei Tong. Analysis of Principal – Agent Relationship in Rural Land Circulation Markets [J]. Informatics and Management Science IV, 2013 (207): 375 –381.

[48] Wen Yan, K. K. Klein. Transfer of Land Use Rights in China: Results from a Survey of Rural—Households in 8 Counties of Hebei Province [J]. International Journal of Agricultural Science and Technology, 2013 (3): 33 –42.

[49] Khoi P D, Gan C, Nartea G V, et al. Formal and Informal Rural Credit in the Mekong River Delta of Vietnam: Interaction and Accessibility [J]. Journal of Asian Economics, 2013 (1): 1 –13.

[50] Anita Bernstein. The Trouble with Regulating Microfinance [J]. Brooklyn Law School, Legal Studies Paper, 2013 (1): 312.

[51] Jonathan Greenacre. Independent Regulators in Low – Income Banking Markets: A Bridge Too Far? [J]. Banking & Finance Law Review, 2013 (3): 409 –431.

[52] Wahid H. Comparison of Cost Factor in Formal and Informal Credit Market [J]. Journal of Managerial Sciences, 2013 (2): 273 –279.

[53] Binfor F, Antwi S. Credit Accessibility Granted by Rural in Rural Community: Evidence from Ghana [J]. International Journal of Academic Research in Business & Social, 2013 (5): 33 –35.

[54] Li R, Li Q H, Huang S A, et al. The Credit Rationing of Chinese Rural Households and Its Welfare Loss: An Ivestigation Based on Panel Data [J]. China Economic Review, 2013 (9): 17 –27.

[55] Bernheim, B. Douglas, Debraj Ray, et al. Poverty and Self – Control [J]. National Bureau of Economic Research (NBER) Working Paper, 2013 (5): 1877 –1911.

[56] Erica Field, Rohini Pande, John Papp, et al. Does the Classic Microfinance Model Discourage Entrepreneurship Among the Poor? Experimental Evidence from India [J]. American Economic Review, 2013 (6): 2196 –2226.

［57］Manuela Angelucci, Dean S. Karlan, and Jonathan Zinman. Win Some Lose Some? Evidence from a Randomized Microcredit Program Placement Experiment by Compartamos Banco ［J］. Institute for the Study of Labor （IZA） Discussion Paper, 2013：7439.

［58］LT Larsen, I Engeli, C Green – Pedersen. Land Use Regulations, Compliance and Land Markets in Argentina ［J］. Urban Studies, 2013 （10）：1951 – 1969.

［59］Dan B. Market Reforms Set to Land Buy – side with Costs ［J］. Foi：Future & Options Intelligence, 2013 （9）：80 – 84.

［60］Veettil P C, Kjosavik D J, Ashok A. Valuing the ' Bundle of Land Rights'：On Formalising Indigenous People's （adivasis） Land Rights in Kerala, India ［J］. Land Use Policy, 2013 （1）：408 – 416.

［61］Deininger K, Ali D A, Alemu T. Productivity Effects of Land Rental Market Operation in Ethiopia：Evidence from a Matched Tenant – Landlord Sample ［J］. Applied Economics, 2013 （25）：3531 – 3551.

［62］Koroso N H, van der Molen P, Tuladhar A M, et al. Does the Chinese Market for urban Land Use Rights Meet Good Governance Principles? ［J］. Land Use Policy, 2013 （1）：417 – 426.

［63］LT Larsen, I Engeli, C Green – Pedersen. Land Use Regulations, Compliance and Land Markets in Argentina ［J］. Urban Studies, 2013 （10）：1951 – 1969.

［64］Sreelata Biswas, Anup Kumar Saha. Structural Transformation of Rural Finance in India：A Critical Review ［M］. Microfinance, Risk – taking Behaviour and Rural Livelihood, 2014.

［65］Beaman, Lori, Dean Karlan, Bram Thuysbaert, et al. Self – Selection into Credit Markets：Evidence from Agriculture in Mali ［J］. National Bureau of Economic Research （NBER） Working Paper, 2014 （2）：231 – 282.

［66］Umakanth Varottil. Microfinance and the Corporate Governance Conundrum ［J］. Berkeley Business Law Journal, 2014 （1）：52.

［67］Banerjee, Abhijit, Esther Duflo, et al. The Miracle of Microfinance? Evidence from a Randomized Evaluation ［J］. American Economic Journal：Applied Economics, 2015 （1）：22 – 53.

政策文件

中央层面

[1]《关于全面深化改革若干重大问题的决定》

[2]《关于金融服务"三农"发展的若干意见》

[3]《关于进一步加快推进宅基地和集体建设用地使用权确权登记发证工作的通知》

[4]《关于农村土地征收、集体经营性建设用地入市、宅基地制度改革试点工作的意见》

[5]《关于加大改革创新力度加快农业现代化建设的若干意见》

[6]《关于引导农村产权流转交易市场健康发展的意见》

[7]《关于开展农村承包土地的经营权和农民住房财产权抵押贷款试点的指导意见》

[8]《深化农村改革综合性实施方案》

[9]《农民住房财产权抵押贷款试点暂行办法》

[10]《农村集体经营性建设用地土地增值收益调节金征收使用管理暂行办法》

[11]《关于印发全国农业现代化规划（2016—2020 年）的通知》

[12]《关于完善产权保护制度依法保护产权的意见》

[13]《关于稳步推进农村集体产权制度改革的意见》

[14]《关于深入推进农业供给侧结构性改革的实施意见》

[15]《关于实施乡村振兴战略的意见》

[16]《关于坚持农业农村优先发展做好"三农"工作的若干意见》

[17]《关于统筹推进自然资源资产产权制度改革的指导意见》

[18]《关于建立健全城乡融合发展体制机制和政策体系的意见》

[19]《关于完善建设用地使用权转让、出租、抵押二级市场的指导意见》

[20]《关于进一步加强农村宅基地管理的通知》

[21]《关于积极稳妥开展农村闲置宅基地和闲置住宅盘活利用工作的通知》

地方层面

[1]《成都市农村房屋抵押融资管理办法（试行）》

[2]《重庆市农村土地承包经营权、农村居民房屋及林权抵押融资管理办法》

[3]《重庆市农村居民房屋抵押登记实施细则》

[4]《厦门市农村房屋抵押融资管理暂行办法》

[5]《铜陵市农村房屋抵押融资管理办法》

[6]《丽水市农村住房抵押贷款管理暂行办法》

[7]《舟山市农村合作金融机构农村住房抵押贷款管理暂行办法》

[8]《巴中市农村产权抵押融资管理办法（试行）》

[9]《鄂州市农村房屋抵押融资管理办法（试行）》

[10]《温州市关于推进农房抵押贷款的实施办法》

[11]《宁波市农村住房抵押贷款试点工作实施意见》

[12]《义乌市农民住房财产权抵押贷款试点实施办法》

[13]《义乌市农村宅基地使用权转让细则（试行）》

[14]《重庆农村土地交易所管理暂行办法》

[15]《武汉市农村土地经营权抵押贷款操作指引》

其他（网络资源、报纸等）

[1]《最高法院执行办负责人就执行抵押房屋的规定的司法解释答记者问》[N].人民法院报，2005 - 12 - 21（5）.

[2] 郑永胜，鞠海亭，郑文平：农村房屋买卖：是耶，非耶？——农村房屋买卖纠纷案件的调查与思考[N].人民法院报，2006 - 02 - 21（12）.

[3] 蔡永飞.不宜用法律为城镇居民购置农村宅基地设限[N].中国改革报，2006 - 09 - 06（6）.

[4] 四川省成都市中级人民法院民事判决书（2007）成民终字第 102 号[EB/OL]. http：//www. law – lib. com/cpws/cpws_ view. asp? id = 200401225153.

[5] 北京市通州区人民法院（2008）通民初字第 02041 号民事判决书[EB/OL]. http：//www. chinacourt. org/article/detail/2008/10/id/327438. shtml.

[6] 李松，朱雨晨，黄洁.北京法院调研建议允许农村房屋产权流转[N].法制日报，2008 - 12 - 07（8）.

[7] 吴红军.农房抵押贷款亟待突破[N].金融时报，2009 - 05 - 04

（7）.

［8］夏永辉．武汉农交所助力农村改革［N］．湖北日报，2009 - 06 - 14
（3）.

［9］李珂，高晓巍．国外农村土地流转经验及启示［N］．中国国土资源
报，2010 - 08 - 27 （6）.

［10］牛江涛．揭开地票交易的神秘面纱［N］．中国财经报，2011 - 11 - 19
（5）.

［11］上海市第二中级人民法院民事判决书（2011）沪二中民二（民）终字
第 11 × × 号［EB/OL］．http：//www. 5yaodao. com/anli/552. html.

［12］向婧．三权抵押：让"沉睡的资源"变成"流动的资本"［N］．重庆
日报，2012 - 02 - 25 （4）.

［13］陈先发，杨玉华，张紫赟．农房抵押流转试点深入推进难［N］．经
济参考报，2013 - 07 - 19 （4）.

［14］张洪兵，黄玉才．石柱县农房抵押贷款的喜与忧［N］．中国国土资
源报，2013 - 07 - 31 （6）.

［15］陈先发，杨玉华，张紫赟．农房抵押流转试点深入推进难［N］．经
济参考报，2013 - 07 - 19 （4）.

［16］王小乔．温州乐清：农房买卖踩着红线走钢丝［N］．南方周末，
2014 - 11 - 27 （2）.

［17］黄卫东．城乡统筹步入发展快车道［N］．咸宁日报，2014 - 02 - 11
（6）.

［18］陈新建．城镇化下"新土改"的九大趋势［N］．中国经济时报，
2014 - 09 - 22 （6）.

［19］卫勇．吉木萨尔成立全疆首个农村综合产权交易中心［N］．新疆日
报，2014 - 08 - 11 （A4）.

［20］孟佳．促进农村产权交易需因地制宜［N］．大众日报，2014 - 06 - 18
（4）.

［21］耿雪．北大社会调查中心发布《中国民生发展报告 2014》［EB/OL］.
http：//www. cssn. cn/zx/zx_ gx/news/201407/t20140728_1270511_3. shtml.

［22］今后一个时期着重解决好现有"三个 1 亿人"问题［EB/OL］.

http://news. xinhuanet. com/politics/2014 – 03/05/c_133162078. htm.

[23] 孔丽琴. 全市累计农房抵押登记上万宗发放贷款 40 亿元 [N]. 乐清日报，2015 – 04 – 09（4）.

[24] 陈锡文. 城乡协调是要让人能在城市与农村之间自由选择 [N]. 中国日报，2015 – 11 – 14（7）.

[25] 截至 2014 年底，60 岁以上老年人口已达到 2. 12 亿 [N]. 成都商报，2015 – 07 – 29（5）.

[26] 发改委：制定 1 亿非城镇户籍人口落户城市方案 [N]. 经济日报，2015 – 12 – 23（3）.

[27] 艾经纬. 房价中地价究竟占几何？[N]. 第一财经日报，2015 – 05 – 25（A15）.

[28] 韩利. 创新农村金融改革 成都农村获产权抵押贷款超 120 亿元 [N]. 成都商报，2015 – 10 – 18（2）.

[29] 最高法出台新规：被执行人名下唯一住房同样可以执行 [N]. 光明日报，2015 – 05 – 06（7）.

[30] 杨玉华. 安徽：将农村教师住房全面纳入保障房范围 [N]. 新华每日电讯，2015 – 04 – 11（2）.

[31] 李光磊. 潍坊金控：创新综合金融运作模式 [N]. 金融时报，2015 – 08 – 13（6）.

[32] 周相吉. 人大代表呼吁破除城乡住房建设管理"二元结构"[EB/OL]. http：//www. xinhuanet. com//politics/2015lh/2015 – 03/12/c_127575179. htm.

[33] 王正忠，程士华，陈尚营. 宣城探路农房抵押贷款唤醒沉睡资本 [N]. 经济参考报，2016 – 07 – 13（7）.

[34] 赵永平，常钦."三农"发展"改"是动力 [N]. 人民日报，2016 – 05 – 25（2）.

[35] 高翔. 两权抵押贷款试点周年：农房确权是棘手问题 [N]. 上海证券报，2016 – 12 – 29（5）.

[36] 农村产权交易"索"[EB/OL]. http：//money. 163. com/16/0328/18/BJ8V RT2700253B0H. html.

[37] 焦建. 宁波农地农房抵押试点遭遇政策条件支撑不足制约 [EB/OL].

http：//finance. sina. com. cn/china/gncj/2016 – 05 – 31/doc – ifxsqxxu4743632. shtml.

［38］潍坊：解决小微企业融资难题 激活农村沉睡资产［EB/OL］. ht-tp：//news. cctv. com/2016/11/22/ARTI5ehMRdrqO3bIApwTRomX161122. shtml.

［39］张明海. 成都郫都区试点农村住房抵押贷款农村房子也值钱了［N］. 四川日报，2017 – 02 – 06（7）.

［40］黄光红. 我市"两权"抵押贷款试点初见成效［N］. 重庆日报，2017 – 06 – 08（1）.

［41］一木. 让农民闲置的住房"活"起来［N］. 中国青年报，2017 – 12 – 20（2）.

［42］全国首例宅基地分割登记入市［EB/OL］. http：//www. zunyi. gov. cn/sy/qxdt/201712/t20171229_728940. html.

［43］张宏斌，谢峰，吴迪. 农村产权制度改革的成都实践［N］. 金融时报，2018 – 04 – 12（9）.

［44］梁前荣. 改善农民群众住房条件应着力解决好"五个问题"［N］. 宿迁日报，2018 – 12 – 13（A6）.

［45］国务院关于农村土地征收、集体经营性建设用地入市、宅基地制度改革试点情况的总结报告［EB/OL］. http：//www. npc. gov. cn/npc/c12491/201812/3821c5a89c4a4a9d8cd10e8e2653bdde. shtml.

［46］国务院关于全国农村承包土地的经营权和农民住房财产权抵押贷款试点情况的总结报告［EB/OL］. http：//www. npc. gov. cn/npc/c12435/201812/2067ecc 784a8437cbe8780a32bcf48ac. shtml.

［47］沈和. 改善农村住房条件须抓"三个关键"［N］. 中国社会科学报，2019 – 09 – 11（8）.

［48］淳道松. 关于农地经营权抵押融资的思考［N］. 中国农村信用合作报，2019 – 10 – 09（7）.

［49］史卫民. 农村产权交易市场监管的对策建议［N］. 陕西日报，2019 – 11 – 01（11）.

［50］秦仕魁. 浅谈农村产权交易在乡村振兴中发挥的作用［N］. 企业家日报，2019 – 09 – 20（5）.

［51］熊丽. 落户大城市梦想已成真［N］. 经济日报，2019 – 12 – 27

（4）.

［52］2019 年国民经济运行总体平稳　全年国内生产总值增长 6.1% ［EB/OL］. http：//www. scio. gov. cn/xwfbh/xwbfbh/wqfbh/42311/42438/zy42442/Document/1672089/1672089. htm.

［53］陈锡文. 全国农村土地承包经营和确权登记颁证年底前基本完成 ［EB/OL］. http：//news. cyol. com/xwzt/2019－03/09/content_17947512. htm.

［54］统计局：家庭承包耕地流转面积超过 5.3 亿亩　农村承包地更加有序流转 ［EB/OL］. http：//www. 3news. cn/redian/2019/0806/358021. html.

［55］申铖，陈炜伟. 中国大陆人口突破 14 亿 ［EB/OL］. http：//www. gov. cn/shuju/2020－01/17/content_5470247. htm.

［56］统计局：至 2019 年末我国城镇化率为 60.60% ［EB/OL］. https：//finance. sina. com. cn/china/gncj/2020－01－17/doc－iihnzahk4671933. shtml.

后　记

　　本书是我主持的国家社科基金一般项目"实现农民住房抵押权的法律障碍及破解研究"（17BFX198）的最终成果，也是我多年来聚焦农村宅基地问题观察与研究的阶段性成果。

　　宅基地制度是农村基本制度的核心组成部分，涉及农村政治、经济、社会和法治的方方面面，牵一发而动全身。深化宅基地制度改革既要切实维护好农民房屋土地合法权益，又要着眼于巩固和夯实农村集体土地公有制基础，盘活闲置宅基地及其房屋资源，更好地发挥宅基地及其房屋的财产性功能。党的十八届三中全会后国家开始推行农民住房抵押试点工作，出于长期关注和研究农村土地问题的敏感，我意识到在国家政策推动下，各地很快会出现很多农民住房抵押贷款实践，贷款数额也会大幅度增长。但我想到的却是一旦农民不能按期偿还贷款，金融机构如何实现抵押权？农民房屋受宅基地使用权的限制不能对外自由流转，抵押房屋卖给谁？一旦转让了，农民的基本居住权利如何保障？金融机构的债权实现与农民的居住权利如何协调？加之农村产权交易流转市场不健全，抵押房屋在哪儿卖？这些问题的解决关系到农民住房抵押贷款工作能否顺利进行和持续发展。2015年1月，中央印发了《关于农村土地征收、集体经营性建设用地入市、宅基地制度改革试点工作的意见》，在全国33个试点地区开展农村土地制度改革试点。2019年8月26日修订的《土地管理法》将农村土地征收、集体经营性建设用地入市方面的创新成果上升为法律规定。但在宅基地制度改革方面，由于试点范围较窄，试点时间较短，尚未形成可复制可推广的制度经验，离改革预期仍然存在一段距离，这也说明了宅基地制度改革的复杂性、系统性和艰巨性。

　　宅基地是农民最基本的生活资料，在一定条件下能转变为发挥经济效能的生产资料。农民住房占到农民所有财产的80%以上，实现好维护好发展好农民宅基地及房屋的财产权益，是宅基地制度改革的出发点和落脚点。因此，深入研究和系统分析农民住房抵押权实现问题对深化农村土地和宅基地制度改革显得尤为迫切，对促进农民财产性收入增长、加快城乡融合发展具有重要理论意义和实践价值。本书主要是我对放开农民住房转让受让人范围，构建房地分离模式下法定租赁权制度，平衡协调居住权利保障与债权风险防范，健全农村产权交易市场平台建设四个问题的思考和建议，敬请广大同仁和各位读者批评指正。

在本书研究和撰写过程中，我的研究生郭宇在第七章农村产权交易市场的构建与运行部分做了大量工作，撰写了部分内容。我的同事张艳平博士协助做了大量工作。同时，我也参考借鉴了国内外学者大量文献资料和最新研究成果，得到了许多学界同仁和实务部门专家的支持与帮助，在此一并表示感谢。感谢课题匿名评审专家的修改建议，特别是第五位评审专家在肯定课题创新、特色、价值的基础上，从成果的主题限定、结构设计、个别观点、前后过渡、法律用语、学术规范、文献版本等多方面写了6036字的意见，将20余万字成果中5处错别字和漏字一一指出。其建议之中肯、态度之科学、逻辑之严谨、学术之规范、研究之认真、细节之专注令人感动，获益颇多，我也将专家的意见一一借鉴修改，在诚挚感谢之外也将促进我的学术研究。

感谢经济管理出版社王洋编辑的辛苦工作和鼎力相助。感谢西安财经大学法学学科建设经费的支持与资助。

史卫民

2020年8月8日